아산재단 연구총서 제463집

청소년을 위한 긍정적 정신건강의 평가와 개입

청소년을 위한 긍정적 정신건강의 평가와 개입

This Edition was published by Jipmoondang in 2020, Seoul, Korea.

아산재단 연구총서 第463집

청소년을 위한 긍정적 정신건강의 평가와 개입

고 영 건

집문당

고영건(高寧健) 고려대학교 심리학과 임상심리학 박사
고려대학교 심리학과 교수
한국건강심리학회 및 한국임상심리학회 학술이사
한국심리학회 총무이사, 한국건강심리학회 및
한국임상심리학회 부회장 등 역임
현재 고려대학교 학생상담센터장 및 문과대학 멘토링상담센터장

아산재단 연구총서 제463집

청소년을 위한 긍정적 정신건강의 평가와 개입

2020년 9월 20일 1판 1쇄

저자 | 고영건
발행인 | 임동규
발행처 | **(주)집문당**
등록 | 1971. 3. 23. 제2012-000069호
주소 | 03134 서울시 종로구 돈화문로 82, 5층
전화 | +82-1811-7567
이메일 | sale@jipmoon.com
홈페이지 | www.jipmoon.com

ISBN 978-89-303-1885-3 94300
978-89-303-1500-5(세트)

가격 19,000원

이 도서의 국립중앙도서관 출판시도서목록(CIP)은 e-CIP홈페이지(http://www.nl.go.kr/ecip)와 국가자료공동목록시스템(http://www.nl.go.kr/kolisnet)에서 이용하실 수 있습니다.
(CIP제어번호: CIP2020031443)

머리말

"차이점을 설명하기보다는 유사성을 이해하는 것이 더 쉽다."
-에릭 호퍼(Eric Hoffer, 2014, p.167)-

길 위의 철학자 에릭 호퍼에 따르면, "인접한 나라인 독일과 프랑스가 왜 서로 공통점이 많은가를 이해하기는 쉽다. 그러나 두 나라의 차이를 설명하기는 어렵다."(p. 167)고 한다. 정신건강에 관한 책들을 구분하는 문제도 마찬가지이다. 책들의 유사성보다 차이점을 이해하기가 훨씬 더 어렵다. 겉으로는 유사해 보일 수 있을지라도.

정신건강에 관한 책은 매우 많다. 그리고 논문도 마찬가지이다. 하지만 이 책은 외견상 단순한 문제를 다루는 것 같은 인상을 줄지라도, 저자가 청소년의 정신건강 문제에 대해 지난 8년간 고민했던 내용을 정리한 것이다.

사실 많은 일들이 그렇듯이 저자 역시 청소년의 긍정적 정신건강 문제에 관해 처음에는 교수로서 연구비를 받기 위해, 아산사회복지재단에 청소년의 긍정적 정신건강을 측정할 수 있는 평가도구를 개발하는 계획서를 제출했다. 다행히도 연구자에게는 단비와도 같은 귀중한 연구비를 받게 되었고, 일사천리로 청소년의 긍정적 정신건강을 측정하기 위한 평가도구를 개발하는 작업에 착수했다. 그리고 1년 후 평가도구를 완성하고서 아산사회복지재단에 무사히 결과보고서도 제출했다.

하지만 저자로서 본격적인 고민은 여기서부터 시작되었다. 본 연구에서 개발한 청소년용 긍정적 정신건강 척도의 일부인 정신적 웰빙 척도는 정서적 웰빙과 심리·사회적 웰빙의 이요인으로 구성된 반면, 본 연구와 동일한 원리에 기초해 제작된 또 다른 연구자의 정신적 웰빙 척도는 삼요인 모델을 지지하는 것으로 나타났기 때문이다. 사실, 서로 다른 척도이니 서로 다른 요인구조를 나타낼 수 있다고 생각하고서 그냥 넘기고자 하는 유혹도 있었던 것이 사실이다. 하지만 해외 연구에서와 마찬가지로 한국에서도 정신적 웰빙의 삼요인 모델을 지지하는 척도를 개발할 수 있음에도 불구하고, 불완전하게 이요인만을 추출해낼 수 있는 척도를 보고하는 것은 아닌가 하는 의구심이 내 마음을 매우 불편하게 만들었다.

다행히 아산사회복지재단은 최종보고서를 제출하는 문제와 관련해서 연구자에게 다른 연구재단과는 비교할 수 없을 만큼 커다란 재량권을 부여해 주었다. 그래서 지난 7년간 연구자로서 나는 정신적 웰빙의 요인구조와 관련해서 과연 어떤 결론을 내리는 것이 최선인지 행복한 고민을 거듭할 수 있었다.

그 과정에서 이러한 고민의 출발점이 되도록 한 삼요인 모델을 지지하는 또다른 정신적 웰빙 척도와 본 연구의 이요인 모델 정신적 웰빙 척도를 동일한 청소년 표본에 적용해 그 결과를 비교해 보기도 했다. 놀랍게도 삼요인 모델로 알려진 그 척도는 해당 연구자들이 보고했던 결과와는 달리, 일요인이 더 적합했던 것으로 나타났던 반면, 본 연구의 척도는 안정적으로 이요인 구조를 산출했다.

비록 이 책에서 소개하는 청소년용 긍정적 정신건강 척도 역시 불완전하기는 마찬가지겠으나, 그래도 이 척도가 최소한의 유용성을 인정받을 수 있는 수준의 연구 성과는 이 책에 담겨 있다고 믿기에, 조금은 용기를 내어 8년 만에 한국판 청소년용 긍정적 정신건강 척도를 세상에 선보이게 되었다.

이 책에서는 먼저 왜 한국에서 청소년용 긍정적 정신건강 척도를 개발하는 것이 필요한지를 소개한 후, 청소년용 긍정적 정신건강 척도를 개발한 과정을 소개하고자 한다. 그 후 이러한 연구 결과를 바탕으로 정책적인 제안과 더불어 청소년을 위한 멘탈 휘트니스(Mental Fitness) 긍정심리 프로그램을 소개하고자 한다.

이 책의 출간을 준비하는 지금, 우리 사회는 코로나 바이러스와 사투를 벌이고 있는 중이다. 다시 한 번 몸의 건강과 더불어 긍정적 정신건강의 중요성에 대해 절감하게 된다. 마지막으로, 본 저서의 토대가 되는 "청소년을 위한 긍정적 정신건강 척도의 표준화 연구"를 수행할 수 있도록 지원을 해준 재단법인 아산사회복지재단에 감사한 마음을 전한다.

2020년 9월 종암동에서
고영건

| 차 례 |

| 표/그림 차례 |

제 1 장

청소년을 위한 긍정적 정신건강의 평가

제1장 청소년을 위한 긍정적 정신건강의 평가

1. 청소년을 위한 긍정적 정신건강 척도가 필요한 이유

본 연구의 목적은 청소년을 위한 긍정적 정신건강 척도의 표준화 연구를 수행한 후 청소년의 긍정적 정신건강을 증진시킬 수 있는 심리학적인 방법을 제시하는 것이다. 이를 위해 이 책에서는 다음 과제를 수행했다. 첫째, 청소년용 긍정적 정신건강 척도 문항을 개발했다. 둘째, 전국의 중학생 960명과 고등학생 708명, 총 1,668명을 표집하여 규준을 작성했다. 셋째, 청소년용 긍정적 정신건강 척도의 신뢰도와 타당도 연구를 수행했다. 넷째, 긍정적 정신건강의 4가지 유형별 심리학적 개입 방안을 포함하는 형태의 청소년용 긍정적 정신건강 척도 실시 매뉴얼을 작성했다.

1) 청소년기 심리적 스트레스의 사회 문제화

현재 전 세계적으로 수많은 아동 및 청소년들이 심각한 수준의 심리적, 정서적 및 행동적 스트레스를 겪고 있다(Kazdin, 1993). 한국 사회에서도 각종 청소년 정신건강 통계자료들은 청소년의 정신건강 문제가 이미 적신호 상태임을 보여준다.

(1) 한국 아동 · 청소년의 낮은 행복도

보건복지부가 2018년에 조사한 아동 · 청소년 행복도를 27개 OECD 회원국의 결과와 비교해 보면, 한국 아동 · 청소년의 행복도가 가장 낮은 수준인 것으로 나타났다(연합뉴스, 2019년 8월 27일자). 특히 OECD 회원국 중 상위권 국가들의 행복도와 OECD 회원국의 평균 행복도 간 편차가 0.4점에 불과한 데 반해, 한국 아동 · 청소년의 행복도는 OECD 회원국의 평균에서 1점이나 떨어지는 것으로 나타났다.

(2) 한국 청소년의 높은 스트레스 인지율

제15차 청소년 건강행태 온라인 조사 결과(교육과학기술부, 보건복지부·질병관리본부, 2019)에 따르면 평상시 스트레스를 '대단히 많이' 또는 '많이' 느끼는 청소년의 비율은 남학생이 약 32%, 여학생이 약 49%

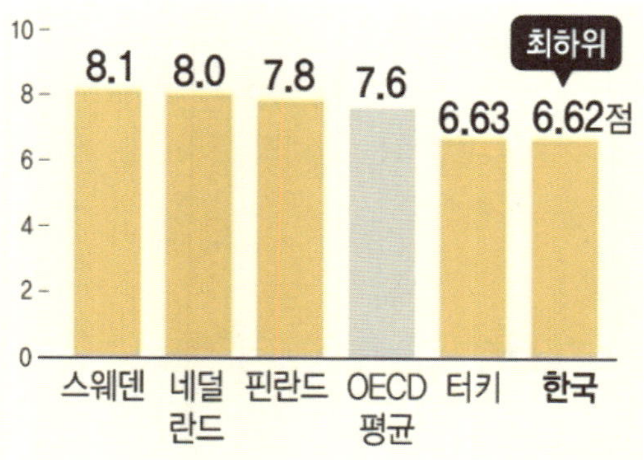

〈그림 1-1〉 한국과 OECD 국가의 아동 · 청소년 행복도 비교

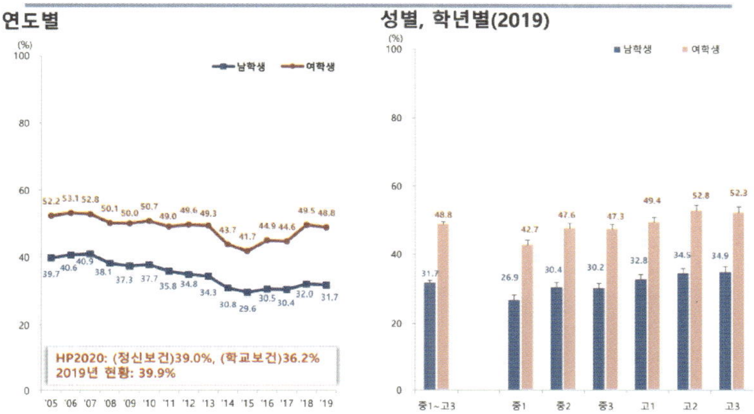

〈그림 1-2〉 한국 청소년의 스트레스 인지율

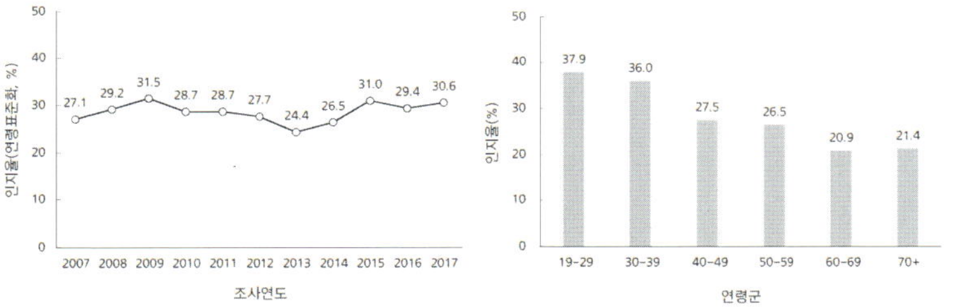

〈그림 1-3〉 한국 성인의 스트레스 인지율

인 것으로 나타났다. 전체적으로 남학생과 여학생 모두 중학교 1학년부터 시작해 학년이 올라갈수록 상대적으로 스트레스 인지율이 높아지는 것으로 드러났다.

질병관리본부(2017)의 국민건강통계 자료에 따르면, 한국 청소년의 스트레스 인지율 약 40%는 성인 평균 약 28%에 비해 상대적으로 높은 수준에 해당된다. 한국 성인의 경우, 스트레스 인지율은 연령이

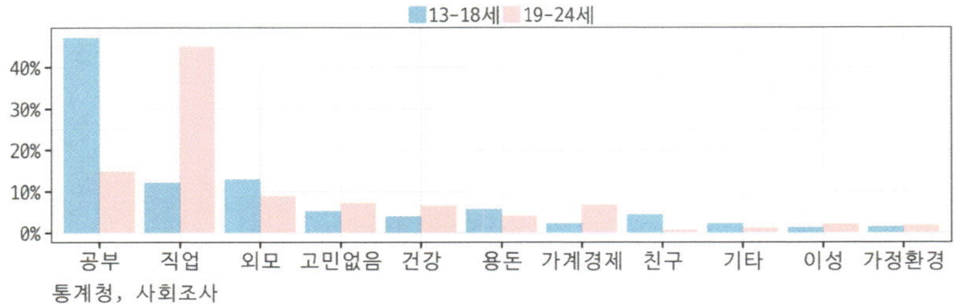

〈그림 1-4〉 한국 청소년이 고민하는 문제

증가할수록 상대적으로 낮아지는 것으로 나타났다.

통계청과 여성가족부(2019)가 보고한 「2019 청소년 통계」에 따르면, 한국 청소년이 고민하는 문제 중 가장 높은 비율을 차지하는 것은 공부로 나타났다. 그 다음은 외모와 직업 순이었다.

(3) 한국 청소년의 정신과 진료 현황

국민건강보험공단의 '2016~2018년 10대 청소년 정신건강 질환 진료 현황' 자료에 따르면, 우울증으로 치료를 받은 10대는 약 3만 7천여 명인 것으로 나타났다(연합뉴스, 2019년 10월 15일자). 이러한 수치는 2016년에 비해 무려 약 65%나 증가한 것에 해당된다.

또 불안 장애로 진료를 받은 10대의 숫자도 2016년 1만 4천여 명에서 2018년 1만 8천여 명으로 3년 사이에 약 29%나 증가했다. 같은 기간 동안 공황 장애도 약 2천 명에서 약 3천 명으로 약 50% 증가했다. 그 밖에 심한 스트레스에 대한 반응 및 적응 장애 그리고 수면 장애도 증가 추세에 있다고 나타났다.

〈표 1-1〉 청소년 사망 원인

	1위	2위	3위
2007	고의적 자해(자살) (8.6)	운수사고 (6.6)	악성신생물(암) (3.8)
2010	고의적 자해(자살) (8.8)	운수사고 (6.0)	악성신생물(암) (3.3)
2015	고의적 자해(자살) (7.2)	운수사고 (4.0)	악성신생물(암) (2.9)
2016	고의적 자해(자살) (7.8)	운수사고 (3.8)	악성신생물(암) (3.1)
2017	고의적 자해(자살) (7.7)	운수사고 (3.4)	악성신생물(암) (2.7)

〈표 1-2〉 중 · 고등학생의 흡연율과 음주율

	2011	2012	2013	2014	2015	2016	2017	2018
흡연율 (%)	12.1	11.4	9.7	9.2	7.8	6.3	6.4	6.7
음주율 (%)	20.6	19.4	16.3	16.7	16.7	15.0	16.1	16.9

(4) 한국 청소년의 자살 문제

한국 사회에서 청소년 자살문제는 매우 심각한 상황이다. 통계청과 여성가족부(2019)가 작성한 「2019 청소년 통계」에 따르면, 2007년 이후로 계속해서 청소년 사망 원인 1위는 바로 자살이었다.

교육부가 2019년에 보고한 '학생정서행동 특성검사 결과 및 조치 현황' 자료에 따르면, 2018년에 자살고위험군 학생은 2만 3,324명으로, 2015년에 비해 무려 약 270%나 증가한 것으로 나타났다(헤럴드경제, 2019년 9월 30일자). 자살위험 학생 수는 2015년 8,613명, 2016년 9,624명, 2017년 1만 8,732명, 2018년 2만 3,324명으로 계속 증가 추세에 있다.

(5) 한국 청소년의 흡연율과 음주율

통계청과 여성가족부(2019)가 작성한 「2019 청소년 통계」에 따르

〈표 1-3〉 청소년 범죄 현황

	전체 범죄자 (천명)	소년 범죄자 (명)	범죄 유형별 구성비				
			구성비	재산 범죄[2)]	강력(흉악) 범죄[3)]	강력(폭력) 범죄[4)]	기타[5)]
2007	1,990	88,104	4.4	38.2	2.2	26.4	33.2
2008	2,473	134,992	5.5	29.4	2.2	25.2	43.1
2009	2,519	113,022	4.5	40.5	2.8	26.1	30.6
2010	1,954	89,776	4.6	45.1	3.5	25.9	25.5
2011	1,908	83,068	4.4	45.7	4.0	26.8	23.6
2012	2,118	107,490	5.1	44.3	2.9	30.5	22.3
2013	2,147	91,633	4.3	49.9	3.0	24.1	22.9
2014	1,880	77,594	4.1	46.7	4.1	24.9	24.2
2015	1,949	71,035	3.6	45.1	3.8	24.6	26.4
2016	2,020	76,000	3.8	43.5	4.4	25.6	26.4
2017	1,862	72,759	3.9	39.9	4.8	28.9	26.4

면, 2011년 이후로 2016년까지 청소년의 흡연율과 음주율은 전반적으로 감소 추세였다. 하지만 2017년부터 중·고등학생의 흡연율과 음주율은 모두 증가 추세로 돌아섰다.

(6) 한국의 청소년 범죄

통계청과 여성가족부(2019)가 작성한 「2019 청소년 통계」에 따르면, 18세 이하의 소년범죄자는 2012년 이후로 감소 추세에 있는 것으로 나타났다. 하지만 소년범죄 중 상대적으로 더 심각한 강력범죄(흉악범죄, 폭력범죄)는 2013년 이후로 오히려 증가 추세에 있는 것으로 나타났다.

2) 긍정적 정신건강 모델의 사회적 도입 필요성

(1) 청소년 정신건강 고위험군의 존재

정신장애의 진단 및 통계편람(DSM)에 기초한 연구들을 기반으로 할 때, 5세부터 18세까지의 아동 청소년의 15%에서 20%가 진단기준에 부합한 것으로 보이며, 이 중 33%에서 50%의 아동은 심각한 기능 장애를 경험한다(Kaye, Montgomery & Munson, 2002). 교육과학기술부에 따르면, 전국의 초등, 중등, 고등학교 학생 668만여 명을 대상으로 '정서 · 행동특성검사'를 실시한 결과 약 105만 명(16.3%)이 지속적으로 관심 있게 지켜봐야 할 '관심군'에 속하는 것으로 나타났다(경향신문, 2013년 2월 7일자). 특히 그중 약 22만여 명은 집중 관리가 필요한 '주의군'이었으며 고위험군의 숫자도 약 10만 명에 육박하는 것으로 나타났다.

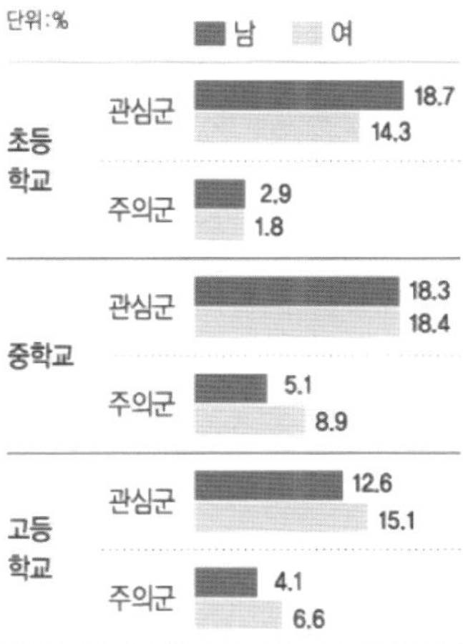

〈그림 1-5〉 전국 학생들 중 '관심군'과 '주의군' 분포

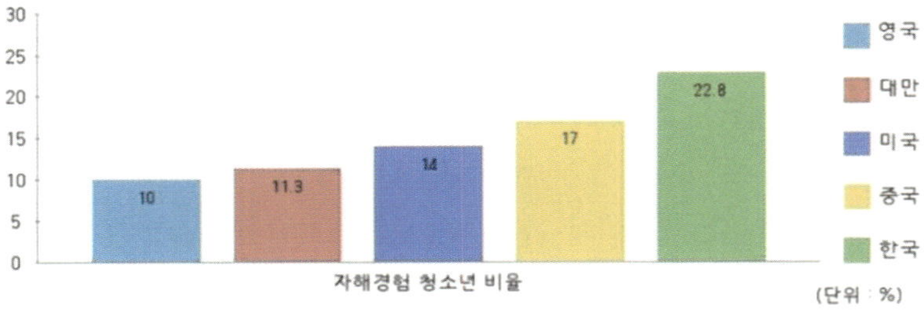

〈그림 1-6〉 자해 경험 청소년 비율의 국가별 비교

특히 교육부가 2019년에 보고한 '학생정서행동 특성검사 결과 및 조치현황' 자료에 따르면, 관심군 학생 수는 2018년에 8만 7,333명으로 나타나 2015년에 비해 무려 143%나 증가했다(헤럴드경제, 2019년 9월 30일자). 또 집중관리가 필요한 주의군 학생 수도 5만 9,320명으로 같은 기간 동안 166%나 증가했다.

한국의 청소년 자해 상담도 급증하는 추세인 것으로 나타났다. 여성가족부 산하 기구인 한국청소년상담복지개발원이 전국 230개 청소년상담복지센터의 상담 건수를 분석한 결과, 2018년 자해 청소년을 위한 상담 건수는 약 2만 8천 건으로 전년보다 3배 이상 증가한 것으로 드러났다(한겨레, 2019년 5월 29일자). 자해 행동이 처음 나타나는 시기는 평균 12.43세였다. 같은 기간 자살 관련 상담 건수도 2만 3,915건(2017년)에서 4만 3,238건(2018년)으로 2배 증가했다. 한국의 자해 경험 청소년 비율이 주요 국가들에 비해 현저히 높은 수준으로 나타났다.

(2) 청소년기 정신건강 문제에 대한 사회적 관심 부족

청소년 정신건강 문제의 경우, 그 이론적 중요성에도 불구하고 사실상 성인의 정신건강 문제에 비해 사회적으로는 그다지 많은 관심을 얻지 못하는 경향이 있다(강은정, 2007; Kazdin, 1993). 그 주요한 이유로는 흔히 사람들은 아동 및 청소년기에는 변화가 많이 일어나기 때문에 시간이 흐르면 자연스럽게 문제가 해결될 수 있을 것이라 기대하기 때문이다(Kazdin, 1993). 또 청소년의 정신건강 문제에 대한 사회적 관심이 적은 원인으로는 정신건강 및 정신병리에 대한 사회적 편견과 부모와 교사 등의 오해 등을 들 수 있다(허윤석 등, 2003). 이런 점에서 적절한 도움을 받아야 할 청소년들이 전문적인 도움을 받기보다는 전문적인 서비스 체계의 미비 및 사회적 인식의 부족 등으로 오히려 학교 및 지역사회에서 소외되고 거부당하기도 한다(민성길 등, 1997).

사회적 중요성에도 불구하고 우리 사회에서 상대적으로 관심이 적게 주어지는 청소년 정신건강 문제의 예로는 바로 학업 중단 청소년들이다. 교육부의 2019년 국정감사 자료에 따르면, 유학이나 부적응 등의 이유로 학교를 그만둠으로써 공교육에서 이탈한 학생의 수가 2016년에서 2018년까지 3년간 무려 15만 명에 달했다(연합뉴스, 2019년 9월 29일자).

일반 사람들은 청소년들의 다양한 정서 및 행동 문제들이 성숙해져 감에 따라 점진적으로 사라질 것이라는 통념을 갖고 있지만, 실제로는 성인기까지 그러한 문제들이 지속되는 경향을 보여준다(Achenbach, Howell, McConaughy, & Stanger, 1995; Hofstra, Van der Ende, Verhulst, 2000). 예를 들어 ADHD의 행동 문제는 청소년기 이후에도 지속되는 경향이 있다(Biederman et al., 1996). 또 청소년기의 품행 문제 역시 성인기의 정신병리 및 일탈적 행동으로 이어질 수 있다(Kratzer & Hodgins, 1997). 그리고 정신병리를 경험한 적이 있는 아동 및 청소년은 성인기에 약물 남용의 문제를 보일 위험성이 높다(King, Iacono, & McGue, 2004).

이런 점에서 청소년기의 문제 행동을 조기에 발견하는 것은 사회적으로 중요한 의미를 갖는다. 왜냐하면, 이미 표출된 문제를 조기 개입으로 문제를 줄일 수 있을 뿐 아니라, 청소년기 이후 성인기에 발생할 가능성이 높은 심각한 문제를 예방하는 데도 기여하기 때문이다(이해경, 신현숙, 이경성, 2004; Kazdin, 1993).

(3) 국가적 전략과제로서의 청소년기 정신건강 문제

오늘날 청소년의 정신건강 문제는 국가적 차원의 관심사 중 하나이다. 청소년의 정서 및 행동 문제를 진단하고 개입함으로써 정서적, 사회적, 그리고 정신적 웰빙을 증가시키는 것은 이제 유럽의 많은 나라에서 국가의 미래를 좌우할 만큼 중요한 과제로 다루어지고 있다(Clarke et al., 2011). 이런 맥락에서 미국도 NIMH 등 정신건강 관련 기관들의 주도하에 청소년에 대한 DSM-IV 기반 정신건강 통계를 구축하고 있다(Merikangas et al., 2010).

이러한 국제적 흐름에 발맞추어 우리나라에서도 청소년의 정서 및 행동문제에 대한 전국적인 조사를 실시하고 대책을 세우는 등 국가적 관심이 증가하고 있다(교육과학기술부, 2012). 인구가 점차 감소하게 되는 저출산 시대에는 더더욱 아동 및 청소년 정책의 중요성이 증대될 것이다.

기본적으로 청소년의 정신병리와 문제행동을 줄이기 위해 노력하는 것과 청소년의 정신건강을 긍정적인 방향으로 증진시키고자 하는 것은 별개의 문제에 해당된다(Keyes, 2007). 왜냐하면 정신병리가 없더라도 청소년의 정신적 웰빙과 행복은 증진되지 않은 채로 남겨질 수 있기 때문이다.

세계보건기구는 정신건강을 "자신의 능력을 깨닫고 일상적인 스트레스에 대처할 수 있으며, 생산적으로 일할 수 있고 그가 속한 지역사회에 기여할 수 있는 웰빙 상태"라고 정의하고 있다(WHO, 2001, p.1). 다시 말해서, 정신건강은 정신 장애나 부적응적 문제 행동이 없는 상태를 의미하는 것이 아니라, 심리적인 웰빙 경험을 필요로 하며 사회적인 유능성을 발휘하는 것을 포함하는 개념이다(WHO, 2005, p.2).

오랫동안 우리나라 아동 및 청소년의 주관적 행복지수는 OECD 20개 국가 중 상대적으로 매우 낮은 편에 속하는 것으로 보고된다(국민일보, 2009년 9월 5일자). 한국 청소년들은 심각한 입시 스트레스와 경쟁 문화 속에서 생활하고 있다. 특히 그 과정에서 청소년의 행복 문제는 상대적으로 간과되고 있다. 하지만 진정한 의미에서의 정신건강을 증진시키기 위해서는 정서 및 행동적 문제와 정신병리 등 부정적 측면에서의 정신건강뿐만 아니라 적극적이고 긍정적인 형태의 정신건강을 함께 고려해야 한다.

Kazdin(1993)은 청소년을 위한 정신건강 모델을 제안하면서 정신건강을 다음의 두 가지 측면에서 정의할 필요가 있다고 주장했다. 첫째, 정신건강의 한쪽 측면은 심리, 정서, 행동, 사회의 각 영역에서 역기능적인 것이 없는 상태를 의미한다. 즉, 정신적 혼란, 우울, 불안, 자살시도, 약물 남용, 반사회적 행동 등의 정서-행동적 역기능이 없는 상태가 정신건강의 한 가지 요소라는 것이다. 둘째 정신건강의 또 다른 측면으로는 최적의 기능을 발휘하거나 심리 · 사회적 영역에서 웰빙을 경험하는 것을 들 수 있다.

따라서 웰빙은 단순히 정신병리가 없는 상태만을 뜻하지는 않으며 자신의 강점을 가지고 최적의 기능을 하는 것을 포함하는 개념이다.

최적의 기능이 발휘되는 것으로는 친사회적 행동, 긍정적인 대인관계, 스트레스와 역경에 대처하는 것, 활동에 참여하는 것 등을 들 수 있다. 바로 Kazdin(1993)은 이러한 형태로 정신건강의 두 가지 영역을 통합한 모델이 필요하다고 주장했다. 결론적으로, 청소년의 정신건강을 위해서는 긍정적이고 적응적인 기능을 증진하는 것과 역기능을 예방하고 치료하는 두 가지 과정 모두가 필요하다.

(4) 긍정적 정신건강 척도의 개발 필요성

긍정적 정신건강을 측정하기 위해 현재까지는 부분적으로 웰빙을 측정하는 몇 가지 도구들이 사용되어 왔다. 하지만 이들은 주로 성인을 대상으로 한 척도들인 데다가, 이들은 길이가 길거나(예; WHOQOL-100; WHOQOL Group, 1998), 한두 가지의 부분적인 웰빙을 측정하는 것들이 대부분이었다(예; PANAS; Watson, Clark, & Tellegen, 1988; SWLS; Pavot & Diener, 1993; Lamers et al., 2011). 최근 MHC-SF(Mental Health Continum-Short Form)가 14문항의 간략한 척도이자 정서적, 심리적, 사회적 웰빙을 포괄적으로 측정하는 도구로 개발되어 사용되고 있다(Lamers et al., 2011). 이 척도는 우리나라에서도 번안되어 전국 성인 표본 조사에도 사용되었다(임영진 외, 2010). 그러나 우리나라에서 아직까지 청소년을 대상으로 정신적 웰빙과 심리적인 부적응을 동시에 평가하는 형태인 긍정적 정신건강 측정 심리 척도는 보고된 적이 없다.

최근 들어 영국의 경우 청소년용 웰빙 척도가 개발된 바 있으며(Clarke et al., 2011) 우리나라에서도 성인용 삶의 만족도 및 삶의 질 척도를 번안하여 사용하기도 하고(민성길, 이창일, 김광일, 서신영, 김동기, 2000) 또 일부 청소년용으로 개발되어 사용되는 정신건강 척도(이현주, 이미나, 최인수, 2008; 최순종, 현정수, 2011; 김신영 외 2006)들이 존재한다.

하지만 이들은 지금까지 소개한 웰빙의 두 가지 측면을 통합적으로 반영하지 못하고 있다. 따라서 청소년을 대상으로 한 심리적 웰빙과 부적응을 통합적으로 측정하는 긍정심리 기반 정신건강 척도가 필요한 실정이다.

3) 긍정적 정신건강 모델 관련 국내외 연구

21세기 들어 전 세계적으로 퍼져나간 긍정심리학은 정신건강과 관련된 논의에 중요한 영향을 주었다. 전통적으로 정신건강에 관해서는 세 가지 관점이 존재해 왔다(Keyes, 2007). 첫째, 질병모델이다. 이러한 관점에서는 정신장애 없이 오래 사는 것을 정신적으로 건강한 상태로 파악한다. 이러한 관점은 역사상 가장 오랫동안 지지를 받아온 관점에 해당된다. 둘째, 긍정적 기능 모델이다. 이러한 모델에서는 인간의 사고, 감정 그리고 행동이 긍정적으로 발현되고 기능하는 상태를 정신적으로 건강한 상태로 규정한다. 마지막으로 완전한 정신건강 모델에서는 인간의 능력이 긍정적으로 발현되고 기능하는 동시에 질병과 질환으로부터 자유로운 상태를 건강한 상태로 정의한다. 완전한 정신건강 모델은 질병모델과 긍정적 기능 모델이 통합된 모델이라고 할 수 있다.

정신건강에 관한 최근의 연구 결과들(예컨대, Keyes, 2005b)은 정신건강 수준이 높을수록 정신장애 증상이 감소하는 것은 사실이지만 정신장애가 없다고 해서 반드시 정신적으로 건강한 상태가 보장되지는 않으며 정신이 건강하지 않다고 해서 정신장애가 있는 것은 아니라는 2요인 모델을 지지하는 것으로 나타났다. 이처럼 정신건강의 잠재적 요인과 정신장애의 잠재적 요인이 서로 다르다고 보는 것을 완전한 정신건강 모델이라고 한다.

정신건강 이요인 모델 혹은 완전한 정신건강 모델(Keyes, 2005b)에서는 긍정적 정신건강이 정신장애와 연관되어 있지만 동시에 구분될 수 있다고 간주한다. 일반적으로 정신장애 증상이 심각한 사람은 심리적 웰빙 수준도 낮을 수 있다. 하지만 정신장애가 있는 사람도 동시에 상대적으로 높은 수준의 정신건강을 유지할 수 있으며, 반대로 정신장애가 부재하다고 해서 그 사람이 충분히 자기실현적인 삶을 살고 있음을 보장해 주지는 않는다(Lamers, Westerhof, Bohlmeijer, ten Klooster & Keyes, 2011).

다양한 선행 연구들에서 정신건강이 정신장애(혹은 역기능적 문제)와 긍정적 정신건강의 두 가지 요인으로 이루어진다는 근거가 제시되고 있다. Keyes(2005b)는 정신건강에 대한 측정치를 확인적 요인분석한 결과, 정신건강이 정신장애의 단일요인이 아니라, 정신장애와 정신적 웰빙의 두 요인으로 구분된다는 점을 확인했다. 우리나라의 성인 및 청소년 연구들에서도 이러한 정신건강의 이요인 구조는 유사하게 나타나고 있다(박동혁, 2007; 이명자, 류명희, 2008; 김현정, 2012).

일반 집단에서는 특별히 정신병리나 문제행동을 나타내지 않는 사람들이 대다수를 이룬다. 따라서 정신건강을 측정하는 경우, 단순히 정신적 문제 증상만을 측정하는 것으로는 한계가 존재할 수밖에 없다. 그러므로 효과적인 정신건강 평가를 위해서는 정신과적인 문제증상을 넘어 심리적 웰빙 요소를 함께 평가할 필요가 있다(Veit & Ware, 1983).

게다가 긍정적 정신건강과 정신장애를 통합하여 진단할 때, 그중 어느 하나로만 예측하는 것에 비해 사회적 기능을 더 잘 예측함으로써 이 두 요인이 서로 보완적이라는 것이 밝혀졌다(Keyes, 2002, 2005b;

Lamers et al., 2011). 이런 점에서 긍정적 정신건강을 측정하는 것은 정신병리나 문제행동을 측정하는 것에 더해 중요한 부가가치를 창출한다고 할 수 있다(Lamers et al., 2011).

Keyes(2007)는 완전한 정신건강, 즉 긍정적 정신건강으로서의 정신적 번영 상태(플로리시: flourish)를 평가하기 위해 다음 정의를 활용했다. 첫째, 플로리시(flourish)는 정서적 웰빙(emotional well-being) 척도에서 높은 점수를 나타내는 동시에 긍정적 기능, 즉 심리·사회적 웰빙(psychological and social well-being) 척도에서도 높은 점수를 받는 것을 말한다. 둘째, 정신적 쇠약(languishing)은 정서적 웰빙 척도에서 낮은 점수를 나타내는 동시에 심리·사회적 웰빙 척도에서도 낮은 점수를 나타내는 것을 뜻한다. 중간 수준의 정신건강(moderately mentally healthy) 집단은 플로리시와 정신적 쇠약 집단 어느 쪽에도 해당되지 않는 경우 분류된다. 이러한 정신건강 관련 3수준을 정신장애 여부와 조합하게 되면 〈그림 1-7〉과 같이 6유형의 정신건강 집단 분류 체계를 구성할 수 있다.

이와 같이 이요인 구조에 기초해 정신건강을 개념화할 때, 정신건강 유형은 다음의 6집단으로 분류할 수 있다(Keyes & Lopez, 2002). 이러한 6가지 정신건강 유형을 시계 방향으로 순서대로 기술하면, 다음과 같다.

첫 번째 집단은 정신적 번영 상태, 즉 플로리시에 속하는 사람들로, 온전한 형태의 긍정적 정신 건강을 나타낸다. 즉 이들은 정신병리가 없으면서 동시에 높은 수준의 웰빙을 경험하는 사람들이다. 이들은 일상생활에서 긍정적인 감정을 많이 경험하고 심리·사회적으로도 잘 기능한다.

두 번째 집단은 중간 수준의 정신건강을 경험하는 집단이다. 이들

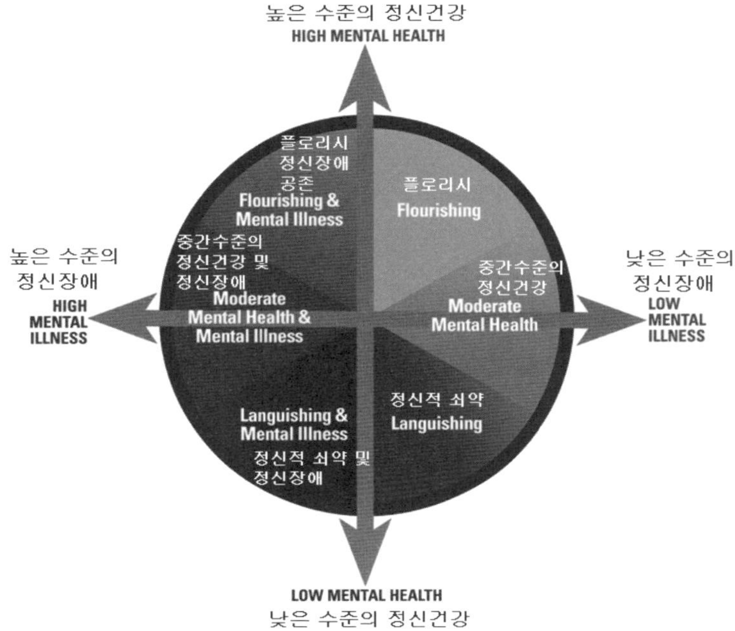

〈그림 1-7〉 긍정적 정신건강 모델

은 정신적으로 쇠약하지도 않지만 건강하지도 않은 특징을 보인다.

세 번째 집단은 정신병리는 없지만 웰빙 수준도 낮은 사람들로서, 정신적으로 쇠약한 상태(languishing)에 있다고 평가된다. 이들은 정신과적인 문제를 보이지 않지만 만성적인 형태로 높은 수준의 정신적 스트레스를 경험하고 있는 것으로 평가된다.

네 번째 집단은 정신장애가 있으면서 웰빙 수준도 낮은 인생에서 몸부림치는(floundering) 상태에 있다고 평가할 수 있다. 이들은 가장 낮은 수준의 심리사회적 기능을 나타낸다. Keyes(2002)에 따르면, 이들은 삶에 대해 공허감을 느끼고 전반적으로 생활이 침체되어 있으며

6가지 유형 중에서 심리사회적 기능 수준이 가장 낮은 사람들이다.

다섯 번째 집단은 중간 수준의 정신건강과 정신장애를 경험하는 집단이다. 전반적으로 이들은 정신장애를 경험하는 과정에서도 최소한의 사회 활동을 병행하지만 전반적인 기능 수준은 불안정한 모습을 보인다.

마지막으로, 여섯 번째 집단은 정신병리가 있으면서도 비교적 높은 수준의 긍정적 정서와 심리사회적 웰빙을 경험하는 사람들이다. 이들은 인생과 분투(struggling)하고 있다고 표현된다.

이렇게 여섯 집단으로 분류할 때, 진정한 의미에서 온전한 정신건강 상태에 있는 사람들은 '정신적 번영' 상태에 있는 사람들이라고 할 수 있다(Keyes, 2007). Keyes(2002, 2005b, 2007)의 연구 결과에 따르면, 정신건강 유형에 따라 사회적으로 얼마나 잘 기능하는지에 관한 각종 객관적 지표들에서 유의미한 차이를 보였다. 즉, 성인의 경우 정신적 번영 집단의 결근 일수가 다른 집단에 비해 가장 적었고 일상활동에서 제약을 받는 기능적 손상도 가장 적었으며 만성 질병도 가장 적은 것으로 나타났다(Keyes, 2007). 또 심리사회적 기능 수준도 정신적 번영 집단이 가장 높았는데, 이들의 경우 삶에 대한 무력감 수준은 상대적으로 낮고 목표 의식과 탄력성 및 친밀감은 가장 높은 것으로 나타났다. 이러한 점들을 종합해 보면, 과거처럼 정신건강을 정신병리의 유무 또는 상하 수준으로만 파악했을 때에는 고려할 수 없었던 분투 및 정신적 쇠약 집단이 새로운 관심 대상이 될 수 있다. 즉, 분투 및 정신적 쇠약 집단은 정신건강을 기존의 정신병리 한 차원으로만 살펴볼 때는 관심의 초점이 거의 주어지지 않는 집단이지만, 이처럼 정신건강을 사분면의 형태로 파악할 때에는 적절한 심리학적인 개입이 요구되는 집단으로 평가된다.

정신적 쇠약 집단의 경우 만성적인 형태의 신체 질환을 가지고 있는 경우가 많으며 심리사회적 기능 수준도 저하되어 있는 것으로 나타났다(Keyes, 2007). 따라서 이들에 대한 예방적 혹은 치료적 개입은 필수적인 일로 보인다(Keyes, 2007; 임영진 외 2010; 김현정, 2012). 또 분투 집단의 경우에는 정신병리가 있음에도 불구하고 높은 수준의 웰빙을 유지할 수 있는 그들만의 장점을 치료 과정에서 적극적으로 탐색할 필요가 있다.

일반적으로 정신병리가 있는 집단은 사회적 기능 수준이 낮고 만성질병도 더 많다. 하지만 정신적 쇠약 집단의 경우, 정신병리가 있지만 정신적 웰빙이 높은 분투 집단에 비해 더 낮은 수준의 심리사회적 기능을 보였고 신체적 건강상의 제약에 있어서도 비슷한 수준의 기능을 나타냈다(Keyes, 2007). 또 정신건강 수준에 따라 신체건강 상태도 다른 것으로 밝혀졌다. 정신적 번영 집단은 만성 질환을 가장 적게 나타냈고 정신적 쇠약 집단 및 분투 집단은 그 다음으로 많은 만성 질환을 나타냈으며 몸부림치는 집단은 만성 질환을 가장 많이 나타냈다. 이러한 효과는 다른 인구통계학적 변인 및 흡연이나 당뇨, 운동 습관 같은 변인을 통제한 후에도 여전히 유의한 것으로 나타났다(Keyes, 2005a, 2007).

이명자와 류정희(2008)가 한국의 고등학생들을 대상으로 청소년 정신건강 모형을 연구한 결과에 따르면, 기본적으로 우리나라 청소년에게도 Keyes(2007)의 정신건강 유형 분류 체계를 적용하는 것이 가능하다. 그 연구에 따르면, 정신적 번영 집단이 다른 집단에 비해 상대적으로 더 우수한 심리사회적 기능을 보였다. 그러나 특별한 문제행동을 보이지 않더라도 전반적인 웰빙 수준이 낮은 정신적 쇠약 집단은, 문제 행동이 있더라도 웰빙이 높은 분투 집단에 비해 적응유연성은 더 낮은 반면, 무기력감을 경험하는 수준은 더 높아 전체적으로 더 낮은 수준의 정신건강 수준을 나타냈다. 또 문제 행동을 보이면서 웰빙 수준도 낮은 집단은 심리사회적 적응 수준이 가장 낮은 것으로 나타났다. 따라서 청소년을 대상으로 한 경우에도 정신건강을 측정할 때 긍정적 정신건강 개념을 적극적으로 활용한다면, 의미있는 정보를 추가적으로 얻을 수 있을 것으로 기대된다.

뚜렷한 문제 행동을 보이지 않지만 삶에 대한 만족감과 행복도가 낮은 청소년 쇠약 집단의 경우, 지금까지는 학교 장면에서 진행되는 정신건강 서비스의 주요 대상에서 제외되었다. 하지만 이들도 정신건강 교양을 증진시키는 것이 절실히 요구되는 집단 중 하나라고 할 수 있다(Keyes, 2007). 정신건강 교양은 정신건강 영역에서의 정보를 이해하고 활용할 수 있는 '리터러시(literacy)', 즉 유능성을 뜻한다.

청소년 쇠약 집단의 낮은 웰빙 수준을 개선하기 위한 심리학적인 개입을 시도할 경우, 청소년기뿐만 아니라 성인기 이후의 정신병리나 문제행동을 예방하는 역할을 할 수 있을 것으로 기대된다. 또 정신적으로 쇠약한 청소년 집단에 대한 관심은 사회의 전반적인 정신건강 수준을 증진하기 위해서도 중요하다. 예를 들어, 학교 폭력 문제의 경우 가해자나 피해자 외에도 방관자들을 위한 서비스가 필요한 것처럼(곽금주, 2008), 문제 행동이 드러나지 않아도 정신건강 교양의 증진이 필요한 청소년들을 선별하여 그들에게 적절한 심리 서비스를 제공하는 것은 학교 및 사회 전체의 정신건강 수준을 높이는 동시에 청소년의 문제 행동을 적극적으로 예방하는 데 기여할 수 있을 것이다.

최근에는 상담과 심리치료에 있어서도 내담자의 문제 행동이나 병리적 측면을 평가하는 데만 초점을 맞추는 것이 아니라, 내담자가 가지고 있는 심리적 자원이 무엇인지 그리고 특성적으로 어떤 강점을 가지고 있는지를 발굴해 내는 동시에 그러한 것들을 체계적으로 육성하는 데 주안점을 두고 있다(Smith, 2006; Seligman, Rashid, & Parks, 2006). 주로 정신병리 혹은 문제 행동을 강조하던 것에서 긍정적인 강점을 찾는 쪽으로의 변화는 정신건강 관련 고위험군 및 일반 청소년 모두에게 중요한 의미를 갖는다(Smith, 2006).

최근 들어 상담과 심리치료 분야에서는 이러한 패러다임 변화에 발맞춰 강점 기반 교육(Park & Peterson, 2008; Seligman, 2011) 그리고 주도성 함양에 주안점을 두는 긍정적 발달 모델이 각광받고 있다(Larson, 2000). 또 정신보건 정책에서도 정신질환을 보다 적극적으로 예방하기 위한 긍정적 정신건강 모델이 강조되고 있는 추세이다(강은정, 2007). 그리고 정신건강에 관한 연구를 수행할 때도, 긍정적 정신건강을 포함하여 조사하는 추세가 확대되고 있다(Keyes, 2002, 2005; Veit & Ware, 1983; Clarke et al., 2011). 이러한 흐름에 발맞추어 우리나라에서도 성인용 긍정적 정신건강 척도가 개발되고 또 표준화되었다(임영진 외, 2010).

하지만 우리나라의 경우 청소년을 대상으로 하는 대규모 국가 조사에서도 아직까지는 문제 행동 및 정신병리 척도를 중심으로 조사할 뿐, 청소년의 정신적 웰빙을 포함하는 형태로 긍정적 정신건강을 평가하지는 않고 있다. 그 핵심적인 이유 중 하나는 바로 청소년의 긍정적 정신건강을 포괄적이면서도 단일한 척도로 측정할 수 있는 검사 도구의 표준화가 이루어지지 않았다는 점이다.

아동 및 청소년의 정신건강에 대한 주요 선별검사들은 정신병리 및 문제행동 중심으로 정신건강을 평가하고 있다. 비록 일부 선별검사에서는 문제행동 평가 도구에 사회적 적응 소척도를 포함시킴으로써 일부 적응적인 면도 측정하려 노력하고 있으나(오경자, 이혜련, 1990),

이 소척도만으로는 아동 청소년의 긍정적 정신건강 영역을 측정하기에는 불충분하다. 이런 점들을 고려해 볼 때, 적응적인 발달과 관련된 긍정적 정신건강 영역을 포괄적으로 평가하는 검사도구를 개발하는 것이 시급하다 하겠다.

현재 우리나라에서는 초・중・고 학생들을 대상으로 정신건강 실태와 관련된 전국적인 전수조사를 시행하고 있다(교육과학기술부, 2012). 하지만 이러한 전국적인 전수조사에서는 주로 일요인에 기초한 정신건강을 측정함으로써 정신병리나 문제 행동을 측정하는 것에 더해 긍정적 정신건강 관련 정보를 통합적으로 얻어내는 데까지는 미치지 못하고 있는 실정이다. 하지만 긍정적 정신건강 관련 정보는 청소년의 정신건강 수준을 증진하기 위한 데이터베이스를 제공해 줄 수 있다.

따라서 향후 청소년 대상 정신건강 관련 조사에서는 주로 문제행동에 초점을 맞추고서 평가하는 것이 아니라, 긍정적 정신건강 개념에 기초해 평가하는 쪽으로 방향을 전환하는 것이 필요하다(Lopez, Snyder, & Rasmussen, 2003). 일반적으로 문제 행동에 초점을 맞추기보다는 긍정적 특성을 촉진하기 위한 프로그램을 진행하는 것만으로도 문제행동을 줄이는 데 효과가 있는 것으로 나타났다(Hawkins et al., 2005). 이러한 점을 고려해 볼 때, 긍정심리학적 개입을 위한 평가 척도를 개발하고 표준화하는 작업은 청소년 정신건강 분야의 시급한 당면 과제 중 하나인 것으로 보인다.

긍정적 정신건강의 유형을 번영, 양호, 쇠약, 몸부림침의 네 가지로 분류했을 때, 한국 성인의 경우 번영 8.1%, 양호 65.6%, 쇠약 17.1%, 그리고 몸부림침이 9.8%의 비율로 나타났다(임영진 외, 2010). Keyes(2007)에 따르면, 이러한 정신건강 분포는 완전한 정신건강의 기준에는 크게 못 미친다. 그는 이상적 기준으로는 '번영 66%, 양호

24%, 쇠약 3% 그리고 몸부림침 7%'를 제시한 바 있다.

따라서 향후 한국 청소년의 정신건강 분포를 Keyes(2007)가 제안한 이상적인 정신건강 분포와 비교한 후 정신적 번영 상태에 있는 청소년 수가 늘어날 수 있도록 정신건강 교양을 증진시키려는 사회적 노력이 필요해 보인다. 선행연구에 대한 이러한 검토에 기초하여 본 연구에서는 긍정적 정신건강을 포괄적이면서도 간편하게 측정할 수 있는 청소년용 긍정적 정신건강 척도를 표준화하고자 한다.

4) 긍정적 정신건강 관련 빅데이터 분석

인터넷의 발전과 더불어 스마트폰이 등장함으로써 오늘날 우리들은 언제 어디서나 인터넷과 SNS(Social Network Services)를 사용할 수 있게 되었다. 사람들은 손쉽게 자신의 관심사를 반영한 단어를 다음, 네이버, 구글 등의 검색엔진에 검색한다. 또 트위터, 페이스북, 카카오톡, 카카오 스토리 등 다양한 플랫폼(platform)을 활용하여 사람들과 교류하고 자신의 일상을 공유하며 순간의 느낌을 자연스럽게 표현한다.

이러한 현상은 곧바로 온라인상에서 다루어지는 정보(data)의 양을 폭발적으로 증가시켰다. 흔히 '빅데이터'로 지칭되는 이 거대한 양의 데이터는 있는 그대로(raw) 저장되며 이는 미래 경쟁력을 좌우하는 21세기형 자원으로 표현될 정도로 그 활용 가치와 가능성이 무궁무진하다. 왜냐하면 막대한 양의 데이터를 바탕으로 한 분석은 사람들이 온라인상에서 주로 사용하는 단어들에 대한 다양한 해석을 가능케 하기 때문이다. 특히 SNS에서 수집되는 데이터는 개인의 일상에 대한 생각과 느낌이 담겨 있기에 이를 분석할 경우 다양한 대상에 대한 사람들의 인식 및 감정을 판단할 수 있다는 점에서 매우 중요하다.

국내의 대형 포털 사이트 중 하나인 '다음(Daum)'에서는 SNS의 빅데이터를 분석할 수 있는 '소셜 메트릭스(Social Metrix)' 프로그램을 기업 및 연구단체에 제공함으로써 그들이 빅데이터를 다양한 목적으로 활용할 수 있는 기회를 주고 있다. 블로그와 트위터의 데이터에 기초한 이 기술은 사람들이 특정 단어를 얼마나 많이, 어떠한 맥락에서, 어떠한 단어와 함께, 어떠한 느낌으로 언급하는지에 대한 정보를 제공해준다. 이를 통해 우리는 특정 단어에 대한 사람들의 생각과 감정을 파악할 수 있다. 또 여러 탐색어 간의 비교를 가능하게 해주기 때문에 비교 단어들 간의 공통점과 차이점을 쉽게 분석할 수 있다.

그러나 아무리 SNS에서 뽑아낸 빅데이터 원 자료의 활용 가능성과 가치가 높다고 하더라도 이를 의미 있는 방식으로 분석하지 못한다면 아무런 의미가 없을 것이다. 1차 원 자료에 의미를 부여할 수 있는 방법이 있을 때에만 정보의 활용 가치가 높아진다. 이러한 맥락에서 다양한 심리학적 연구는 빅데이터의 활용에 중요한 함의를 제공해주는 방법으로서 적용될 수 있다.

이 책에서는 소셜 메트릭스를 활용하여 얻은 원 자료를 바탕으로 사람들이 정신건강 및 행복과 관련된 주제어들에 갖는 감정들을 두 가지 차원을 기준으로 비교 및 분석했다. 이때 두 가지 차원은 박인조와 민경환(2005)이 감정 단어 목록을 원형성과 친숙성에 기초하여 쾌-불쾌 그리고 저-고활성화 차원으로 구분한 것을 차용했다. 박인조와 민경환(2005)은 '현대 한국어의 어휘 빈도(연세대학교 언어정보개발연구원, 1998)' 자료집을 기초로 하여 총 434개의 감정 단어 목록을 작성했다. 그들이 제시한 한국어 감정어 단어 목록은 [부록 1]에 제시되어 있다.

다음(Daum)이 개발한 소셜 메트릭스 프로그램에 키워드를 입력하면 그 단어와 함께 언급되는 다양한 단어들을 확인할 수 있다. 특히 심리어로 분류되어 함께 제시되는 단어에는 탐색어에 대한 사람들의 느낌이 담긴 감정어를 쉽게 확인할 수 있다. 본 연구에서는 사람들이 정신건강과 관련된 단어들을 어떠한 감정어와 함께 사용하여 표현하는지를 확인하고 이를 박인조와 민경환(2005)의 기준에 근거하여 쾌-불쾌 그리고 저-고활성화 차원으로 나누어 시각적으로 표시했다. 이 자료는 정신건강과 관련된 다양한 탐색어에 대해 우리나라 사람들이 가지고 있는 인지도를 비교할 수 있도록 해준다.

본 연구는 다음과 같은 과정을 거쳐 진행되었다. 먼저, 소셜 메트릭스 프로그램을 사용하여 2011년~2013년 6월 말까지의 기간 동안 사람들이 정신건강과 관련된 다양한 키워드를 어떠한 단어들과 함께 얼마나 많이 언급했는지 기본 자료를 수집했다. 이때 탐색한 키워드는 행복, 정신건강, 정신장애, 정신질환, 부적응, 자살이다. 자료를 얻은 후에는 키워드와 함께 언급된 심리어 100가지 중에서 감정어에 해당되는 단어를 박인조와 민경환(2005)의 감정 단어 목록에 근거하여 추려내는 작업을 진행했다. 이 과정에서 동의어로 해석될 수 있는 몇몇 단어들은 사전에 근거하여 대체했다. 여기서 추려낸 감정어들을 쾌-불쾌 그리고 저-고활성화 두 가지 차원이 표시된 좌표평면에 도시했다. 이 때 어떤 감정어가 얼마나 더 많이 언급되었는지를 그 상대적인 크기를 표시하기 위하여 빈도수가 버블 모양의 크기로 나타내도록 시각화했다(〈그림 1-8〉). 연도별 심리어 100개와 추출된 감정어 목록은 [부록 2]에 제시되었다.

정신건강과 관련된 다양한 탐색어를 소셜 매트릭스 프로그램을 사용하여 분석한 후 박인조와 민경환(2005)이 제시한 기준에 근거하여 쾌-불쾌 그리고 저-고활성화 차원으로 나누어 시각적으로 표시한 결

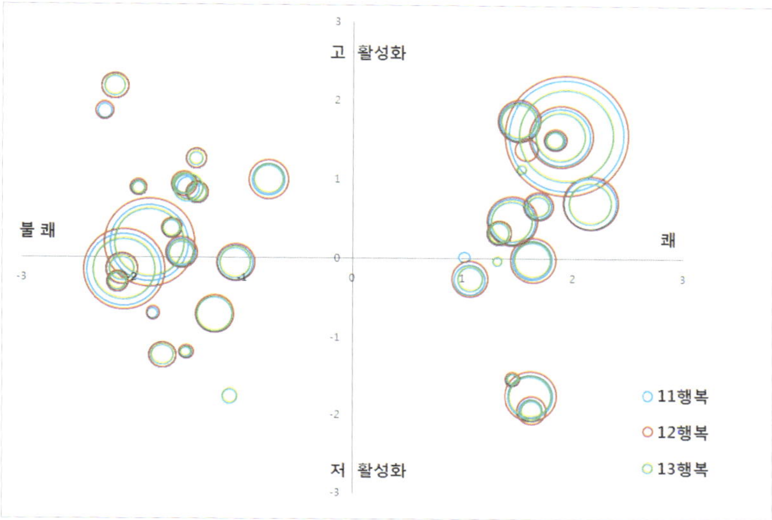

〈그림 1-8〉 행복과 함께 언급된 감정어의 정서 차원에 따른 분포

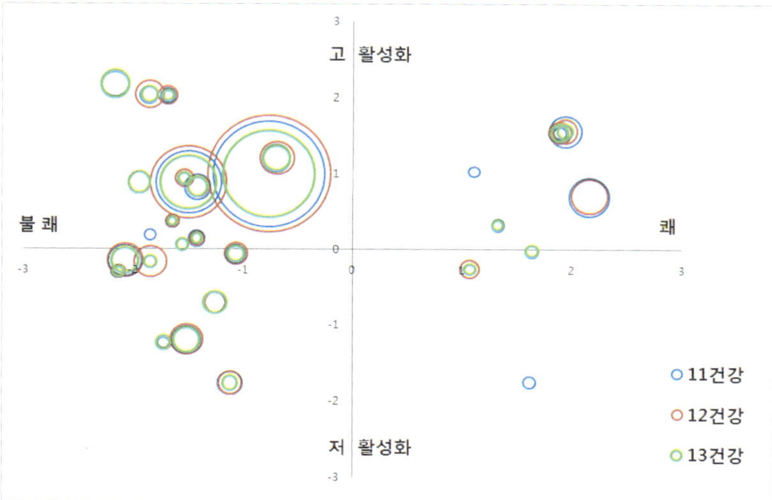

〈그림 1-9〉 정신건강과 함께 언급된 감정어의 정서 차원에 따른 분포

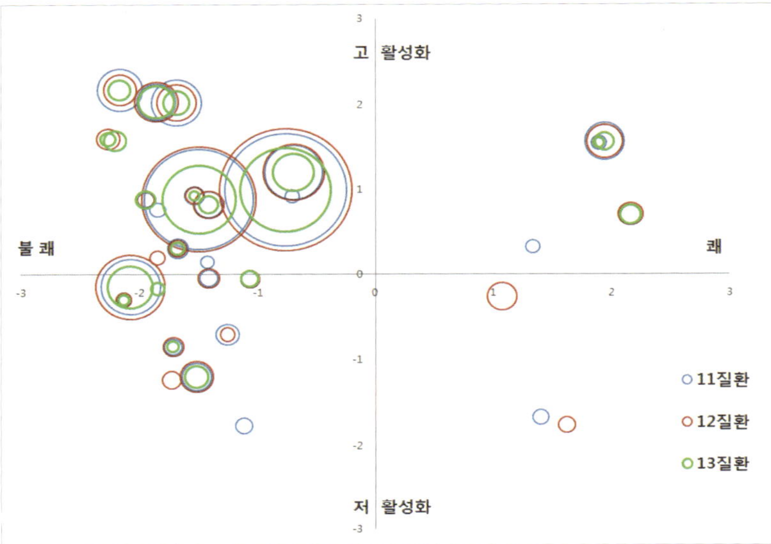

〈그림 1-10〉 정신질환과 함께 언급된 감정어의 정서 차원에 따른 분포

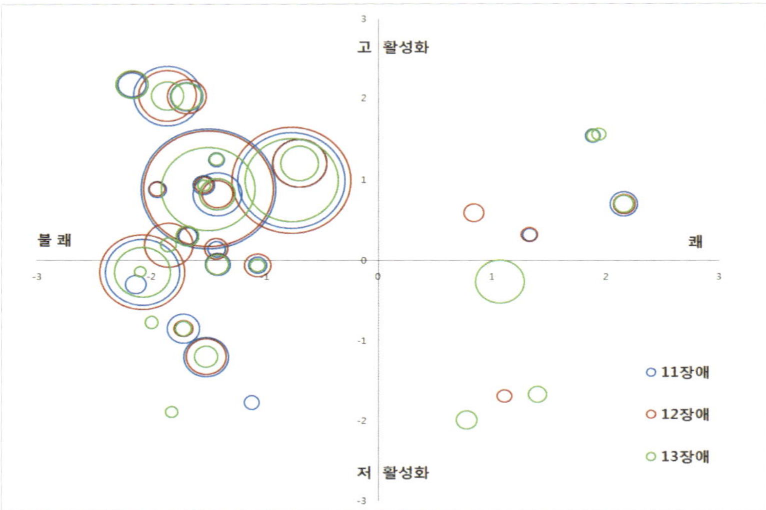

〈그림 1-11〉 정신장애와 함께 언급된 감정어의 정서 차원에 따른 분포

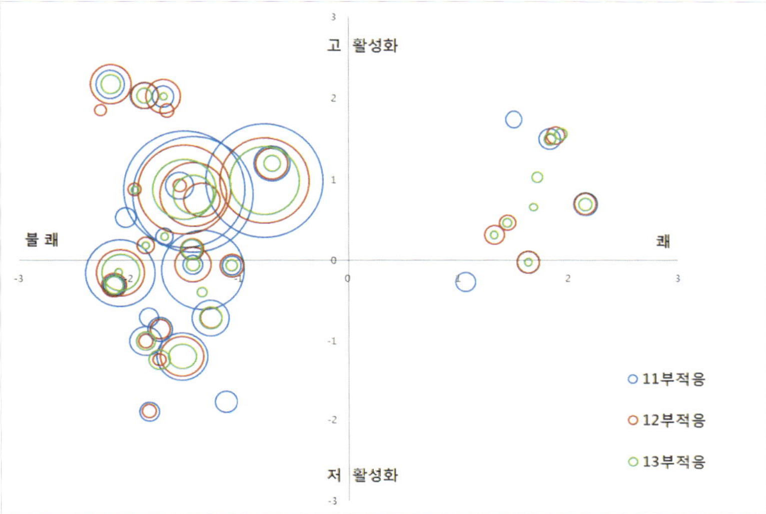

〈그림 1-12〉 부적응과 함께 언급된 감정어의 정서 차원에 따른 분포

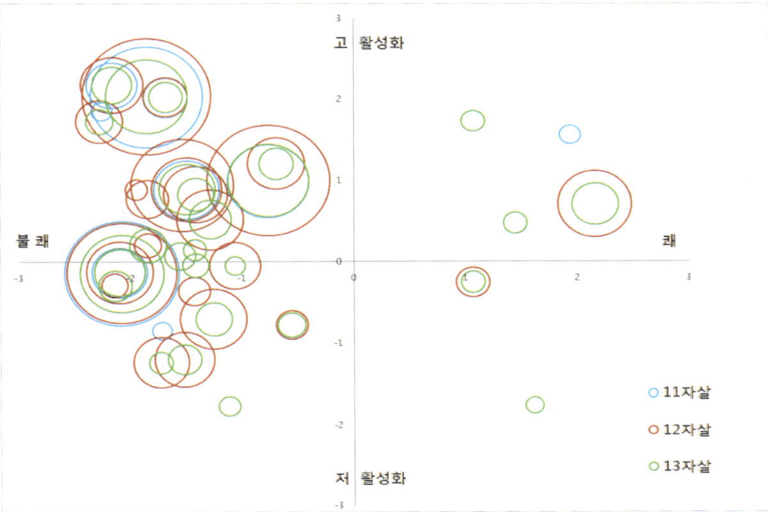

〈그림 1-13〉 자살과 함께 언급된 감정어의 정서 차원에 따른 분포

과, 우리나라 사람들은 정신건강과 관련해서 행복과는 상이한 인지도를 갖고 있는 것으로 보인다. 정신건강과 함께 언급된 감정어의 정서 차원에 따른 분포는 행복보다는 정신장애, 정신질환, 부적응 그리고 자살과 함께 언급된 감정어의 정서 차원에 따른 분포와 더 유사한 양상을 나타냈다(〈그림 9~13〉 참조). 이러한 결과는 우리나라 사람들에게 정신건강이라는 단어는 행복보다는 정신과적인 문제 행동 관련 단어들과 더 큰 친숙함을 갖는다는 점을 보여준다. 따라서 긍정적 정신건강 혹은 플로리시로서의 정신건강 개념이 우리 사회에서 정신건강 교양의 형태로 더 폭넓게 소개될 필요가 있다.

정신건강 및 행복과 함께 언급된 감정어의 분포도에는 부정적인 부분들이 대체로 공통적으로 포함되어 있지만 정신건강과는 다르게 행복과 함께 언급된 감정어 분포도에는 다양한 긍정 감정어들이 큰 비중으로 좌표평면 상에 놓여있음을 확인할 수 있다. 따라서 사람들이 상식적으로 갖고 있는 정신건강이 아니라 긍정적 정신건강, 플로리시로서의 정신건강, 혹은 행복과 심리학적으로 동일한 의미를 갖는 것으로서의 정신건강을 평가하는 과정에서는 스트레스, 불안, 우울감과 같은 부정적인 감정을 극복하는 문제 상황뿐만 아니라 감동, 감탄, 성취감 등 다양한 긍정 감정을 다루는 문제 상황 역시 적극적으로 탐색할 필요가 있다.

[부록 3]에는 사랑, 희망, 도전, 노력 등의 긍정 활동 단어들과 함께 언급되는 감정어의 좌표평면 분포가 제시되어 있다. [부록 3]의 자료는 행복과 함께 언급되는 감정어의 분포와 사랑, 희망, 도전, 노력과 함께 언급되는 감정어의 분포가 상당히 유사하다는 점을 보여준다. 이러한 점은 청소년을 위한 긍정적 정신건강 척도를 개발하는 과정에서 사랑, 희망, 도전, 노력 등 다양한 긍정 활동들이 문항에 반영

될 필요가 있다.

2. 한국판 청소년용 긍정적 정신건강 척도의 개발

1) 한국어판 긍정적 정신건강 척도 개발을 위한 후보문항의 선정

본 연구에서의 첫 번째 과제는 Keyes(1998, 2005, 2005, 2006, 2007)의 긍정적 정신건강 모델 및 평가 척도 그리고 임영진, 고영건, 신희천, 조용래(2010)의 성인용 긍정적 정신건강 척도 표준화 작업을 참고로 해서 청소년용 긍정적 정신건강 척도 제작을 위한 후보 문항을 개발하는 것이다.

Keyes(2006)에 따르면, 긍정적 정신건강의 대표적 개념으로서 웰빙은 현재까지 두 가지 개념으로 정의되어 왔는데, 하나는 행복을 다루는 쾌락적 웰빙(hedonic wellbeing)이며, 다른 하나는 인간의 잠재력을 다루는 자기실현적 웰빙(eudaimonic wellbeing)이다(Keyes, Shmotkin, & Ryff, 2002). 쾌락적 웰빙은 주관적이고 감정적인 웰빙을 말하는데, 이에 대해서 Diener(1984)는 긍정적 정서와 기분을 자주 느끼고, 부정적 정서와 기분을 덜 느끼며 높은 수준의 삶에 대한 만족감을 갖는 것이 주관적으로 안녕한 상태인 주관적 안녕감(subjective wellbeing)을 제안했다. 쾌락적 웰빙이 행복에 대한 주관적인 평가라면, 자기실현적 웰빙은 보다 객관적인 삶의 영역에서의 기능 수준 및 삶의 의미와 목적을 추구하는 것에 초점을 맞춘 것이다. 이를 측정하기 위한 대표적인 것으로는 Ryff(1989)의 삶의 질 척도가 있다. 여기에는 6가지 영역인 자율성, 환경에 대한 통제, 개인적 성장, 타인과 긍정적인 관계, 삶의 목적과 의미, 자기 수용이 포함된다.

이 두 가지 웰빙이 모두 높을 때 최적의 상태라고 본 Keyes(2002)는 쾌락적 및 자기실현적 웰빙의 두 가지 요소를 포괄하여 정신적 웰빙을 정의했다. 뿐만 아니라 그는 자기실현적 웰빙에 Ryff(1989)가 말한 심리적 기능(psychological functioning) 외에, 사회적 기능(social functioning)을 새롭게 포함시켰다. 사회적 기능은 개인이 사회적 생활에서 느끼는 웰빙으로서, 사회적으로 그들 자신을 어떻게 평가하는지를 반영한다(Keyes, 1998).

본 연구에서는 Keyes(1998, 2005, 2005, 2006, 2007)의 긍정적 정신건강 척도 그리고 임영진, 고영건, 신희천, 조용래(2010)의 긍정적 정신건강 척도에서와 마찬가지로 쾌락주의적 요인을 정서적 웰빙(emotinal well-being) 요인에 반영했으며 자기실현적 요인은 심리적 웰빙(psychological well-being) 요인에 반영했다.

Keyes(1998, 2005, 2005, 2006, 2007)의 긍정적 정신건강 척도 그리고 임영진, 고영건, 신희천, 조용래(2010)의 긍정적 정신건강 척도에서는 삶에 대한 주관적 만족도를 평가하는 전통적인 접근에 기초한 두 가지 요인 이외에 사회적 웰빙 요인을 추가했다. 사회적 웰빙은 개인이 사회에 대한 소속감을 느끼고 스스로 사회에 가치 있는 기여를 한다고 믿으며 자신이 속한 사회가 합리적으로 조직화되어 있다고 믿는 것을 말한다(Keyes, 2007). 본 연구에서도 청소년용 정신건강 척도 문항을 개발하는 과정에서 Keyes(1998, 2005, 2005, 2006, 2007)의 사회적 웰빙에 대한 정의를 차용했다.

본 연구에서 긍정적 정신건강 척도는 정신적 웰빙 척도(Mental Well-being Scale: 이하 MWS)와 심리적 부적응 척도(Psychological Maladjustment Scale: 이하 PMS) 두 가지 하위 척도로 구성된다. 그리고 정신적 웰빙 척도는 개념적으로는 정서적 웰빙, 심리적 웰빙, 그리고 사회적 웰빙의 세 가지 요인으로 구성된다. 발달적 정신장애의 관점에서 보면 청소년기는 정신과적 장애들이 완전하게 발현되기 이전 단계에 해당된다. 이러한 점을 고려하여 본 연구에서는 정신장애 대신에 심리적 부적응 척도를 개발하기로 했다. 따라서 이 책에서 심리적 부적응 척도의 각 문항들은 정신과적 치료가 필요한 수준의 심각한 문제 증상을 평가하기보다는 적응 상의 어려움을 평가하는 데 초점을 맞추었다.

긍정적 정신건강 척도의 후보문항들은 〈표 1-4〉와 〈표 1-5〉에 제시되어 있다. 본 연구에서는 소설 매트릭스 프로그램을 통해 산출된 정신건강 및 행복 관련 감정어 단어 목록들을 참고하여 정신건강 척도 문항들을 선정했다. 정신건강 및 행복 관련 감정어 단어 목록은

〈표 1-4〉 MWS 후보 문항

문항	내용
MWS1	기분이 좋았다.
MWS2	생활이 재미있었다.
MWS3	생활이 만족스러웠다.
MWS4	내가 좋아하는 일에서 실력이 늘고 있다고 느꼈다.
MWS5	친구와 보내는 시간이 많았다.
MWS6	세상이 점점 더 살기 좋게 변하고 있다고 느꼈다.
MWS7	내 주변에는 착한 사람들이 많다고 느꼈다.
MWS8	정해진 규칙을 따를 만하다고 느꼈다.
MWS9	내 성격이 대체로 좋다고 느꼈다.
MWS10	내가 해야 할 일들을 잘 해내고 있다고 느꼈다.
MWS11	다른 사람들과 관계가 좋다고 느꼈다.
MWS12	내가 지금보다 더 나아지기 위해 노력해야겠다고 느꼈다.
MWS13	내 생각을 자신 있게 말한다고 느꼈다.
MWS14	목표의식을 갖고 있었다.
MWS15	학급에서 친구들 간에 인기가 있다고 느꼈다.
MWS16	나는 선생님과 대화를 자유로이 나눌 수 있었다.

〈표 1-5〉 PMS 후보 문항

문항	내용
PMS1	몸이 자주 아픈 편이다.
PMS2	먹는 것을 마음대로 조절하기 힘들다.
PMS3	집중하기가 어렵다.
PMS4	다른 사람들이 이상하게 여길 만한 생각이나 행동을 한다.
PMS5	나는 셈하고 만지작거리거나 씻고 하는 것과 같은 행동을 반복해서 한다.
PMS6	밤에 편안하게 잠들기가 어렵다.
PMS7	인터넷이나 게임을 하고 싶은 생각을 참기가 어렵다.
PMS8	참을 수 없을 정도로 화가 나는 일이 많이 생긴다.
PMS9	자주 슬퍼진다.
PMS10	자주 긴장하고 불안해진다.
PMS11	규칙을 지키지 않아서 문제를 일으킬 때가 있다.
PMS12	어떤 일을 하고 나서 후회하는 경우가 많다.
PMS13	늘 피로를 느낀다.
PMS14	나는 다른 학교로 전학 갔으면 좋겠다.

[부록 2]와 [부록 3]에 제시되어 있다.

2) 긍정적 정신건강 척도의 예비 문항 선정을 위한 사전조사

표준화 작업을 진행하기에 앞서 선정된 후보 문항들에 대해 예비조사 과정을 거친 후 최종 문항을 정하기 위해 수도권의 중학교와 고등학교 하나씩 선정하여 재학생들을 대상으로 사전조사를 실시했다. 이때 조사 참여자들의 인구학적인 특성은 〈표 1-4〉에 제시되어 있다.

후보 문항들을 가능한 한 최대로 포함시키되, 척도 구성을 위해 선정된 예비 문항들의 신뢰도 계수(Cronbach α)를 최대로 할 수 있는 문항들의 조합을 조사한 결과, 총 16개의 MWS 문항들 중 14개의 문항이 예비문항으로 선정되었다. 예비조사 표본에서의 MWS 신뢰도 계수(Cronbach α)는 .90이었다.

〈표 1-6〉 사전조사 참여자들의 인구학적인 특성

		성별		전체
		남자	여자	
학년	중1	67	102	169
	중2	68	98	166
	중3	51	94	145
	고1	199	95	294
	고2	186	93	279
전체		571	482	1053

〈표 1-7〉 잠정적으로 선정된 MWS 예비 문항

문항	내용
MWS1	기분이 좋았다.
MWS2	생활이 재미있었다.
MWS3	생활이 만족스러웠다.
MWS4	내가 좋아하는 일에서 실력이 늘고 있다고 느꼈다.
MWS5	친구와 보내는 시간이 많았다.
MWS6	세상이 점점 더 살기 좋게 변하고 있다고 느꼈다.
MWS7	내 주변에는 착한 사람들이 많다고 느꼈다.
MWS8	정해진 규칙을 따를 만하다고 느꼈다.
MWS9	내 성격이 대체로 좋다고 느꼈다.
MWS10	내가 해야 할 일들을 잘 해내고 있다고 느꼈다.
MWS11	다른 사람들과 관계가 좋다고 느꼈다.
MWS12	내가 지금보다 더 나아지기 위해 노력해야겠다고 느꼈다.
MWS13	내 생각을 자신 있게 말한다고 느꼈다.
MWS14	목표의식을 갖고 있다고 느꼈다.
Cronbach α	.90

후보 문항을 가능한 한 최대로 포함시키되, 척도 구성을 위해 선정된 예비 문항들의 신뢰도 계수(Cronbach α)를 최대로 할 수 있는 문항들의 조합을 조사한 결과, 총 14개의 PMS 문항들 중 11개의 문항

〈표 1-8〉 잠정적으로 선정된 PMS 예비문항

문항	내용
PMS1	몸이 자주 아픈 편이다.
PMS2	먹는 것을 마음대로 조절하기 힘들다.
PMS3	집중하기가 어렵다.
PMS4	다른 사람들이 이상하게 여길만한 생각이나 행동을 한다.
PMS5	나는 셈하고 만지작거리거나 씻고 하는 것과 같은 행동을 반복해서 한다.
PMS6	밤에 편안하게 잠들기가 어렵다.
PMS7	인터넷이나 게임을 하고 싶은 생각을 참기가 어렵다.
PMS8	참을 수 없을 정도로 화가 나는 일이 많이 생긴다.
PMS9	자주 슬퍼진다.
PMS10	자주 긴장하고 불안해진다.
PMS11	규칙을 지키지 않아서 문제를 일으킬 때가 있다.
Cronbach α	.84

이 예비 문항으로 선정되었다. 예비 조사 표본에서의 PMS 신뢰도 계수(Cronbach α)는 .84였다.

3) 긍정적 정신건강 척도의 최종 문항 선정을 위한 탐색적 요인 분석

표준화 작업을 진행하기에 앞서 잠정적으로 선정된 예비 문항들을 활용해 탐색적 요인 분석 과정을 거쳐 최종 문항을 정하기 위해 수도권의 중학교와 고등학교 추가로 표집해 재학생들을 대상으로 탐색적 요인 분석을 진행했다. 탐색적 요인 분석을 위한 표본의 인구학적인 특성은 〈표 1-9〉에 제시되어 있다.

MWS 예비문항에 대한 탐색적 요인분석을 위해 SPSS 프로그램으로 주축 요인 추출(Principal Axis Factoring) 방법을 사용해 추출한 후 사교회전을 했다. 이때 요인회전 방법으로는 이쿼맥스 방법(Equamax

〈표 1-9〉 탐색적 요인 분석을 위한 표본의 인구학적인 특성

		성별		전체
		남자	여자	
학년	중1	77	74	151
	중2	77	80	157
	중3	81	72	153
	고1	89	86	175
	고2	82	97	179
전체		406	409	815

〈표 1-10〉 MWS 예비문항에 대한 탐색적 요인 분석

문항	내용	정서적 웰빙 요인	심리 · 사회적 웰빙 요인
MWS1	기분이 좋았다.	.77	
MWS2	생활이 재미있었다.	.88	
MWS3	생활이 만족스러웠다.	.80	
MWS4	내가 좋아하는 일에서 실력이 늘고 있다고 느꼈다.		.55
MWS5	세상이 점점 더 살기 좋게 변하고 있다고 느꼈다.		.50
MWS6	내 주변에는 착한 사람들이 많다고 느꼈다.		.52
MWS7	정해진 규칙을 따를 만하다고 느꼈다.		.62
MWS8	내 성격이 대체로 좋다고 느꼈다.		.61
MWS9	내가 해야 할 일들을 잘 해내고 있다고 느꼈다.		.62
MWS10	다른 사람들과 관계가 좋다고 느꼈다.		.64
MWS11	내가 지금보다 더 나아지기 위해 노력해야겠다고 느꼈다.		.52
MWS12	내 생각을 자신 있게 말한다고 느꼈다.		.68
MWS13	목표의식을 갖고 있다고 느꼈다.		.69
Cronbach α	.92		

Method)을 사용했다.

MWS 예비 문항에 대한 탐색적 요인 분석 결과, 2개의 요인이 산

〈표 1-11〉 PMS 예비문항에 대한 탐색적 요인분석

문항	내용	심리적 불편감 요인	행동통제 문제 요인
PMS1	먹는 것을 마음대로 조절하기 힘들다.		.45
PMS2	집중하기가 어렵다.		.66
PMS3	다른 사람들이 이상하게 여길 만한 생각이나 행동을 한다.		.63
PMS4	나는 셈하고 만지작거리거나 씻고 하는 것과 같은 행동을 반복해서 한다.		.47
PMS5	밤에 편안하게 잠들기가 어렵다.	.46	
PMS6	인터넷이나 게임을 하고 싶은 생각을 참기가 어렵다.		.48
PMS7	자주 슬퍼진다.	.81	
PMS8	자주 긴장하고 불안해진다.	.73	
PMS9	규칙을 지키지 않아서 문제를 일으킬 때가 있다.		.50
Cronbach α	.82		

출되었고 2개 요인이 전체 변량의 약 54%를 설명하는 것으로 나타났다. 이때 예비 문항 중 "친구와 보내는 시간이 많았다."는 문항은 두 개의 요인 모두와 비슷한 수준으로 관계된 것으로 나타나 최종 문항 선정 과정에서는 삭제되었다.

PMS 예비 문항에 대한 탐색적 요인 분석을 위해 주축 요인 추출(Principal Axis Factoring) 방법을 사용해 요인을 추출한 후 사교회전을 했다. 이때 요인회전 방법으로는 이쿼맥스 방법(Equamax Method)을 사용했다.

PMS 예비문항에 대한 탐색적 요인 분석 결과, 2개의 요인이 산출되었고 2개 요인이 전체 변량의 약 40%를 설명하는 것으로 나타났다. 이때 예비문항 중 "몸이 자주 아픈 편이다."와 "참을 수 없을 정도로 화가 나는 일이 많이 생긴다."는 두 문항은 두 요인 모두와 비

슷한 수준으로 관계된 것으로 나타나 최종문항 선정과정에서는 제거되었다.

4) 긍정적 정신건강 척도 개발을 위한 규준자료의 수집

본 연구에서의 세 번째 작업은 전국의 중학생과 고등학생을 표집하여 규준 자료를 수집하는 것이다. 이를 위해 본 연구에서는 전국의 중학생 960명과 고등학생 708명, 총 1,668명을 표집했다. 표집된 참여자들의 인구학적인 특성은 〈표 1-12〉에 제시되어 있다.

표준화 자료 수집을 위해 본 연구에서는 우리나라 지역을 주요 도시와 농어촌 지역으로 구분한 뒤 통계청(2011)의 인구주택총조사 결과를 고려해 층화표집을 실시했다. 상대적으로 중학생의 숫자가 더 많은 이유는 고등학생의 경우, 입시 등의 문제로 고3 학생들을 표집하기 어려워 1학년과 2학년만 표집했기 때문이다.

〈표 1-12〉 규준 자료에 포함된 참여자들의 인구학적 특성

		성별		전체
		남자	여자	
학년	중1	160	160	320
	중2	160	160	320
	중3	160	160	320
	고1	177	177	354
	고2	177	177	354
전체		834	834	1,668

〈표 1-13〉 표집된 참여자들의 출신지역별 분포

시·도명	중학생	고등학생	전체 학생 수
서울시	176	134	310
부산시	64	51	115
대구시	52	40	92
인천시	56	41	97
광주시	33	24	57
대전시	32	22	54
울산시	28	21	49
경기도	233	168	401
강원도	29	20	49
충청북도	31	21	52
충청남도	38	29	67
전라북도	37	28	65
전라남도	36	25	61
경상북도	48	36	84
경상남도	67	48	115
총계	960	708	1,668

5) 긍정적 정신건강 척도 개발을 위한 규준 자료의 타당화

(1) 긍정적 정신건강 척도에 대한 확인적 요인분석

표준화를 위해 표집된 중·고등학생 1,668명을 대상으로 R 프로그램을 활용해 확인적 요인분석을 진행했다. 이때 요인 추출 방법으로는 최소자승법(ordinary least square: OLS)을 사용했고 요인회전 방법으로는 오블리민(Oblimin)을 사용했다. 그 결과를 중·고등학생 전체 자료, 중학생 자료, 고등학생 자료 순으로 제시하면 〈그림 1-14~16〉과 같다.

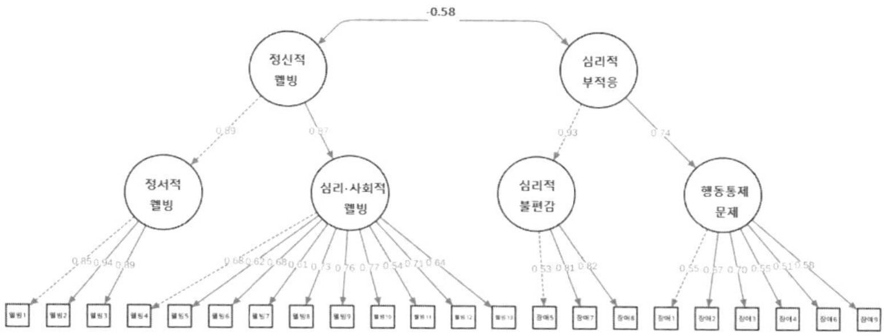

〈그림 1-14〉 중 · 고등학생 1,668명을 대상으로 한 한국판 청소년용 긍정적 정신건강 척도의 확인적 요인분석 결과(김진영, 문기범, 고영건, 2020)

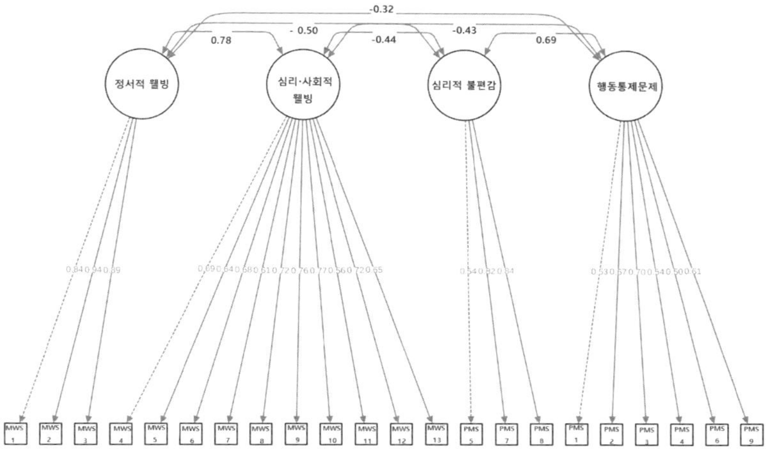

〈그림 1-15〉 중학생 960명을 대상으로 한 확인적 요인분석 결과

중 · 고등학생 전체 자료에서의 신뢰도 계수(Cronbach α)는 정신적 웰빙 .92 그리고 심리적 부적응 .82였다. 그리고 중학생 자료, 고등학생 자료, 중 · 고등학생 전체 자료에 대한 확인적 요인분석에서의 적합도 검증결과는 〈표 1-14〉와 같다. 적합도 검증결과는 중학생 자

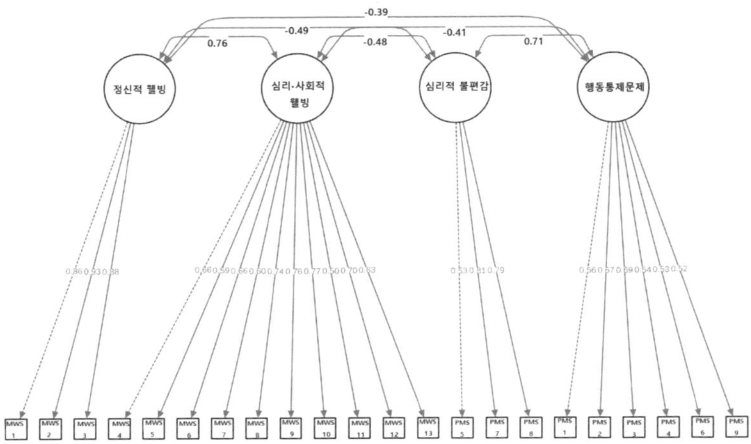

〈그림 1-16〉 고등학생 708명을 대상으로 한 확인적 요인분석 결과

〈표 1-14〉 확인적 요인분석에서의 적합도 검증 결과

모형	χ2	CFI	SRMR	RMSEA [90% CI]
모형1. 중학교 집단 a (2요인 모형)	031.57***	.92	.05	0.07 [0.06, 0.07]
모형2. 고등학교 집단 b (2요인 모형)	846.21***	.91	.05	0.07 [0.06, 0.07]
모형3. 중·고등학교 집단 c	1604.69***	.92	.04	0.06 [0.06, 0.07]

주. an=960. bn=708. cn=1668. *** $p < .001$.

료, 고등학생 자료, 중 · 고등학생 전체 자료에서 양호한 수준으로 나타났다.

(2) 긍정적 정신건강 척도의 하위 요인 간 상관

〈표 1-15〉에는 긍정적 정신건강 척도의 하위요인들 간 상관 자료가 제시되어 있다. 정신과 치료 항목은 "나는 최근 한 달 이내에 정신과 치료를 받을 정도의 심각한 어려움을 겪었다."는 문항에 대해

〈표 1-15〉 정신건강 하위 척도 간 상관관계(N=1,668)

	정서적 웰빙	심리 사회적 웰빙	정신적 웰빙 총점	심리적 불편감	행동통제 문제	심리적 부적응 총점	정신과 치료	학교 부적응	생활에서의 어려움
정서적 웰빙	1								
심리사회적 웰빙	.71**	1							
정신적웰빙 총점	.82**	.98**	1						
심리적 불편감	-.43**	-.37**	-.41**	1					
행동통제 문제	-.29**	-.34**	-.35**	.56**	1				
심리적 부적응 총점	-.39**	-.39**	-.42**	.83**	.92**	1			
정신과 치료	-.25**	-.23**	-.25*	.40**	.34**	.41**	1		
학교 부적응	-.32**	-.28**	-.31**	.46**	.33**	.43**	.35**	1	
생활에서의 어려움	-.34**	-.30**	-.33**	.42**	.33**	.41**	.30**	.57**	1

**$p<0.01$.

'전혀 아니다'에서 '매우 그렇다'에 이르는 5점 척도로 응답한 내용을 말한다. 그리고 학교 부적응 항목은 "나는 지난 6개월 동안 학교생활에 적응하는 데 심각한 어려움을 겪었다."는 문항에 대해 '전혀 아니다'에서 '매우 그렇다'에 이르는 5점 척도로 응답한 내용을 말한다. 또 생활에서의 어려움 항목은 "앞의(심리적 부적응 척도) 문항들 중 어느 한 문항에서라도 '그렇다' 혹은 '매우 그렇다' 중 하나에 응답을 했다면, 이러한 문제들로 당신은 생활하는 데 얼마나 큰 어려움을 겪었나요?"라는 문항에 대해 '전혀 어렵지 않았다'에서 '매우 많이 어려웠다'에 이르는 5점 척도로 응답한 내용을 말한다.

상관 분석 결과, 정신적 웰빙 점수는 정신과 치료, 학교 부적응, 그리고 생활에서의 어려움 점수와 부적인 상관을 갖는 반면에 심리적 부적응 점수는 정신과 치료, 학교부적응, 그리고 생활에서의 어려움 점수와 정적인 상관을 갖는 것으로 나났다. 그리고 정신적 웰빙과 심리적 부적응 하위 요인들 역시 정신과 치료, 학교부적응, 그리고 생활에서의 어려움 점수와의 관계에서 해당 요인들의 총점과 동일한 방향의 상관을 나타냈다. 이러한 결과는 긍정적 정신건강 척도의 내적인 타당성을 보여준다.

(3) 긍정적 정신건강 척도의 검사-재검사 신뢰도

본 연구에서는 긍정적 정신건강 척도의 검사-재검사 신뢰도를 조사하기 위해 중학생 29명을 대상으로 긍정적 정신건강 척도를 약 8주 간격으로 두 차례 실시했다. 그 결과를 〈표 1-16〉에 제시했다.

긍정적 정신건강 척도의 검사-재검사 신뢰도는 .60에서 .79에 이르는 수준으로 나타났다. 이러한 결과는 본 긍정적 정신건강 척도가 시간적으로 안정적인 특성을 평가한다는 점을 보여준다.

〈표 1-16〉 정신건강 척도의 검사-재검사 신뢰도

	정서적 웰빙2	심리사회적 웰빙2	정신적 웰빙2	심리적 불편감2	행동통제 문제2	심리적 부적응2
정서적 웰빙1	.73**					
심리사회적 웰빙1		.79**				
정신적 웰빙1			.79**			
심리적 불편감1				.60**		
행동통제 문제					.74**	
심리적 부적응1						.76**

**$p<0.01$.

(4) 긍정적 정신건강 척도의 외적 타당도

본 연구에서는 긍정적 정신건강 척도의 외적 타당도를 조사하기 위해 중·고등학생 189명을 대상으로 긍정적 정신건강 척도와 학교생활적응 척도(류윤희, 1994), 자아강도 척도(이장호, 김재환, 1982), 그리고 사회적지지 척도(김연희, 1999)를 실시했다. 이때 중학교 2학년생은 99명(남자 63명, 여자 36명)이었고 고등학교 2학년생은 90명(남자 52명, 여자 38명)이었다.

학교생활적응 척도는 32개 문항으로 구성된 리커트(Likert)형 5점 척도이다. 이 질문지는 교사 관계, 교우 관계, 학교 수업, 그리고 학교 규칙의 4개 하위 영역을 평가하도록 구성되어 있다. 본 자료에서의 학교생활적응 척도의 신뢰도 계수(Cronbach α)는 .80이었다. 또 사용한 자아강도 척도는 다면적 인성 검사(MMPI)의 특수 척도 중 Barron(1953)에 의해 제작된 자아강도 척도를 이장호와 김재환(1982)이 타당도를 검증한 48문항 척도였다. 본 자료에서의 자아강도 척도의 신뢰도 계수(Cronbach α)는 .79였다. 그리고 청소년이 지각하는 사회적 지지를 평가하기 위해 Dubow와 Ullman(1989)이 개발한 사회적 지지 평가도구(Social Supprot Appraisal Scale: SSAS)의 한국어판 5점 리커트(Likert)형 척도(김연희, 1999)를 사용했다. 본 연구에서 사용된 24문항의 신뢰도 계수(Cronbach α)는 .90이었다.

〈표 1-17〉에는 긍정적 정신건강 척도 점수와 정신건강 관련 변인들 간 상관값들이 제시되어 있다. 정서적 웰빙, 심리·사회적 웰빙 그리고 정신적 웰빙 점수는 학교 적응, 자아 강도, 그리고 사회적 지지 점수와 정적인 상관을 보였다. 대조적으로 심리적 불편감, 행동통제 문제 그리고 심리적 부적응 점수는 학교적응, 자아강도, 그리고 사회적지지 점수와 부적인 상관을 보였다. 이러한 결과는 본 긍정적 정신

〈표 1-17〉 긍정적 정신건강 척도 점수와 정신건강 관련 변인들 간 상관(김진영, 문기범, 고영건, 2020)

	정서적 웰빙	심리-사회적 웰빙	정신적 웰빙	심리적 불편감	행동통제 문제	심리적 부적응	학교 적응	자아 강도	친구 지지	가족 지지	교사 지지	사회적 지지
정서적 웰빙	1											
심리-사회적 웰빙	.63**	1										
정신적 웰빙	.78**	.98**	1									
심리적 불편감	-.46**	-.41**	-.45**	1								
행동통제문제	-.17*	-.28**	-.27**	.45**	1							
심리적부적응	-.343**	-.39**	-.40**	.79**	.90**	1						
학교적응	.47**	.67**	.67**	-.31**	-.17*	-.26**	1					
자아강도	.33**	.30**	.33**	-.47**	-.41**	-.51**	.20**	1				
친구지지	.44**	.52**	.54**	-.31**	-.11	-.22**	.37**	.22**	1			
가족지지	.34**	.43**	.44**	-.18**	-.18*	-.28**	.27**	.19*	.49**	1		
교사지지	.30**	.36**	.37**	-.24**	-.24**	-.30**	.27**	.26**	.35**	.33**	1	
사회적지지	.46**	.56**	.58**	-.40**	-.23**	-.35**	.39**	.29**	.76**	.81**	.73**	1

N= 189, $^{**}p<0.01$, $^{*}p<0.05$.

건강 척도가 정신건강 관련 변인들에 외적인 타당성을 갖는다는 점을 보여준다.

6) 긍정적 정신건강 척도를 활용한 정신건강 유형의 분류

Keyes(2006, 2007)는 긍정적 정신건강 유형을 플로리시 집단, 중간 수준의 정신건강 집단, 정신적 쇠약 집단, 정신장애가 있는 플로리시 집단, 정신장애가 있는 중간수준의 정신건강 집단, 정신장애가 있는 정신적 쇠약 집단의 6가지로 구분했다. Keyes(2006, 2007)가 정신건강 유형을 분류할 때 사용한 기준은 다음과 같다. 첫째, 정서적 웰빙 문항들 중 적어도 하나 이상에서 '매일' 또는 '거의 매일' 항목에 응답하는 동시에 심리・사회적 웰빙 문항들 중 과반수이상에서 '매일' 또는 '거의 매일' 항목에 응답하는 경우 플로리시 집단으로 평가된다. 둘째, 정서적 웰빙 문항들 중 적어도 하나 이상에서 '전혀 없음' 또는 '한 달에 한번 혹은 두 번' 항목에 응답하는 동시에 심리・사회적 웰빙 문항들 중 과반수이상에서 '전혀 없음' 또는 '한 달에 한번 혹은 두 번' 항목에 응답하는 경우 정신적 쇠약 집단으로 평가된다. 마지막으로, 플로리시와 정신적 쇠약 그 어느 쪽에도 속하지 않는 집단을 중간 수준의 정신건강 집단으로 분류한다. 본 연구에서도 정신적 웰빙 유형을 분류하는 과정에서 Keyes(2006, 2007)의 준거를 동일하게 사용했다.

심리적 부적응 유형의 경우, 다음의 세 가지 기준 중 어느 하나에 해당되면 심리적 부적응 집단으로 분류했다. 첫째, 생활에서의 어려움 항목, 즉 "앞의(심리적 부적응 척도) 문항들 중 어느 한 문항에서라도 '그렇다' 혹은 '매우 그렇다' 중 하나에 응답을 하는 동시에, 이러한 문제들로 당신은 생활하는 데 얼마나 큰 어려움을 겪었나요?"라는 문항에 '그렇다' 또는 '매우 그렇다'에 응답하는 것이다. 둘째, 정신과 치료 항목 문항, 즉 "나는 최근 한 달 이내에 정신과 치료를 받을 정도의 심각한 어려움을 겪었다."는 문항에 '그렇다' 또는 '매우 그렇다'에 응답하는 것이다. 셋째, 학교 부적응 항목, 즉 "나는 지난 6개월 동안 학교생활에 적응하는 데 심각한 어려움을 겪었다."는 문항에 '그렇다' 또는 '매우 그렇다'에 응답하는 것이다.

최종적으로, 정신적 웰빙 관련 3유형을 심리적 부적응 여부와 조합하게 되면 여섯 가지 유형의 정신건강 집단이 산출된다. 이렇게 분류한 정신건강 유형 집단의 분포는 〈표 1-18〉에 제시되어 있다. 현재 우리나라 중·고등학교 청소년들의 경우 심리적 부적응을 경험하는 집단은 8.1%이고 정신적 쇠약 집단은 2.7%인 것으로 나타났다. 따라서 정신건강 증진을 위한 개입이 시급하게 요구되는 집단은 약 11% 수준인 것으로 보인다.

정신적 웰빙 유형에 대한 분류 결과를 Keyes(2006)의 자료와 비교해 보면, 우리나라 청소년의 경우 플로리시 집단(한국 28.9%; 미국, 38.3%)과 정신적 쇠약 집단(한국 2.7%; 미국, 6.3%)은 조금 적은 반면에 중간 수준의 정신건강 집단(한국 60.2%; 미국, 55.4%) 상대적으로 더 많은 것으로 나타났다. 이러한 점은 우리나라의 경우 정신건강 증진을 위한 사회적 노력의 방향이 플로리시 집단의 수를 늘리는 방향으로도 함께 진행될 필요가 있음을 보여준다. 특히 전체 심리적 부적응 집단 135명 중에서 '심리적 어려움과 플로리시 공존 집단'의 수가 13명으로 약 1% 수준밖에 안 되는 점은 향후 심리적 부적응 집단의 정신건강 증진을 위한 노력 과정에서 플로리시를 함양하기 위한 심리학적 개입이 병행될 필요가 있음을 보여준다.

〈표 1-18〉 중·고등학생 전체 학생들의 정신건강 집단 분류표

정신건강 집단 분류	남학생	여학생	전체
플로리시	268	214	482(28.9%)
중간수준의 정신건강	474	531	1,005(60.2%)
정신적 쇠약	23	23	46(2.7%)
심리적 어려움과 플로리시 공존 집단	8	5	13(0.8%)
심리적 어려움을 겪는 중간수준의 정신건강 집단	47	56	103(6.2%)
심리적 부적응을 겪는 정신적 쇠약 집단	14	5	19(1.1%)
총 합계	834	834	1,668

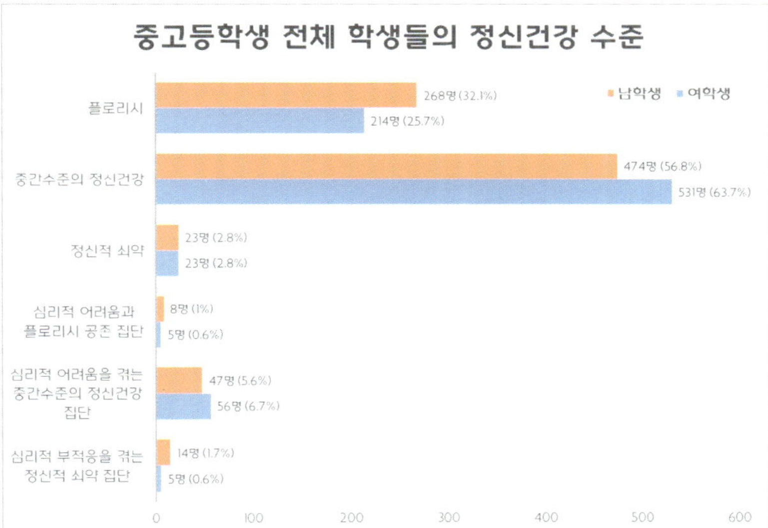

〈그림 1-17〉 중·고등학생 전체 학생들의 긍정적 정신건강 유형 분류

중학생 정신건강 유형 집단의 분포는 〈표 1-19〉와 〈그림 1-18〉에 제시되어 있다. 그리고 고등학생 정신건강 유형 집단의 분포는 〈표 1-20〉과 〈그림 1-19〉에 제시되어 있다.

〈표 1-19〉 중학교 전체 학생들의 정신건강 집단 분류표

정신건강 집단 분류	남학생	여학생	전체
플로리시	154	123	277(28.9%)
중간수준의 정신건강	267	293	560(58.3%)
정신적 쇠약	15	17	32(3.3%)
심리적 어려움과 플로리시 공존 집단	6	4	10(1.0%)
심리적 어려움을 겪는 중간수준의 정신건강 집단	27	40	67(7.0%)
심리적 부적응을 겪는 정신적 쇠약 집단	11	3	14(1.5%)
총합계	480	480	960

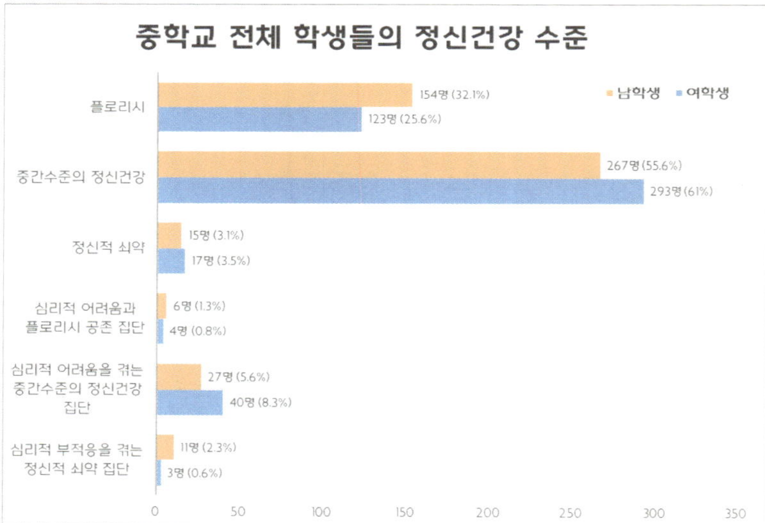

〈그림 1-18〉 중학생들의 긍정적 정신건강 유형 분류

7) 긍정적 정신건강 척도의 규준 자료

[부록 4]에는 중학생과 고등학생 그리고 전체 중·고등학생의 성

〈표 1-20〉 고등학교 전체 학생들의 정신건강 집단 분류표

정신건강 집단 분류	남학생	여학생	전체
플로리시	114	91	205(29.0%)
중간수준의 정신건강	207	238	445(62.9%)
정신적 쇠약	8	6	14(2.0%)
심리적 어려움과 플로리시 공존 집단	2	1	3(0.4%)
심리적 어려움을 겪는 중간수준의 정신건강 집단	20	16	36(5.1%)
심리적 부적응을 겪는 정신적 쇠약 집단	3	2	5(0.7%)
총합계	354	354	708

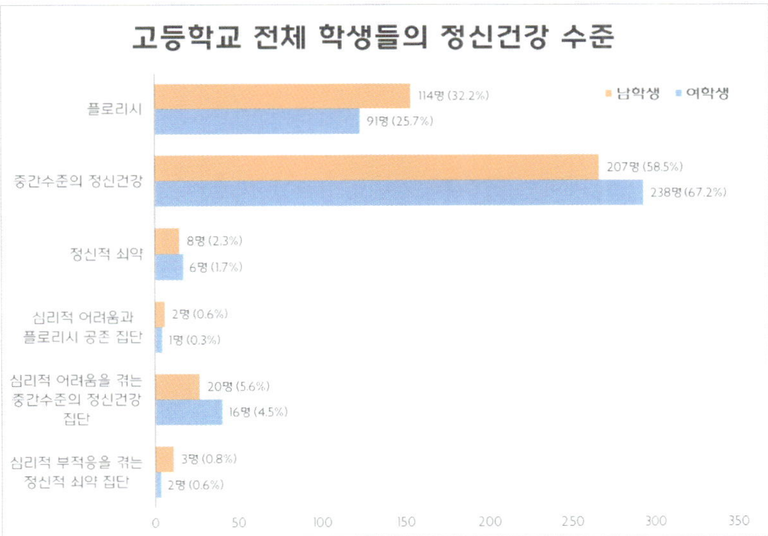

〈그림 1-19〉 고등학생들의 긍정적 정신건강 유형 분류

별 긍정적 정신건강 척도 평균 점수가 나와 있다. 본 긍정적 정신건강 척도는 구체적인 활용 목적에 따라 개인별 긍정적 정신건강 유형 정보가 필요할 수도 있고 학교급 및 성별 규준 자료에서의 상대적인

위치에 대한 정보가 필요할 수도 있다. 본 연구에서는 다양한 활용 가능성을 고려하여 [부록 5]에 정신적 웰빙과 심리적 부적응 척도에서의 개인별 백분위를 환산할 수 있는 정보를 제시했다.

8) 정신건강 교양 증진을 위한 긍정적 정신건강 척도 실시 매뉴얼

(1) 긍정적 정신건강 척도 실시에서의 유의사항

긍정적 정신건강 척도를 실시하는 데는 10분에서 20분 정도가 소요된다. 본 척도는 비교적 적은 양의 문항으로 청소년의 긍정적 정신건강 수준과 유형을 평가하는 일종의 선별검사에 해당된다.

본 연구에서는 청소년들이 긍정적 정신건강 척도를 가능한 한 쉽게 응답할 수 있도록 제작했다. 본 문항들의 내용은 전체적으로 어렵지는 않지만 그래도 응답 내용의 중요성을 고려하면 신중한 태도로 응답하는 것이 중요하다. 25개 문항에 대해 잘 생각해 보고 가능한 한 정확하게 그리고 솔직하게 대답해야 한다. 당연히 검사 결과의 타당성은 응답자가 얼마나 진솔하게 대답했는가에 달려 있다.

정신건강 문항들은 아주 사적인 내용을 담고 있기 때문에 응답 내용에 관해서는 반드시 비밀이 지켜져야 한다. 그리고 청소년들이 검사를 받는 동안 다른 사람과 의논하지 않도록 주의해야 한다. 응답자의 프라이버시를 지키기 위해서 답지와 질문지를 분리시키는 것이 바람직하다. 누구든 볼 수 있는 검사지에 표시하는 대신에 해당 답안지에 곧바로 답을 적도록 한다. 긍정적 정신건강 척도 문항은 [부록 6]에 제시되어 있다.

(2) 긍정적 정신건강 척도의 채점 방법

긍정적 정신건강 척도의 채점은 도구의 활용 목적에 따라 다양한 방법으로 진행할 수 있다. 먼저 중학생과 고등학생 그리고 중·고등학생 전체 규준 자료에서의 상대적인 위치를 탐색하는 것이 주목적인 경우, 다음과 같은 방식으로 점수를 계산한다.

* 정서적 웰빙 점수=MWS1+MWS2+MWS3
* 심리·사회적 웰빙 점수=MWS4+MWS5+MWS6+MWS7+MWS8+MWS9+MWS10+MWS11+MWS12+MWS13
* 정신적 웰빙 점수=정서적 웰빙 점수+심리·사회적 웰빙 점수
* 심리적 불편감 점수=PMS5 +PMS7+PMS8
* 행동통제문제 점수=PMS1+PMS2+PMS3+PMS4+PMS6+PMS9
* 심리적 부적응 점수=심리적 불편감 점수+행동통제문제 점수

① 긍정적 정신건강 척도의 채점

긍정적 정신건강 척도에서는 먼저 정서적 웰빙과 심리·사회적 웰빙 점수를 계산한 후 정신적 웰빙 점수를 구한다. 그리고 심리적 불편감과 행동통제문제 점수를 계산한 후 심리적 부적응 점수를 구한다.

② 긍정적 정신건강 척도를 활용한 정신건강 유형의 분류 방법

Keyes(2006, 2007)는 긍정적 정신건강 유형을 플로리시 집단, 중간수준의 정신건강 집단, 정신적 쇠약 집단, 정신장애가 있는 플로리시 집단, 정신장애가 있는 중간수준의 정신건강 집단, 정신장애가 있는 정신적 쇠약 집단의 6가지로 구분했다. 이러한 분류 방법에 관해서는 〈그림 1-7〉의 긍정적 정신건강 모델과 관계된 설명 및 앞서 소개한 '긍정적 정신건강 척도를 활용한 정신건강 유형의 분류 방법'을 참고하기 바란다.

9) 정신건강 교양 증진을 위한 긍정적 정신건강 척도의 활용 방안

(1) 플로리시 집단 및 중간 수준의 정신건강 집단의 정신건강 교양 증진

플로리시 집단은 정신적 번영 상태에 속하는 사람들이다. 이들은 심리・사회적으로 잘 기능하는 사람들이다. 하지만 정신적 번영을 추구하는 과제는 끝이 없는 과정에 해당된다. 따라서 플로리시 집단의 경우에는 Seligman, Rashid, 및 Parks(2006)가 제안한 〈표 1-21〉의 긍정심리 행복 프로그램이 정신건강 교양을 증진하는 데 도움이 될 수 있을 것으로 기대된다.

중간 수준의 정신건강 집단 역시 긍정심리 행복 프로그램에 참여할 필요가 있다. 플로리시 집단이 삶에서 정신적 번영을 지속적으로 추구할 필요가 있는 것 이상으로 중간 수준의 정신건강 집단 역시 정신건강 교양을 증진하기 위한 노력이 필요하다.

〈표 1-21〉 긍정심리 프로그램의 주요 내용 예시(계속)

1회기	긍정심리 상담에 대한 소개	
	긍정적 감정, 성격 강점, 삶의 의미의 중요성을 논의	
	과제	성격적 강점을 중심으로 한 페이지 정도의 긍정적 자기소개서 작성
2회기	대표 강점 발견하기	
	행복해지는 세 가지 방법인 즐거운 삶, 적극적인 삶, 의미 있는 삶에 대해 논의	
	과제	자신의 대표 강점을 확인
3회기	대표 강점과 긍정적 감정 함양	
	대표 강점에 대한 심리학적 코칭	
	과제	매일 세 가지 좋은 일을 기록
4회기	긍정적 기억과 부정적 기억	
	부정적 기억이 불행감에 미치는 역할을 논의한 후 긍정적 기억으로 전환	
	과제	세 가지 나쁜 기억들 및 그와 관련된 부정적 정서에 관해 기록

회기	내용	
5회기	용서하기	
	진정한 용서 방법에 대해 논의	
	과제	자신에게 피해를 준 사람을 용서하는 내용을 담은 편지 작성
6회기	감사하기	
	감사한 마음을 지니고 있지만 아직 표현하지 못한 사람에 대해 생각	
	과제	감사 편지 작성
7회기	치료 과정 점검하기	
	용서와 감사 과제에 대한 추후 점검	
8회기	만족감 키우기	
	자족의 중요성 다룸	
	과제	자기만족감을 증진시킬 수 있는 방법 및 구체적 실천 계획 작성
9회기	낙관주의와 희망 키우기	
	낙관성 검사 및 훈련	
	과제	생활 사건의 부정적 측면 세 가지와 긍정적 측면 세 가지 탐색
10회기	사랑과 친밀감 증진하기	
	사랑하는 사람들의 대표강점 탐색	
	과제	사랑하는 사람의 강점을 함께 칭찬하는 기회 마련
11회기	강점의 가계도 만들기	
	가족구성원의 대표강점 탐색 후 가계도 작성	
	과제	가족구성원의 강점을 논의하는 가족 모임을 주선
12회기	향유 및 음미하기	
	일상 생활에서의 향유와 음미 방법 소개	
	과제	즐거운 활동계획 세우고 실행하기
13회기	'시간' 이라는 선물	
	경제적 상황이 좋지 않아도 가장 소중한 '시간'을 선물로 줄 수 있는 능력이 있음	
	과제	사회봉사활동과 같이 대표강점을 활용할 수 있는 어떤 일을 함으로써 시간이라는 선물을 선사함
14회기	충만한 삶 살아가기	
	즐거운 삶, 적극적인 삶, 그리고 의미 있는 삶이 통합되어 충만한 삶을 이루게 되는 점을 논의	

(2) 정신적 쇠약 집단의 정신건강 교양 증진

정신적 쇠약 집단은 특별한 정신병리를 보이지는 않지만 전반적인 웰빙 수준도 낮은 사람들을 말한다. 비록 이들은 심리적인 불편감을 드러내지는 않을지라도 Maslow(1971)가 말한 요나 콤플렉스(Jonah complex)의 문제를 보인다고 할 수 있다. Maslow(1971)에 따르면, 사람들은 흔히 주변 사람들이 자신의 변화를 받아들이지 못할 것을 염려해 개인적인 성장과 변화를 거부하는 경향이 있다고 지적했다. 그는 이러한 두려움을 요나 콤플렉스라고 불렀다. 흔히 만델라(Nelson Mandela) 대통령의 연설문으로 오인하는 익명 저자의 다음 글은 요나 콤플렉스의 특징을 잘 보여준다.

> "우리가 느끼는 가장 깊은 두려움은 우리가 부족한 존재라는 점에서 오는 것이 아니다. 우리의 가장 깊은 두려움은 우리가 상상을 초월할 만큼 능력이 뛰어나다는 데 있다. 우리의 어둠이 아니라 우리의 빛이 우리를 두렵게 하는 것이다. 우리는 우리 자신에게 묻는다. 내가 영민하고, 멋지며, 재능 있고 뛰어난 존재가 될 수 있을까? 사실 네가 될 수 없는 것은 무엇이겠는가? 너는 신의 자녀이다… 그리고 우리가 우리 내면의 빛이 빛나도록 해줄 때, 우리는 무의식적으로 다른 사람들에게도 똑같은 일을 할 수 있는 기회를 줄 수 있다(Compton, 2005, 163)"

비유적으로 표현한다면, 정신적 쇠약 집단은 두 발 달린 화로와 유사하다. 화로는 한 발만으로는 결코 서 있을 수 없다. 하지만 두 발 달린 화로는 무게 중심이 흐트러지지 않는 한 상대적으로 오랫동안 서 있을 수 있다. 그렇기 때문에 다리 하나가 고장 나 두 발밖에 없어도 주인은 굳이 화로를 고쳐야겠다는 생각이 안 들 수도 있다.

하지만 두 발 달린 화로는 자그마한 외부 변화에도 쉽게 무게 중심을 잃어버리기 때문에 세 발 달린 화로와는 달리, 사실상 취약한 상태라고 할 수 있다. 따라서 누군가 자신의 화로가 현재 두 발로 서는데 문제가 없기 때문에 특별히 화로를 고칠 필요가 없다고 믿는다면, 그러한 결정은 지혜롭지 못한 것이라고 할 수 있다.

이런 점에서 정신적 쇠약 집단의 경우에는 정신건강 교양으로서의 행복 프로그램에 참여하기에 앞서 동기강화 상담(Motivational Enhancement Therapy)에 기초한 심리학적 개입이 필요하다. 동기강화 상담은 Miller와 Rollnick(2002)가 개발한 내담자 중심적인 변화를 위한 체계적인 접근을 말한다. 이러한 기법은 자신의 문제에 대한 인식이 없는 경우에 효과적으로 사용될 수 있다. 이러한 접근은 정신건강 영역뿐 아니라 아동 및 청소년의 학업 관련 성취 동기 등을 강화하는 장면 등에서 널리 활용되고 있다.

(3) 분투 집단의 정신건강 교양 증진

분투 집단은 심리적인 어려움을 겪으면서도 비교적 높은 수준의 긍정 정서와 심리 · 사회적 웰빙을 경험하는 사람들이다. 이들은 삶의 문제들에 도전적으로 직면하고자 노력하는 사람들이라고 할 수 있다. 이들에게는 다른 무엇보다 회복탄력성을 강화하는 것이 중요할 수 있다.

심각한 스트레스 사건을 경험하거나 신체적 혹은 정신적으로 불리한 조건을 갖고서 태어나는 경험을 하는 경우, 그러한 약점을 극복하는 과정에서 핵심적인 역할을 하는 것은 회복탄력성이다. 삶에서 좌절을 하지만 않는다면, 고난을 겪을수록, 사람들은 그러한 고통에 대항해서 싸우려는 힘도 커지기 마련이다. 이를 '심리적인 회복력(psychological resilience)'이라고 한다(Wolin & Wolin, 1994).

〈표 1-22〉 Vaillant(1993)가 제시한 회복탄력성의 주요 근원

*인지적 전략
–귀인 양식
–기질
*사회적 지지
–사회적 지지를 내면화 하는 능력
–심리사회적 성숙
–희망과 믿음
–사회적 매력
*자아의 방어기제
*위험 요인의 부재와 보호 요인의 존재
*운
*타이밍과 맥락
*자아존중감과 자기효능감

사실, 탄력성 현상은 이해하기가 쉽지 않다. 일반적으로 탄력성은 부러지지 않은 채로 구부릴 수 있는 능력과 일단 구부려진 다음에는 다시 튀어오를 수 있는 능력 모두를 가리킨다. Werner와 Smith (1982)는 삶에서 고난을 겪은 698명의 아동들을 대상으로 장기 추적 연구를 실시했다. 그 연구에 참여한 불우 아동들은 가정폭력, 이혼, 알콜중독, 정신장애 등으로 가정이 위기를 겪는 환경 속에서 자랐다. 하지만 이러한 아동들 중 상당수가 성인이 되었을 때, 긍정적 정신건강의 준거를 잘 갖추고 있는 존재로 변모해 있었다. 이때 긍정적 정신건강의 기준은 열심히 일하고(working well), 여가를 즐기며(playing well), 열정적으로 사랑하는(loving well) 것이다.

Vaillant(1993)는 회복탄력성의 주요 근원을 다음과 같이 소개했다(표 22). 회복탄력성에 영향을 주는 요인들 중 비록 운이나 타이밍 그리고 기질처럼 학습을 통해 변화시키기 어려운 요인들이 일부 포함되

어 있을지라도, 그 밖의 심리적 변인들은 지혜로운 학습 과정을 통해 충분히 변화가 가능한 것들에 해당된다. 이런 점에서 회복탄력성을 높이는 데는 인지행동 치료에서 사용하는 다양한 인지적 대처 전략을 학습하거나 정신역동적 접근에서 강조하는 방어기제 관련 통찰지향적인 학습 및 훈련 그리고 사회적지지 수준을 증진하기 위한 사회기술 훈련 등이 도움이 될 것으로 보인다.

(4) 플로리시 수준이 낮은 심리적 부적응 집단의 정신건강 교양 증진

플로리시 수준이 상대적으로 낮은 심리적 부적응 집단은 심리적 어려움을 겪으면서 정신적 웰빙 수준도 높지 않은 사람들이 해당된다. 이들은 말하자면 삶에서 몸부림치는(floundering) 부적응 상태에 있거나 정신장애를 경험하는 과정에서도 최소한의 사회적 활동을 병행하지만 전반적인 기능 수준은 불안정한 사람들이다. 이러한 집단의 정신건강 증진을 위해서는 개인 혹은 집단 형태의 상담 및 심리치료가 필요하다.

일반적으로 심리치료 전문가들은 다양한 형태의 심리상담 및 치료기법들을 활용한다. 하지만 그렇다고 해서 심리치료가 하나의 과정에 해당되는 것은 아니다. 이런 점에서 사실 심리치료(psychotherapy)가 아니라 심리학적인 치료기법들(psychological therapies)이 더 정확한 표현이라고 할 수 있다. 다만 관례적으로 심리치료라는 표현은 약물치료 및 의학적인 치료와의 비교가 필요할 때 보편적으로 사용된다.

기본적으로 심리 전문가가 심리적 부적응 집단과 만날 때 직면하게 되는 임상적 문제들은 매우 다양할 수 있다. 다양한 외상적 경험들에 대한 사후관리, 자살에 관한 심리치료적 개입, 스트레스 질환 및 관련 문제들, 다양한 만성 질환으로 인한 디스트레스(destress) 관리

그리고 정신건강과 관련된 다양한 임상 문제들 등 비록 심리 전문가가 다루는 심리적 부적응 문제들이 매우 다양할지라도 심리 전문가가 사용하는 심리 상담 및 치료 기법들 간에는 공통점이 존재한다. 그 대표적인 예는 '치료적인 관계'를 적극적으로 활용하는 것을 들 수 있다. 이때 치료 관계에서의 핵심은 내담자가 현재 어려움을 경험하더라도 '희망'의 미덕을 통해 삶에서 실제로 해당 문제들을 지혜롭게 대처해 나갈 수 있다는 믿음을 공유하는 것이다.

3. 한국판 긍정적 정신건강 척도의 활용 방안

1) 청소년의 정신건강 증진을 위한 긍정적 정신건강 유형 정보의 활용: 고위험군에 대한 심리학적 개입

본 연구 결과의 가장 핵심적인 의의는 청소년의 긍정적 정신건강을 효과적으로 측정할 수 있는 표준화된 평가도구를 제공해 준다는 점이다. 청소년용 긍정적 정신건강 척도를 통해 정신적 번영(flourishing), 분투(struggling), 몸부림침(floundering) 및 쇠약(languishing)의 정신건강 관련 네 가지 유형에 대한 정보가 제공될 경우, 각 집단의 특성에 맞는 사후 관리가 가능해 진다. 예를 들면, 분투(struggling) 유형의 경우, 전통적인 정신건강 분류에서는 단순히 정신장애가 있는 집단으로 분류되었다. 하지만 긍정적 정신건강 모델에 따르면, 분투 집단은 몸부림침(floundering) 집단과는 다르게 약점뿐만 아니라 강점을 함께 지니고 있는 집단이다. 또 정신적 쇠약 집단의 경우 전통적인 정신건강 분류에서는 아무런 문제 증상이 없는 집단으로 분류된다. 하지만 긍정적 정신건강 모델에 따르면, 정신적 쇠약 집단은 정신과적인 증상

관련 고위험군에 속하기 때문에 반드시 예방적인 개입이 추가되어야 한다.

2) 정신건강 연구에서의 긍정적 정신건강 척도의 활용: 거시적 수준의 정보를 제공

일반적으로 심리학 연구에서는 주로 미시적인 수준의 정보(예컨대, 개인의 학교 만족도)를 다루는 반면에, Keyes(1998, 2005, 2005, 2006, 2007)의 연구가 보여주듯이, 긍정적 정신건강 척도는 장기적으로 연구결과가 축적될 경우, 의료비 지출 등의 사회·경제적 부담과 같은 거시적인 수준의 정보를 제공해 주는 형태로 연구가 확장될 수 있을 것으로 기대된다.

이런 점에서 본 연구를 통해 개발된 청소년용 긍정적 정신건강 척도는 향후 청소년 패널 조사와 같은 종단적 연구에서 유용하게 활용될 수 있을 것으로 기대된다. 청소년 패널 조사와 같은 종단적 연구에서는 청소년의 정신건강의 양상의 변화를 추적하는 과정이 포함된다(오경자, 이혜련, 1990). 따라서 청소년용 긍정적 정신건강 척도는 청소년 대상 종단연구에서 청소년의 발달 과정 및 문제 행동과 긍정적 정신건강이 상호 영향을 주는 과정을 조사하는 데 유용하게 활용될 수 있다. 또 청소년용 긍정적 정신건강 척도는 청소년 대상 심리학적 개입 프로그램의 효과를 평가하는 데도 유용하게 활용될 수 있을 것이다. 심리학적 개입 프로그램을 통해 긍정적 정신건강이 향상된 정도를 평가할 수 있을 경우, 심리학적 개입 프로그램의 성과에 대한 실용적인 정보(거시적인 지표 정보 포함)를 제공해 줄 것으로 기대된다(Chen, Wang, Yang, & Liou, 2003).

3) 정신건강 서비스에 대한 사회적 인식 제고

전통적으로 청소년의 정신건강 서비스 이용률이 낮은 핵심적인 이유 중 하나는 정신건강 서비스에 대한 부정적 인식이라고 할 수 있다(Owens et al., 2002). 다시 말해, 정신건강 서비스는 문제가 있는 사람들만 받는 것이라는 사회적 고정관념이 존재하는 것이다. 이러한 상황에서 청소년용 긍정적 정신건강 척도는 수검자의 정신적 번영(flourishing) 상태에 대한 객관적인 정보를 제공해 줌으로써 특별한 문제행동을 보이지 않는 청소년들도 현재의 정신건강 수준을 보다 더 향상시키는 데 적극적인 관심을 갖도록 주의를 환기시킬 수 있다. 그러므로 본 청소년용 긍정적 정신건강 척도는 궁극적으로 정신건강 서비스에 대한 사회적 인식을 제고하는 데도 기여할 수 있을 것으로 기대된다.

4) 청소년의 정신건강 및 삶의 질 증진을 위한 교사 연수 프로그램 콘텐츠 개발

기본적으로 긍정적 정신건강과 같은 개념은 일선 학교의 교사들에게 상대적으로 생소한 인상을 주는 개념이라고 할 수 있다. 이런 점에서 본 연구 결과는 청소년의 정신건강 및 삶의 질 증진을 위한 교사 연수 프로그램의 콘텐츠로도 활용될 수 있을 것으로 기대된다.

멘탈 휘트니스 긍정심리 프로그램(고영건, 김진영, 2012)과 같은 긍정심리 프로그램은 기본적으로 일반 아동 및 청소년들의 건강행동을 증진시키는 데도 효과가 있지만, 아동 및 청소년 건강 사업에서 고위험군의 판정을 받은 학생들의 건강 증진 행동을 촉진하기 위한 목적으로 활용하는 것도 가능하다. 따라서 향후 음주, 흡연, 비만 등 건강 관련 고위험군 학생들을 대상으로 한 질병 예방 및 건강 행동 증진 프로그램의 효과를 검증하는 경험적인 연구를 시행한 후 그 성과가 일선 학교에 널리 보급될 수 있도록 노력하는 것이 필요해 보인다.

제 2 장

청소년의 긍정적 정신건강 증진

제2장 청소년의 긍정적 정신건강 증진

청소년기는 자아정체성이 형성되는 시기라는 점에서 이 시기의 경험은 특별히 중요한 의미를 지닌다. 내가 누구이고 나의 삶이 어떤 것인지에 관해 중요한 첫걸음을 내딛는 시기이기 때문이다. 이런 맥락에서 청소년기에 최선의 긍정적 정신건강 상태, 즉 '플로리시'를 경험하는 것은 성인기 이후의 삶에 매우 중요한 영향을 미친다.

이 장에서는 청소년의 긍정적 정신건강을 증진시키기 위한 긍정심리 프로그램으로서 멘탈 휘트니스(Mental Fitness) 프로그램을 소개하고자 한다(고영건, 김진영, 2012, 2019). 다만, 학교 현장에서 청소년들에게 긍정적 정신건강 증진 프로그램을 진행할 때는 학술적인 용어보다는 일상 언어와 가까우면서도 친숙한 용어를 사용하는 것이 프로그램 내용을 전달하는 데 효과적이기 때문에, '긍정적 정신건강' 혹은 '플로리시'라는 용어보다는 '행복'이라는 용어를 주로 사용하고자 한다.

본격적으로 청소년용 멘탈 휘트니스 긍정심리 프로그램, 즉 행복의 기술을 소개하기에 앞서 먼저 행복의 기술이 갖고 있는 특징에 대해 소개하고자 한다. KBS 2TV의 '생생정보(2017년 2월 20일)'라는 프로그램에서는 물건 중심잡기의 능력자로 10살 난 소녀를 소개한 적이 있다. 그 소녀는 방송에서 달걀, 휴대폰, 펼쳐진 노트북 PC, 방송용 대형 카메라 등 수 많은 물체의 모서리로 무게중심을 잡아 세우는 기술을 선보였다. 이때 일반인은 엄두조차 낼 수 없는 신기한 기술을 목격한 PD가 "이게 어떻게 세워지는 거예요?"라고 질문을 했다. 그러자 소녀는 "옮기고, 옮기고, 옮기고, 옮기고 또 감이 왔다 하면 살살살 움직이면서 세우는 거죠."라고 대답했다.

문제는 일반 사람들이 이러한 설명을 듣고서, 모서리로 물체의 중심을 잡는 과제에 성공하는 것이 사실상 불가능하다는 점이다. 바로 이러한 기술을 암묵적인 기술이라고 부른다. 이러한 지식과 기술은 세상에 실제로 존재하지만 말이나 글로는 전달할 수 없는 특징을 갖고 있다.

행복의 기술도 마찬가지다. 그렇기 때문에 행복의 기술을 다룰 때는 눈으로 직접 확인 가능한 사례를 통해 익히는 것이 중요하다. 특히 이 글에서 다루는 행복의 기술은 암묵적인 특성을 갖고 있기 때문에 말이나 글로는 전달하는 것이 불가능하다. 따라서 이 글에서는 암묵적인 지식과 기술을 소개할 때, 다양한 사례와 간단한 심리검사 등을 통해 '비록 눈에 보이지는 않으나 누구든지 마음먹기만 하면 배우고 훈련함으로써 일상생활에서 실제로 활용할 수 있는 행복의 기술'에 대해 소개하고자 한다.

이런 점에서 기본적으로 이 글은 응용심리학의 관점에서 행복의 기술을 소개하는 것이라고 할 수 있다. 응용심리학에서는 기초심리학이 과학적으로 규명한 지식과 기술을 실제 삶에서 효과적으로 활용할 수 있는 방법들을 다룬다. 기초심리학에서는 행복해지면 어떤 점이 좋은지 그리고 행복에 영향을 주는 요인이 무엇인지 등에 관해 탐구한다. 대조적으로 응용심리학에서는 사람들이 실제로 행복해질 수 있는 구체적인 방법이 무엇인지 그리고 이러한 심리학적인 방법이 다른 상식적인 방법들보다 얼마나 더 효과적인지를 연구한다.

이 글의 목적은 교사나 상담전문가들에게 청소년용 행복 프로그램을 소개하는 것이다. 그리고 이 장에서 소개하는 멘탈 휘트니스 긍정심리 프로그램의 목적은 청소년들이 '행복에 관해 더 많이 알게 되는 것'에서 그치지 않고 실제로 '행복을 생생하게 느낄 수 있도록 돕는 것'이다.

본 청소년용 멘탈 휘트니스 긍정심리 프로그램은 전체적으로 9회기로 구성되어 있다. 청소년용 멘탈 휘트니스 긍정심리 프로그램은 개인상담 혹은 집단상담 모두에서 활용할 수 있으나 이 프로그램을 효과적으로 진행하기 위해서는 교사 워크숍 혹은 치료자 워크숍을 통해 일정한 자격 조건을 갖추는 것이 필요하다.

1. 1회기: "나의 행복도는?"

십대인 '한국이'는 언제부턴가 학교를 향하는 발걸음이 무척 무겁게 느껴지기 시작했다. 학교에서의 공부 스트레스 때문에 정신적으로 많이 피로할 뿐만 아니라, 신체적으로도 많이 허약해졌다고 느끼고 있다. 이러한 상황에서 한국이는 이따금씩 '꼭 이렇게 살아야 하나?'라는 의문이 들기도 했다. 예전에는 이러한 문제에 대해서 '다들 이렇게 살고 있는데, 뭐.'라고 대충 얼버무리고 넘겼다. 하지만 최근 들어서는 부쩍 이러한 고민을 자주 하게 되면서부터 갈수록 점점 더 묻어두고 지내기 어렵다는 생각이 들었다. 그러던 차에 이번에 우연한 기회에 학교에서 진행되는 행복 프로그램에 참여하게 되었다. 이 프로그램에 처음 참여하면서 한국이는 자신이 행복하게 살고 있는지에 대해서 분명한 해답을 얻고 싶어 했다.

1) 나의 행복도 알아보기

〈그림 2-1〉은 일종의 정서 측정기에 해당된다. 여러분이 현재 느끼는 자신의 삶의 모습과 가장 가까운 것은 어느 것입니까? 자신이 생활하는 모습과 가장 가깝다고 생각되는 숫자에 표시해 주십시오.

비록 겉으로는 단순해 보일지라도, 많은 심리학 연구 결과들은 이러한 방식으로 조사한 행복도가 신뢰롭고 타당하다는 점을 잘 보여준다. 예를 들면, 이렇게 평가된 행복도는 검사 후 30년이 지난 시점까지도 어느 정도 안정적인 모습을 보인다는 점이 밝혀졌다. 또 이런 방식으로 평가한 행복도 검사 결과는 가족과 친구 등 다른 사람들이 평가한 결과와도 상당 부분 일치하는 것으로 나타났다. 앞서 소개한 행복도 검사 결과를 해석하는 기준은 〈표 2-1〉과 같다.

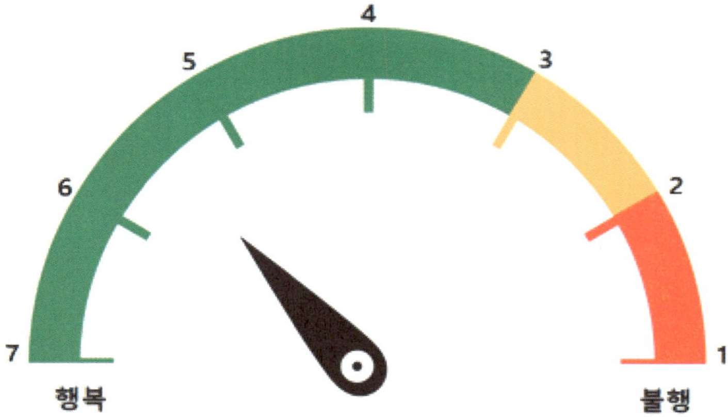

〈그림 2-1〉 행복 측정기

〈표 2-1〉 행복도 검사의 해석 기준

점수 범위	점수의 의미
1점	우울한 상태
2점	스트레스를 많이 받고 있는 상태
3점	다소 낮은 수준의 행복도
4점	평균 수준의 행복도
5점	평균 이상의 행복도
6점 이상	매우 높은 수준의 행복도

일반적으로 행복도 검사에서 5점 이상의 점수를 받는 청소년들은 자신이 생활하는 모습을 더 긍정적으로 바라보고 자신의 미래 모습에 대해서도 더 높은 수준의 자신감을 나타낸다. 대조적으로 행복도 검사에서 3점 이하의 점수를 받는 청소년들은 자신의 모습에 대해 부정적으로 생각하는 경향이 있다. 특히 행복도 검사에서 1점을 나타낸 청소년들은 가급적이면 빠른 시간 내에 상담실을 방문해서 자신의 내면의 상태에 대해 보다 정확한 평가를 받을 필요가 있다.

행복도 검사 결과를 활용하는 방법을 요약하자면 다음과 같다. 만약 어느 학생이 행복도 검사에서 3점 이하의 점수를 선택했다면, 그 학생은 현재 행복하기보다는 불행한 상태에 있다고 할 수 있다. 물론 그렇다고 해서 이 학생이 평생 불행한 삶을 살게 된다는 뜻은 아니다. 단지 현재 상태가 그렇다는 의미다. 중요한 점은 행복도 검사에서 3점 이하의 점수를 선택한 학생이 스스로 행복하다고 주장하는 것은 논리적으로 모순이 된다.

대조적으로, 어느 학생이 행복도 검사에서 5점 이상의 점수를 선택했다고 해서 그 학생이 행복한 상태에 있다고 결론내릴 수는 없다. 왜냐하면, 자기보고식 형태로 진행한 행복도 검사 결과가 비교적 의미 있는 정보를 제공해 줄지라도, 일부 약점도 존재하기 때문이다. 바로 '긍정편향'의 문제이다. 대부분의 학생들은 자기보고식 검사에서 자기 자신에 대해 다른 사람들에게 좋은 인상을 주는 쪽으로 평가하는 경향이 있다. 따라서 5점 이상의 점수를 선택한 학생들의 경우, 응답 과정에서 긍정편향의 문제가 개입되었을 가능성이 존재하기 때문이다.

마찬가지 원리로, 3점 이하의 점수를 선택한 학생은 '부정편향'의 문제를 나타냈을 가능성이 있다. 예를 들면, 친구, 부모님, 혹은 선생님이 자신에게 관심을 가져주기를 원하기 때문에 실제 상태보다 더 부정적으로 응답하는 것이다. 하지만 그렇다 하더라도, 이 경우에는 그 학생이 불행한 상태에 있다고 평가하는 데 특별한 문제가 발생하지는 않는다. 왜냐하면 그러한 상태 자체가 불행한 모습을 반영하기 때문이다.

반면에, 5점 이상의 점수를 선택한 학생들의 경우에는 긍정편향의 문제가 개입되었을 가능성 때문에 그러한 정보만으로는 행복 여부에 대해서 결론을 내리기는 어렵다. 따라서 만약 5점 이상의 점수를 선택한 학생이라면, 먼저 한국판 청소년용 긍정적 정신건강 척도(김진영, 문기범, 고영건, 출판 예정)를 활용해 긍정적 정신건강 유형을 확인해 볼 필요가 있다. 그와 더불어 다음에 소개하는 '행복애호가' 문제를 다루는 것도 도움이 될 것이다.

2) 나는 행복 애호가(愛好家)인가?

사람들은 행복과 관련해서 다양한 태도를 나타낸다(고영건, 2019). 행복에 무관심한 사람도 있고 행복을 싫어하는 사람도 있으며, 행복을 좋아하는 사람도 있고, 행복을 사랑하는 사람도 있다.

의외로 세상에는 행복에 대해 무관심해 하거나 행복을 싫어하는 사람들도 많다. 이러한 사람들은 행복의 문제와 관련해서 "사는 건 다 거기서 거기"라고 말하면서 "인생 별거 없다"는 태도를 취한다.

또 행복을 싫어하는 사람들도 있다. 이러한 사람들은 세상에는 행복 말고도 중요한 것들이 많다고 주장한다. 이런 맥락에서 이들은 애써 행복과 거리를 두려 노력한다. 심지어 어떤 사람들은 '행복강박증'에 빠지게 될까봐 행복을 두려워하기까지 한다. 여기서 행복강박증은 행복에 대해 지나치게 집착하는 것을 말한다.

한편, 행복을 좋아하는 사람들도 많다. 이러한 사람들은 행복한 삶을 사는 데 관심이 많다. 이들이 주로 실천하는 대표적인 활동이 바로 '소확행(小確幸)'이다. 소확행은 누구나 쉽게 경험할 수 있는 '소소하지만 확실한 행복'을 말한다.

마지막으로, 세상에는 행복을 사랑하는 사람들도 많다. 이들이 바로 행복 애호가(愛好家)이다. 이들은 행복을 '좋아하는(好)' 데서 그치지 않고, '사랑하는(愛)' 데까지 나아간다.

소확행을 실천하는 사람들과 행복을 사랑하는 사람들의 모습은 겉보기에는 비슷해 보일 수 있다. 하지만 그 둘 사이에는 중요한 차이가 있다.

이 둘 간의 차이에 관해 살펴보기 위해서, 잠시 알라딘(Aladdin)의 요술램프에 나오는 지니(Genie) 이야기를 해보도록 하겠다. 어느 날 당신 앞에 지니가 나타나서 당신이 행복해지는 데 필요하다고 생각하는 그 어떤 소원도 전부 다 들어주겠다고 제안한다고 가정해 보자. 당신이 말하기만 하면, 지니가 대저택과 금은보화 등 당신이 원하는 모든 것을 가져다주는 것이다. 자, 과연 지니는 우리를 행복하게 만들어 줄 수 있을까?

보통 사람들은 처음에 지니가 소원을 들어주는 것을 매우 좋아한다. 하지만 점차 시간이 흐르면서 상황은 달라질 수 있다. 삶에서 자신이 원하는 것을 손에 쥐는 경험을 하는 것은 좋은 일임에 틀림없다. 하지만 그러한 일이 주는 즐거움은 생각보다는 오래가지 못한다.

우리가 스스로 노력해서 에베레스트 산 정상에 섰을 때와 지니가 소원을 말하자마자 우리를 순식간에 에베레스트 산 정상으로 데려다 주는 상황을 비교해 보자. 우리가 진정한 기쁨을 경험하는 쪽이 어느 쪽이겠는가? 스스로의 힘으로 정상에 섰을 때와는 대조적으로 지니가 우리를 손쉽게 데려다주는 경우, 편리할 수는 있어도 그러한 경험이 우리에게 특별한 감흥을 주기는 어렵다. 실제로 행복에 관한 심리학 연구 결과들은 지니가 우리에게 선사해 줄 수 있는 즐거움이 생각보다는 그렇게 크지 않다는 것을 보여준다. 왜냐하면, 우리는 그저 저절로 주어지는 것들보다는 스스로 노력해서 이룩한 것들에서 진정한 행복감을 느끼기 때문이다.

기본적으로 소확행은 우리가 행복한 삶을 사는 데 어느 정도까지는 도움을 줄 수 있다. 하지만 소확행이 주는 '만족감'은 사실상 본능적으로 주어지는 것에 해당된다. 우리가 맛집을 찾아가 맛있는 음식을 먹으면서 경험하는 즐거움은 노력해서 배우지 않아도 경험할 수 있는 것이다. 하지만 인생에서 우리에게 행복감을 선사해 주는 문화적 활동들은 저절로 주어지는 것이 아니라, 시간을 투자해서 배우는 등 특별히 노력을 해야만 경험할 수 있는 것이다. 특히 우리가 맛집을 찾아다니는 식으로 소확행만을 주로 실천하면서 살아간다면, '의미 있고 가치 있는 삶으로서의 행복'을 경험하기는 어려울 것이다.

요약하자면, 행복해지는 최선의 방법은 바로 행복을 좋아하는 동시에 사랑하는 행복 애호가가 되는 것이다! 그리고 이 글의 목적은 행복 애호가가 되는 효과적인 방법을 소개하는 것이다.

2. 2회기: "행복의 조건"

'한국이'는 행복도 검사를 통해 자신의 행복도를 확인한 후, 할 수만 있다면 지금보다 조금 더 노력해서 자신의 행복도를 높이고 싶어졌다. 그래서 자연스럽게 갖게 된 질문은 "지금보다 조금 더 행복해지려면 무엇을 해야 하는가"였다. 다음에서는 한국이와 비슷한 고민을 하고 있는 학생들을 위해 행복해지는 데 도움이 되는 조건과 그렇지 않은 조건에 대해 소개하고자 한다.

1) 행복해지는 데 도움이 되는 것

행복해지기 위해서는 당연한 얘기지만 행복해지는 데 실제로 도움이 될 만한 활동들을 선택해서 실천하는 것이 중요하다. 하지만 행복해지는 데 실제로 도움이 될 만한 활동들을 선택하기 위해서는 삶의 지혜가 필요하다.

심리학 연구 결과에 따르면, 삶의 다양한 조건들은 '행복과 무관한 조건,' '행복과 중간 정도만 관련을 맺고 있는 조건' 그리고 '행복과 밀접한 상관을 보이는 조건'으로 구분할 수 있다(고영건, 김진영, 2019). 〈표 2-2〉에는 행복과 다양한 삶의 조건들 간 관계가 제시되어 있다.

먼저 행복과 상대적으로 관계가 적은 요인들을 살펴보면, 여기에는 나이, 성별, 교육수준, 사회적 지위, 경제적 소득 수준, 외모, 지능 등이 포함되어 있다. 다음으로 행복과 중간 수준으로 관계를 맺고 있는

〈표 2-2〉 행복에 영향을 주는 삶의 조건들

행복과 상대적으로 관계가 없는 요인들	행복과 중간 수준으로 관계된 요인들	행복과 밀접한 관계가 있는 요인들
나이	친구가 많은 것	감사
성별	결혼 상태를 유지하는 것	낙관성
교육 수준	종교활동	몰입의 경험 (직업 또는 취미)
사회적 지위	레저활동을 많이 하는 것	친밀한 관계와 사랑
경제적 소득 수준	신체적 건강	자존감 및 자아효능감
외모의 매력도	성실성	유머
지능	외향적 성격	용서
자녀가 있는 것	자기통제력	봉사

요인들로는 친구의 숫자, 종교활동, 여가활동, 신체적 건강, 성실성, 자기통제력, 외향적인 성격 등이 포함된다. 마지막으로 행복과 밀접한 관계를 맺고 있는 요인들로는 감사, 낙관성, 몰입, 친밀한 관계, 자아존중감, 봉사 등이 해당된다.

아마도 상식적인 시각에서 본다면, 경제적인 소득 수준이나 지적인 능력이 행복과 상대적으로 관계가 적다는 점에 동의하기 어려울 것이다. 실제로 청소년들을 대상으로 행복 프로그램을 진행해 보면, 이러한 점을 가장 납득하기 어려워하기도 한다.

긍정심리학자인 디너(Diener) 부자(父子: Diener, & Biswas-Diener, 2002)에 따르면, 행복은 물질적인 부가 아니라, 관계에서 오는 기쁨, 즉 사랑과 밀접한 관계가 있다. 그들은 41개국의 7천 명이 넘는 응답자들이 대답한 내용을 분석하였다. 그 결과는 〈그림 2-2〉에 제시되어 있다. 〈그림 2-2〉는 돈을 중요하게 생각할수록 삶의 만족도가 저하되는 반면, 삶에서 관계(사랑)를 중요하게 생각할수록 삶의 만족도가 점진적으로 증가한다는 점을 보여준다.

이러한 점은 응답자들의 소득수준을 통제했을 때도 마찬가지였다.

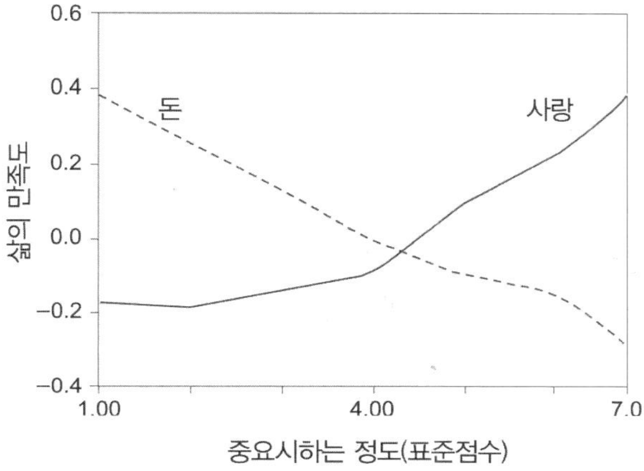

〈그림 2-2〉 관계가 행복에 미치는 영향

다시 말해, 응답자들이 가난하건 부자이건 관계없이 유사한 패턴을 나타냈다.

에듀동아(2019년 12월 18일)의 보도에 따르면, 최근 한국 사회에서는 10대들 사이에 '플렉스(Flex)' 문화가 유행하고 있다. 플렉스는 힙합 문화에서 유래한 것으로서 '돈을 쓰면서 과시하다' 혹은 '원하는 것을 손에 넣기 위해 지르다'는 의미다. 10대들 사이에 플렉스 관련 해시태그를 달면서 명품을 구매한 사진 등을 SNS에 게시하는 것이 대유행 중이다. 특히 최근 청소년들의 명품 소비 실태를 조사한 결과에 따르면, 10대 청소년 358명 중 56.4%가 '명품(액세서리, 의류, 신발 등)을 구매한 적이 있다'고 응답했다. 명품을 소비하는 것 자체를 문제시할 필요는 없을지라도, 적어도 일반 사람들이 기대하는 것만큼 플렉스가 행복에 도움이 되지는 않는다.

물론, 우리가 행복해지는 데 돈이 전혀 도움이 안 되는 것은 아니다. 돈으로 행복을 구매하는 비법도 존재한다. 그것은 바로 돈으로 물질적인 쾌락을 추구하는 것이 아니라 '향유(savoring)'의 경험을 구매하는 것이다.

심리학적 관점에서 본다면, 행복은 삶을 향유한다는 것과 사실상 같은 말에 해당된다. 향유는 자신이 선택한 활동이 선사해 주는 즐거움을 음미하는 경험을 말한다. 만약 어떤 학생이 열심히 노력한 결과로서 손에 쥐게 된 성적표를 들고서 뿌듯함을 경험한다면 이것이 바로 향유에 해당된다. 또 누군가 산책을 하면서 주변 자연환경과의 교감을 즐긴다면 이러한 활동도 향유라고 할 수 있다.

쾌락과 향유는 서로 다르다. 쾌락적인 활동을 하는 동안에는 향유를 경험하기 어렵다. 쾌락적인 활동을 하는 동안 우리는 뜨겁게 타오르는 '센 불' 같은 감정을 경험하기 때문이다. 대조적으로, 향유는 우리에게 마치 은은하게 달아오른 '숯불' 같은 감정을 선사해 준다.

우리가 돈으로 향유의 경험을 구매한다는 것은 단순히 여행을 다녀오거나 영화 등을 감상하는 것과는 질적으로 차원이 다른 활동이다. 구매 경험이 행복과 연결되기 위해서는 그 과정 중에 반드시 향유 경험이 포함되어야 한다.

2) 행복과 몰입의 관계

긍정심리학자 칙센미하이(Mihaly Csikszentihalyi)에 따르면, 우리가 가장 행복해하는 순간은 '몰입(flow)'의 경험을 하는 때이다. '몰입'은 우리가 무언가에 열중했을 때 얻게 되는 '심리학적인 최적 경험'을 말한다. 행복은 정의상 언제나 최적의 경험을 통해서만 얻을 수 있는 경험이다. 물론 우리들은 최적의 경험에 속하지 않는 활동들을 통해서도 얼마든지 긍정적인 경험을 얻을 수 있다. 하지만 그러한 경험은 행복이라고 부를 수 있을 만큼 매력적인 것이 되기는 어렵다.

행복과 몰입의 관계에서 흥미로운 점 중 하나는 우리는 자신이 '원하는 일'을 하는 경우 행복해지는 데 별로 유리하지 않다는 점이다. 일반적으로 사람들은 행복을 위해서는 자신이 원하는 일을 하는 것이 중요하다고 믿는다. 하지만 실제로 삶에서 일어나는 일은 그와는 사뭇 다르다. 이러한 점을 확인하기 위하여 칙센미하이는 '경험추출법(Experience Sampling Method)'이라는 방법을 사용했다.

경험추출법은 연구참여자들에게 일종의 수신 장치를 나눠준 뒤, 연구진이 신호를 보낸 순간에 자신이 경험하고 있는 일상 활동들에 대한 평가 자료를 제공하도록 하는 방법을 말한다. 경험추출법에서 피험자들은 송수신기의 알람이 울리면 두 페이지 분량의 설문 문항들에 응답하게 된다. 이처럼 경험추출법을 사용할 때의 장점은 과거를 회상하는 방식으로 자료를 수집할 때 발생할 수 있는 기억의 왜곡 등의 문제를 예방할 수 있다는 것이다.

칙센미하이와 동료들은 2,000명이 넘는 연구참여자들을 대상으로 경험추출법을 활용함으로써, 일반적으로 사람들이 일상생활에서 어떤 활동에 어느 정도 시간을 투자하는지 그리고 또 그러한 일들을 하는 순간 어떤 감정들을 경험하는지 등을 확인할 수 있었다(Csikszentmihalyi, 1997).

〈표 2-3〉에는 경험추출법을 통해 확인한 일상 활동과 몰입의 관계를 보여주는 자료가 제시되어 있다. 사람들이 가장 원하는 활동, 즉 주관적으로 가장 만족스러워 하고 가장 높은 수준의 동기를 보이는 활동은 쾌락적인 활동, 수다, 및 사교 활동인 것으로 나타났다.

만약 이러한 활동이 우리에게 가장 커다란 즐거움을 주기 때문에

〈표 2-3〉 일상 활동과 몰입의 관계

	주관적 만족감	동기수준	몰입
식사	최고	최고	평균
쾌락적 활동	최고	최고	고
수다 및 사교활동	최고	최고	고
취미 및 운동	고	최고	최고
TV 시청	보통	최고	하
업무 또는 공부	하	최하	고
쉬는 것	보통	고	최하

우리들이 평생 이러한 일들만 하면서 살아간다고 가정해 보자. 과연 우리가 과연 삶에 만족해하면서 스스로 행복하다고 생각하게 될까? 아마도 그렇지는 않을 것이다. 왜냐하면 그러한 경험들은 우리들에게 일시적인 만족감은 선사해 줄지언정 행복의 필수 요소인 최적의 경험을 제공해 주지는 않기 때문이다. 〈표 2-3〉은 사람들이 쾌락적인 활동에서는 최적의 경험, 즉 최고 수준의 몰입을 나타내지 않는다는 점을 보여준다.

칙센미하이와 동료들에 따르면, 사람들은 최적의 경험을 주로 여가 활동 즉, 취미와 운동에서 얻는다. 여가 활동은 쾌락적인 활동들보다 주관적으로는 만족감을 더 적게 주는 활동이다. 하지만 사람들은 다른 어떤 활동들보다 여가활동에서 가장 높은 수준의 최적 경험, 즉 몰입을 나타냈다.

외견상 몰입과 중독 현상은 유사해 보인다. 하지만 중독은 부정적 중독 현상인 반면에, 몰입은 긍정적 중독(positive addiction) 현상에 해당된다. 생리적인 측면에서는 두 과정 모두 '엔도르핀(endorphin)'을 매개로 나타난다는 공통점이 있다. 엔도르핀은 뇌 속에서 분비되는 마약성분과 유사한 물질로서 강력한 진통효과를 나타낸다.

널리 알려진 대로, 알코올이나 마약 중독 같은 부정적 중독 현상들은 사회적으로 적응하는 데 심각한 문제를 일으킨다. 대조적으로, 달리기나 취미 등 특정 활동에 몰두함으로써 얻게 되는 긍정적 중독은 우리가 삶 속에서 특정 활동을 온전하게 즐길 수 있도록 해 준다. 긍정적 중독과 부정적 중독의 결정적인 차이를 요약하자면, 다음과 같다. 첫째, '인'이 박혀 하루라도 거르면 못 견딜 것 같은 느낌을 주는 활동을 개시할지의 여부를 자신의 의지대로 선택할 수 있는가 하는 점이다. 둘째, 해당 활동에 몰두하는 것이 다른 사람들과의 관계를 저해하는지의 여부이다. 셋째, 해당 활동에 몰두하는 것이 사회적인 과제를 완수하는 데 걸림돌이 되는지의 여부이다.

요약하자면, 행복해지기 위해서는 엔도르핀의 효과가 나타날 수 있는 취미활동을 하는 것이 중요하다. 그리고 돈으로 행복을 살 수 있는 효과적인 방법은 물질적인 쾌락을 추구하는 것이 아니라, 문화적인 활동이나 의미 있는 여행 등을 통해 삶을 향유할 수 있는 경험을 구매하는 것이다.

3. 3회기: 낙관성 훈련

한국이는 최근에 같은 반 친구가 의기소침해 한다는 것을 알게 되었다. 시간이 지날수록 성적이 자꾸 떨어지고 있었기 때문이었다. 이러한 상황에서 친구가 습관적으로 "나는 잘 하는 게 없어."라고 자기비하적으로 말하는 모습을 보면서 한국이는 안타까운 마음에 돕고 싶어졌다. 하지만 막상 친구에게 조언을 해주려고 보니 이미 친구도 알고 있을 만한 상식적인 방법 말고는 딱히 할 말이 없었다. 다음에서는 한국이와 비슷한 고민을 하고 있는 학생들을 위해 낙관성 훈련에 대해 소개하고자 한다.

1) 낙관성과 행복의 관계

행복한 삶을 살기 위해서는 낙관성이 매우 중요하다. 낙관성은 단순히 '하면 된다'는 정신으로 무장하는 것을 뜻하지 않는다. 아무런 근거조차 없이 막연하게 '일이 잘 풀릴 것'이라는 말만 반복하는 것은 현실 문제를 해결하는 데 실질적인 도움이 되지 않는다. 현실의 문제를 해결하는 데 도움이 되는 인지적인 책략과 더불어 정서적인 대처 양식을 포함하고 있을 때 비로소 낙관성의 요건을 갖춘 것이 된다.

상식적인 시각과는 다르게 심리학적인 관점에서 볼 때, 행복, 지혜, 그리고 낙관성은 사실상 같은 말에 해당된다. 그 셋은 동일한 대상이지만 단지 상황적 맥락에 따라 초점을 달리해 서로 다른 표현을 사용하는 것이다. 예컨대, 똑같은 산도 봄에는 금강산이라고 부르고, 여름에는 봉래산이라고 부르며, 가을에는 풍악산이라고 부르고, 겨울에는 개골산이라고 부르는 것과 마찬가지 이치라고 할 수 있다. 행복하지 않거나 지혜롭지 않은 낙관성 혹은 지혜롭지 않거나 낙관적이지 않은 행복한 삶은 중요한 가치를 갖는 대상이 되기 어려울 것이다.

또 심리학적 관점에서 볼 때 낙천성(樂天性)과 낙관성(樂觀性)은 서로 다른 개념이다. 낙천성은 세상을 가급적이면 즐겁고 좋은 것으로 바라보려는 것을 말한다. 이러한 낙천성은 타고나는 기질에 해당된다. 대조적으로 낙관성은 학습된 것이다. 이런 점에서 낙관성은 '학습된 낙관주의(learned optimism)'라고도 불린다.

대부분의 사람들은 말로는 행복을 원한다고 말하지만, 실제로 그러한 사람들이 살아가는 모습을 살펴보면, 마치 불행해지기를 간절히 바라는 사람처럼 생각하고 행동할 때가 있다.

긍정심리학자 마틴 셀리그만은 낙관적인 사람들을 보다 효과적으로 변별해 내기 위해서 낙관성을 세 가지 차원으로 구분하였다(마틴 셀리그만, 2008). 이는 지속성(permanence), 확산성(pervasiveness) 그리고 개인화(personalization)이다.

지속성은 일상생활 속에서 좋은 일이 일어나거나 안 좋은 일이 일어났을 때, 그러한 일이 반복해서 일어날 수밖에 없도록 사건을 해석하고 행동하는 것을 말한다. 스스로 불행해지기를 원하는 사람은 없음에도 불구하고 부정적인 사건에 대한 지속성 수준이 높은 사람은 자기도 모르게 한 번 일어난 부정적인 사건이 반복해서 일어날 수밖에 없는 방향으로 생각하고 행동한다. 예를 들면, 실수로 중요한 준비물을 깜빡 빠트리고 등교한 경우, 부정적인 사건에 대한 지속성 수준이 낮은 학생은 "오늘은 깜박했네."라고 말한다. 대조적으로 부정적 사건에 대한 지속성 수준이 높은 학생은 "나는 맨날 이래."라고 말한다. 이때 만약 자신이 스스로 한 말이 사실이라면, 앞으로도 중요한 준비물을 집에 두고 오는 부정적인 사건이 재발될 가능성이 높을 수밖에 없다. 왜냐하면 그러한 학생은 자신의 잘못된 습관을 고치기 위해 노력하는 모습을 보이지 않을 것이기 때문이다. 그 결과로서, 부정적인 사건에 대한 지속성 수준이 높은 학생은 그렇지 않은 학생에 비해 상대적으로 스트레스 상황에서 무기력감을 더 많이 경험하게 된다.

한편, 지속성은 좋은 일이 일어난 상황에 대해서도 적용될 수 있다. 학교에서 선생님한테 칭찬을 받은 상황을 예로 들어 보도록 하자. 이 때 긍정적인 사건에 대한 지속성 수준이 낮은 학생은 "그날따라, 유난히 컨디션이 좋았어."라고 말할 수 있다. 반면에 긍정적인 사건에 대한 지속성 수준이 높은 학생은 "나는 선생님들이 좋아할 만한 학생이지."라는 식으로 말한다. 그 결과, 긍정적인 사건에 대한 지속성 수준이 높은 학생들이 그렇지 않은 학생들보다 학교에서 좋은 평가를 받는 경험을 더 많이 하게 될 것이다.

확산성은 일상생활 속에서 좋은 일이 일어나거나 안 좋은 일이 일어났을 때, 그러한 일이 일상생활의 다른 영역들에서도 일반화될 수밖에 없도록 사건을 해석하고 행동하는 것을 말한다. 부정적인 사건에 대해서 확산성 수준이 높은 학생은 스스로 불행해지기를 원하지 않음에도 불구하고 자신도 모르는 사이에 그러한 사건이 삶에서 확산될 수밖에 없는 방향으로 생각하고 행동하게 된다. 예를 들면, 학교에서 영어 선생님께 야단을 맞은 경우, 부정적인 사건에 대한 확산성 수준이 낮은 학생은 "나는 이번 학년 영어 선생님과는 잘 안 맞는 것 같아."라는 식으로 말한다. 대조적으로, 확산성 수준이 높은 학생은 "나는 선생님들과는 관계가 안 좋아."라고 말한다. 이 경우, 만약 본인 스스로 내뱉은 말이 사실이라면, 그 학생은 그 날 야단을 쳤던 영어 선생님뿐만 아니라 앞으로 만나게 될 모든 선생님들과도 관계가 안 좋아질 가능성이 높다. 왜냐하면 그렇게 생각할수록 그만큼 선생님들과 좋은 관계를 맺기 위한 노력을 적게 기울일 것이기 때문이다.

확산성 역시 좋은 일이 일어난 경우에도 적용될 수 있다. 어느 학생이 중간고사 때 수학에서 매우 좋은 성적을 받은 상황을 예로 들어보겠다. 이때 긍정적인 사건에 대한 확산성 수준이 낮은 학생은 "나는 역시 수학을 잘해."라고 말할 수 있다. 반면에 긍정적인 사건에 대한 확산성 수준이 높은 학생은 "나는 마음먹고 공부하기만 하면 어떤 과목이든지 잘 해내."라는 식으로 말한다. 당연히 학업에서 좋은 성적을 올리는 일은 긍정적인 사건에 대한 확산성 수준이 높은 학생이 훨씬 더 많이 경험하게 될 것이다.

개인화는 일상생활 속에서 좋은 일이 일어나거나 안 좋은 일이 일어났을 때, 그러한 일에서 자신에게 얼마만큼 책임이 있다고 해석하고 행동하는가 하는 점을 말한다. 부정적인 사건에 대해 개인화 수준이 높은 학생은 스스로 불행해지기를 원하지 않음에도 불구하고 자신도 모르는 사이에 그러한 사건이 자신의 잘못 때문에 일어난 것이라고 믿는다. 예를 들면, 중간고사 국어 시험에서 성적인 낮게 나온 경우, 부정적인 사건에 대한 개인화 수준이 낮은 학생은 "국어 시험에는 함정 문제가 많았어."라고 말한다. 대조적으로, 개인화 수준이 높은 학생은 "나는 국어 공부하는 것을 싫어해."라고 말한다. 이 경우 만약 본인의 판단이 맞다면, 그 학생은 앞으로도 국어 시험에서 낮은 성적을 받게 될 가능성이 높을 것이다. 왜냐하면 본인 스스로 믿는 만큼 앞으로도 계속 국어 공부를 안 할 것이기 때문이다.

개인화 역시 좋은 일이 일어난 경우에도 적용될 수 있다. 친구인 철수가 선물을 사가지고 온 경우를 예로 살펴보도록 하자. 이때 긍정적인 사건에 대한 개인화 수준이 낮은 학생은 "요즘 철수한테 좋은 일이 있나봐"라고 말할 수 있다. 대조적으로 긍정적인 사건에 대한 개인화 수준이 높은 학생은 "내가 지난번에 철수를 도와줘서 그래"라는 식으로 말한다. 여기서 중요한 점은 만약 철수에게 좋은 일이 있었기 때문에 자신이 선물을 받을 수 있었다는 식으로 해석하는 경우, 철수에게 선물을 또 받기 위해서는 철수에게 좋은 일이 다시 일어나야 하는 것이지, 자신이 할 수 있는 일이라고는 전혀 없는 셈이 된다는 것이다.

대조적으로, 만약 자신이 철수를 도와준 적이 있어서 그랬다고 믿고 그것이 참이라면, 다음번에도 비슷한 도움을 줄 경우, 철수에게 선물을 또 받을 수 있을 것이다. 여기에서의 포인트는 친구에게 '선물'이라는 대가를 기대하고서 계산적으로 행동해야 한다는 것이 아니다. 그보다는 다른 모든 조건이 동일하다면, 친구에게 선물을 적게 받는 것보다는 하나라도 더 받는 것이 행복한 삶을 사는 데 도움이 되며, 친구에게 선물을 하나라도 더 받는 데는 개인화 수준이 낮은 경우보다는 높은 경우 더 유리하다는 점이다.

2) 낙관성 훈련: ABCDE 모델

낙관성에서 중요한 점 중 하나는 바로 낙관성이 타고나는 것이 아니라 학습된 것이라는 점이다. 그러므로 비관적인 청소년을 낙관적인 청소년으로 변화시키는 것이 얼마든지 가능하다. 다음에 소개하는 ABCDE 모델(마틴 셀리그만, 2008)은 청소년의 낙관성을 향상시키는 데 큰 도움을 줄 수 있다.

ABCDE 모델에서 ABCDE는 나쁜 일(Adversity), 신념(Belief), 결과(Consequences), 반박(Disputation), 활력(Energization)의 제일 앞 글자를 따온 것이다. 이 모델에 따르면, 일반적으로 사람들은 안 좋은 일(A)을 겪으면, 자동적으로 부정적인 형태의 생각(B)을 하게 되고 그 결과로서 부정적인 형태의 감정(C)을 경험하게 된다. 이런 점에서 안 좋은 일이 일어났을 때, 그 결과로서 부정적인 정서를 경험하는 것은 인지상정(人之常情)에 해당된다.

문제는 비관적인 사람들의 핵심 특징 중 하나는 사건과 관계된 전체 과정에서 ABC 단계까지만 진행하고 거기서 멈춰버린다는 것이다. 대조적으로, 낙관적인 사람들은 비관적인 사람들처럼 ABC 단계까지 겪고 난 뒤에도 그 후에 의식적인 노력을 통해 D와 E 단계까지 나

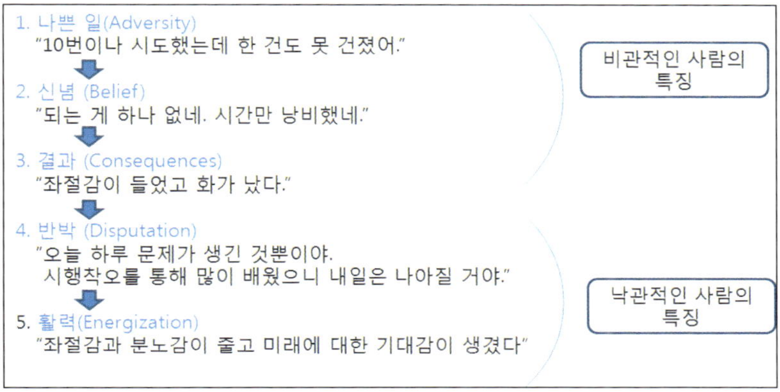

〈그림 2-3〉 낙관성의 ABCDE 모델

아간다는 점이다. 어느 학생이 학교에서 과제를 수행하던 중 실패했을 때 반응하는 방식을 예로 들면, 〈그림 2-3〉과 같다.

학습된 낙관주의 훈련에서 가장 핵심적인 요소는 바로 D단계인 '반박' 부분이다. 학생이 학교에서 과제를 수행하던 중 실패했을 때 부정적인 감정을 경험하는 것은 자연스러운 일일 수 있다. 그럼에도 불구하고 앞서 소개한 지속성, 확산성, 그리고 개인화의 원리를 이용해 부정적인 생각(B)에 대해 논박할 경우, 실패를 경험한 후에도 부정적인 결과(C) 대신, 삶의 활력(E)을 얻는 것이 가능하다. 이것이 바로 낙관적인 사람들이 비관적인 사람들과는 달리, 세상에 더 잘 적응하게 되는 심리학적 원리에 해당된다.

요약하자면, 낙관적인 사람은 비관적인 사람보다 좋은 일은 더 많이 경험하는 반면, 나쁜 일은 더 적게 경험하는 경향이 있다. 낙관적인 사람과 비관적인 사람 간 이러한 차이가 나타나게 되는 이유가 단순히 비관적인 사람에 비해 낙관적인 사람의 운이 더 좋아서는 아니다. 그보다는 비관적인 사람과는 달리, 낙관적인 사람은 삶에서 좋은 일은 더 많이 일어나는 반면, 나쁜 일은 더 적게 일어날 수밖에 없도록 자신의 생각을 조직화하고 행동에 옮기기 때문이다.

물론 낙관적인 사람이라고 해서 후회할 만한 일을 전혀 안 하게 된다는 것은 아니다. 누구든지 후회를 안 하면서 사는 것은 불가능하다. 왜냐하면 삶에서 개인이 경험하는 '후회의 총량' 자체는 세월이 흐를수록 증가할 수밖에 없기 때문이다. 다만, 이러한 조건하에서 우리가 취할 수 있는 최선책은 시간이 지날수록 후회의 증가율이 낮아지도록 노력하는 것일 뿐이다.

4. 4회기: 성격강점

한국이는 최근에 재능이 뛰어난 친구들이 활약하는 것을 바라보면서, '자신이 잘하는 것이 무엇인지'에 대해 관심을 갖게 되었다. 이러한 문제와 관련해서 한국이는 오랫동안 관심을 가져왔었지만, 체계적으로 탐색해볼 수 있는 기회를 얻지 못했었다. 그러던 차에 긍정심리학에서 강조하는 행복의 기술 중 하나가 바로 성격강점을 지혜롭게 활용하는 것이라는 말을 듣고 자연스럽게 호기심이 생겼다. 다음에서는 한국이와 비슷한 경험을 한 적이 있는 학생들을 위해 성격강점에 대해 소개하고자 한다.

긍정심리학에서는 사람들이 행복한 삶을 사는 데 어려움을 겪는 결정적인 이유는 사람들이 천부적인 재능을 타고나지 못했기 때문이 아니라 사람들이 자신이 가지고 있는 강점을 유용하게 활용하지 못하기 때문이다. 이런 맥락에서 긍정심리 프로그램에서는 개인이 성격강점(character strengths)을 적극적으로 발견하고 활용할 수 있도록 돕는

① 대부분의 문화권에서 미덕으로 평가받는 보편성(ubiquity)의 요건을 충족하는 것이다.
② 상황적인 맥락과 시간적인 변화에 영향을 받지 않는 안정성을 갖추는 동시에 측정 가능해야 한다는 것이다.
③ 다른 성격강점들과는 구분되는 고유한 특성을 포함하고 있어야 한다는 점이다.
④ 긍정적인 행동과 그에 따른 성취를 통해 궁극적으로 자신과 타인의 행복에 기여할 수 있어야 한다는 것이다.
⑤ 도덕적인 가치를 인정받을 수 있어야 한다는 점이다.
⑥ 개인에게 만족감을 줄 뿐만 아니라, 자신과 몇몇 지인의 범위를 넘어 전체 공동체의 이익에도 기여할 수 있어야 한다는 것이다.
⑦ 사회문화적으로 학습 및 훈련이 가능한 동시에 그러한 특성을 양성하는 교육기관이나 교육제도가 존재해야 한다는 점이다.
⑧ 해당 긍정적 특성과 관련해서 멘토 혹은 선생님의 역할을 할 수 있는 인물이 존재해야 한다는 점이다.
⑨ 해당 긍정적 특성과 관련해서 멘토 혹은 선생님뿐만 아니라, 반면교사의 역할을 하는 인물도 존재해야 한다는 점이다.
⑩ 해당 긍정적 특성에 대해 명백히 부정적인 의미를 갖는 반대말이 존재해야 한다는 점이다.

다. 여기에서 성격강점은 생각, 감정, 그리고 행동 등을 통해서 표현되는 개인의 긍정적인 특성을 뜻한다. 이때 '긍정적 특성'의 핵심 요소는 바로 개인의 삶을 '탁월함(excellence)'과 '정신적 번영(flourishing)'으로 이끄는 덕목이 된다.

1) 나의 성격강점 발견하기

긍정심리학자 크리스토퍼 피터슨(Christopher Peterson)과 셀리그만(Martin Seligman)은 'VIA Survey(Values in Action Survey)' 시스템을 구축하였다(Peterson, 2006). VIA는 사람들의 문제점을 진단내리기보다는 성격특성상의 강점을 평가하는 도구이다. VIA 체계에서는 성격강점을 평가하는 기준으로 10가지 항목을 제시하였다(Peterson & Seligman, 2004).

VIA 체계에서는 총 24개의 성격강점을 6가지의 미덕으로 분류한

1. 지혜(Wisdom): 학습 및 지식의 습득에 필요한 인지적 강점
- 창의성(Creativity) : 문제 해결 과정에서 새롭고 생산적인 방법을 착안해냄
- 호기심(Curiosity): 매혹적인 문제를 찾아내기 위해 노력하며 적극적으로 탐험하고 탐색함
- 판단(Judgment): 사건의 다양한 측면을 고찰하고 깊이 고민함
- 학구열(Love of Learning): 새로운 기술과 지식을 습득하기 위해 호기심을 갖는 것 이상의 노력을 기울임
- 조망(Perspective): 세상일에 큰 그림을 볼 줄 아는 것

2. 자애(Humanity): 타인을 잘 돕고 돌보는 대인관계 상의 강점
- 사랑(Love): 관계에서 상호 애정을 주고받는 유능성
- 사회지능(Social intelligence): 다른 사람들을 잘 이해하고 그들과 좋은 관계를 맺을 줄 아는 유능성
- 친절(Kindness): 다른 사람들에게 호의를 베풀 줄 아는 유능성

3. 용기(Courage): 내부와 외부의 반대에도 불구하고 목적을 이루기 위해 의지를 고수하는 정서적 강점
- 용감함(Bravery): 위협적이고 고통스러운 상황임에도 불구하고 움츠리지 않음
- 끈기(Persistence): 한번 시작한 것을 끝까지 해냄
- 정직(Honest): 진실을 말하고 자신의 행동에 책임을 짐
- 열정(Zest): 활기와 에너지가 넘치는 태도로 생활을 함

4. 절제(Temperance): 매사에 지나침이 없도록 노력함
- 용서(Forgiveness): 다른 사람들의 잘못을 너그럽게 이해해 줌
- 겸손(Modesty): 다른 사람들로부터 주목을 받기 위해 노력하거나 자신을 남들보다 더 특별한 사람으로 여기지 않음
- 신중성(Prudence): 나중에 후회할 말이나 행동을 하지 않기 위해 노력함
- 자기조절(Self-Regulation): 자신의 욕구와 감정을 적절히 통제함

5. 정의(Justice): 건강한 공동체 생활의 기본이 되는 도덕적 강점
- 시민의식(Citizenship): 집단의 구성원으로서 맡은 일을 잘 해냄
- 공정성(Fairness): 사람들을 차별하지 않고 동등하게 대함
- 리더십(Leadership): 집단의 과제가 잘 진행되도록 구성원들을 격려하고 집단 내 구성원들 간 좋은 관계가 유지되도록 노력함

6. 초월성(Transcendence): 인간의 감각체계를 넘어서 존재하는 세계에 대해 의미를 부여해주고 그러한 세계와 특별한 관계를 맺도록 해주는 강점
- 아름다움과 탁월함에 대한 감상력(Appreciation of Beauty and Excellence): 삶의 다양한 영역들에서 뛰어난 성취를 파악해내는 안목과 심미안을 가짐
- 감사(Gratitude): 삶에서 좋은 일이 일어난 것에 대해 기뻐하고 고마움을 느낌
- 희망(Hope): 고난 속에서도 어려움을 극복해낼 수 있다고 믿음
- 유머(Humor): 힘든 상황에서도 자신과 다른 사람들을 웃게 해줌
- 영성(Spirituality): 삶의 목적의식과 의미를 제공해주는 강점

다. 첫 번째 미덕은 지혜로서 여기에는 창의성, 호기심, 판단력, 학구열, 그리고 조망이 포함된다. 두 번째 미덕은 자애(慈愛)로서 여기에는 사랑, 사회지능, 친절이 포함된다. 세 번째 미덕은 용기로서 여기에는 용감함, 끈기, 정직, 열정이 포함된다. 네 번째 덕목은 절제로서 여기에는 용서, 겸손, 신중함, 자기조절이 포함된다. 다섯 번째 미덕은 정의로서 여기에는 팀워크, 지도력, 공정성이 포함된다. 마지막 덕목은 초월성으로서 여기에는 심미안, 감사, 희망, 유머, 영성이 포함된다.

멘탈 휘트니스 긍정심리 프로그램이 청소년들에게 선사해줄 수 있는 선물 중 하나는 참여 학생들이 자신의 성격강점에 대해 새롭게 눈을 뜰 수 있는 계기를 제공해 준다는 점이다. 그 과정은 요약하자면 다음과 같다.

먼저, 성격강점 목록을 학생들에게 나눠주고 찬찬히 살펴보도록 한 다음 각자 가장 마음에 드는 상위의 성격강점을 3~5개 선택하도록 한다. 그 후 참여 학생들에게 자신이 선택한 성격강점이 자신에게 실제로 존재한다는 것을 보여주는 일상생활에서의 실제 사례들을 소개하도록 한다. 단, 이때 성격강점의 발표 혹은 소개 형식은 프로그램이 진행되는 세팅에 맞도록 준비한다. 참여 학생들이 돌아가면서 자신의 성격강점을 소개하고 나면 진행자(혹은 교사)의 주도하에 발표자의 그러한 모습에 대해 적극적으로 지지하는 형태로 피드백을 준다. 이러한 피드백 과정에서 발표자 이외의 다른 참여 학생들이 적극적으로 참여할 수 있도록 발표자는 더 큰 강화를 받고, 이러한 지지적인 분위기는 발표자가 자신의 성격강점을 더욱 더 좋아하게 되는 계기가 됨으로써 궁극적으로 프로그램에서 긍정의 '선순환' 기제가 작동하는 토대를 마련해 준다.

2) 성격강점의 강화

멘탈 휘트니스 긍정심리 프로그램에서의 핵심 목표 중 하나는 '강점을 강화함으로써 약점을 약화시키는 것'이다(고영건, 김진영, 2012). 단, 여기서 주의할 점이 있다. 강점을 강화함으로써 약점을 약화시키기 위해서는 약점에 대한 지혜로운 진단이 필수적으로 요구된다는 점이다. 예를 들면, 수학은 잘 하는데 영어를 잘 못하는 학생이 있다고 가정해 보자. 만약 이 학생이 대학입시에서 영어 대신 수학에 '올인' 하는 경우 이러한 학습전략을 과연 효과적인 방법이라고 평가할 수 있을까? 물론, 학생의 성적이 어느 수준인가에 따라 그러한 학습전략의 효과가 달라지겠지만, 일반적으로는 그다지 효과적인 학습전략이 되기는 어려울 것이다. 왜냐하면, 수학에 올인한다고 해서 영어에 대한 약점이 상쇄된다는 보장이 없기 때문이다. 따라서 이러한 접근방식은 강점을 강화하려는 노력이 약점을 약화시킬 수 있다는 긍정심리 프로그램의 핵심가정과는 관계가 없는 것이다.

이러한 대처방식의 효과는 오직 강점을 강화하는 데 그칠 뿐이다. 일례로 수학에서는 99점이지만 영어는 60점인 학생이 수학 공부에 더 열을 올리면 영어에서의 약점이 얼마나 상쇄될 수 있을까? 아마도 최대 1점 수준일 것이다. 이처럼 앞서 언급한 방식은 강점을 강화함으로써 약점을 약화시키는 효과가 나타날 수 있는 영역에 해당되지 않는다.

'강점을 강화함으로써 약점을 약화시키는 전략'은 강점과 약점이 동전의 앞뒷면처럼 연결되어 있는 영역에 적용하는 것이 바람직하다. 긍정심리학에서는 기본적으로 인간의 강점과 약점이 통합된 형태의 긍정성을 추구한다. 중국의 시인 꾸청(顾城)은 이처럼 강점과 약점이 통합된 긍정성의 모습을 상징적으로 보여주는 시를 남겼다.

> 어둔 밤은 내게 검은 눈동자를 주었지만,
> 나는 그것으로 세상의 빛을 좇는다.

피아니스트 라울 소사(Raoul Sosa)의 일화는 긍정심리학에서 추구하는 통합된 긍정성, 즉 강점과 약점이 통합된 형태의 긍정성을 잘 보여준다. 라울 소사는 아르헨티나에서 다섯 살 때부터 피아노 연습을 시작했으며 일찌감치 '음악 신동'이라는 명성을 얻었다(연합뉴스, 1999년 11월 10일). 그는 쇼팽콩쿠르에서 우승하면서부터 세계 정상급 연주자로서 음악계의 주목을 받았다. 피아니스트로서 절정기를 구가하던 40세 때, 그는 불의의 사고로 오른 쪽 손가락의 신경이 마비되었다. 이러한 사고는 피아니스트에게 사형선고나 다를 바 없었다. 하지만 그는 이때 절망하지 않고 '나에게는 아직 왼손이 남아 있다'는 믿음을 바탕으로 왼손만으로 연주할 수 있는 곡을 찾아 왼손으로 빠르게 피아노를 치는 훈련을 하였다. 결국 그는 '황금의 왼손 피아니스트'라는 불멸의 명성을 얻게 되었다. 희망, 열정, 끈기, 그리고 창의성이라는 강점을 강화하는 노력이 피아니스트로서 오른손의 신경이 마비되는 약점을 약화시키는 데 결정적인 역할을 한 것이다.

성격강점을 강화하기 위한 노력을 기울일 때 반드시 이전에는 시도하지 않았던 새로운 시도를 해야 하는 것은 아니다. 물론 새로운 시도를 해보는 것도 특별한 의미가 있겠지만, 굳이 새로운 시도를 하지 않고도 얼마든지 성격강점을 강화할 수 있다. 예를 들면, 성격강점을 탐색하면서 판단의 준거로 삼았던 일상 활동들, 즉 내가 평상시에 이렇게 행동하기 때문에 자신에게 그러한 강점이 있다고 생각하게 되었던 강점들을 중심으로 꾸준히 하지만 조금 더 적극적으로 실천할 경우, 성격강점을 강화하는 데 커다란 도움을 받을 수 있다.

5. 5회기: 사랑의 기술

사춘기를 겪고 있는 한국이는 최근 들어 '사랑'에 대한 관심이 부쩍 늘었다. 하지만 사랑에 대해서 교과서적으로 공부하는 것을 제외하면, 인생이라는 학교에서 사랑의 기술에 대해 배울 기회가 거의 없었다. 그래서 행복 프로그램에서 사랑의 기술에 대해서도 다룬다는 사실이 자신에게는 마치 단비와도 같다는 느낌이 들었다. 다음에서는 한국이와 유사한 경험을 공유하는 학생들을 위해 성격강점에 대해 소개하고자 한다.

1) 사랑의 삼각형

사랑에 관한 대표적인 심리학 이론 중 하나는 바로 로버트 스턴버그(Robert Sternberg)의 사랑의 삼각형 이론(The Triangular Theory of Love)이다. 그에 따르면, 사랑은 친밀감, 열정 그리고 헌신의 세 가지 요소로 구성되어 있다(Sternberg, 1988). 이러한 사랑의 구성요소는 아래 그림에서처럼 삼각형 형태로 표현될 수 있다.

친밀감은 다른 사람과 정서적으로 가깝게 지각하고 대하는 것을 의미한다. 친밀감은 다른 사람들과의 관계에서 따뜻하고 우호적인 느낌을 받는 과정을 포함한다.

열정은 상대방에게서 커다란 매력을 느끼는 동시에 상대방에게 마음을 빼앗기고서 빠져드는 것을 말한다. 일반적으로 연인 사이에서는

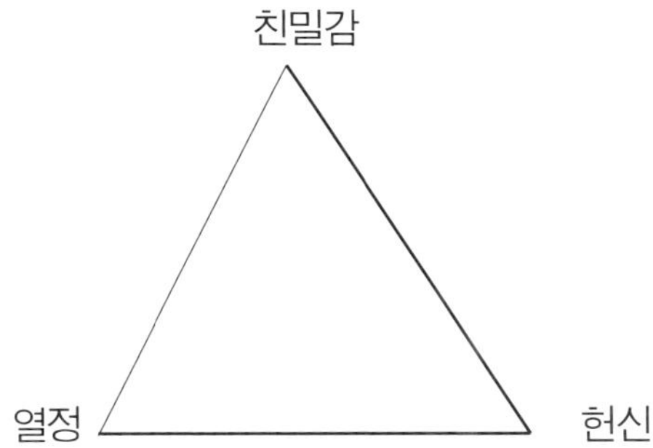

〈그림 2-4〉 사랑의 삼각형

파트너에 대해 성적인 매력을 느끼기도 하지만, 열정적인 관계가 반드시 성적 매력만으로 이루어지는 것은 아니고 성적인 관계를 맺는다고 해서 꼭 열정이 동반되는 것도 아니다. 동료들 간의 강렬한 유대감(예컨대, 참전한 군인들 사이의 연대감)이나 자기실현의 욕구 등에 의해서도 열정적인 관계가 나타날 수 있다.

헌신은 상대방을 진심으로 아끼는 마음에서 상대방을 위해 자신의 시간과 노력을 쏟는 것을 말한다. 일반적으로 헌신은 언어적인 형태로 표현되지만, 꼭 그런 것만은 아니다. 예를 들면, 어떤 사람은 사랑하는 사람을 위해 각별한 노력을 기울이면서도 말로는 거의 표현하지 않기도 한다. 또 어떤 사람은 상대방에게 말로는 그럴듯하게 애정을 표현하지만 실제로는 매우 무책임한 방식으로 행동하기도 한다.

성숙한 사랑은 사랑의 요소 세 가지를 모두 갖추고 있는 관계를 말한다. 사실, 성숙한 형태의 사랑을 실천하는 것은 결코 쉬운 일이 아니다. 한 가지 흥미로운 점은 다른 사람을 머리로 이해하는 것은 사랑의 기본적인 구성요소 중에 포함되지 않는다는 점이다.

〈그림 2-5〉에는 사랑의 다양한 모습이 도시되어 있다. 사랑의 기

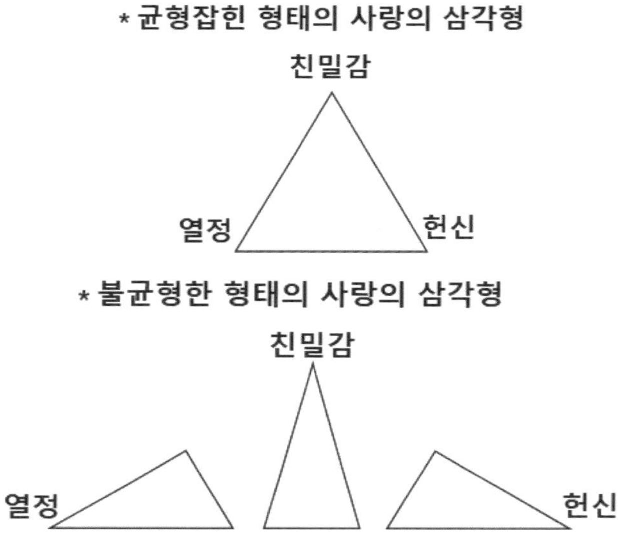

〈그림 2-5〉 사랑의 다양한 모습

본적인 구성요소를 삼각형을 나타내면, 성숙한 사랑은 균형 잡힌 모습을 하게 된다. 대조적으로 미성숙한 사랑은 세 가지 구성요소 중 일부 요소에 치우쳐 있는 불균형한 형태를 나타낸다.

사랑의 세 가지 구성요소를 조합하게 되면, 총 8가지 유형이 된다 (2×2×2=8). 친밀감, 열정 그리고 헌신을 조합했을 때 나타날 수 있는 8가지 유형은 〈표 2-4〉에 제시되어 있다. 관계 속에 친밀감, 열정 그리고 헌신이 모두 존재하지 않는 경우에는, 당사자들이 두 사람 관계에 대해 뭐라고 부르든지 간에 그러한 관계를 사랑이라고 부를 수 없다.

다음으로, 두 사람 사이에 오직 친밀감만 존재하는 경우, 두 사람 사이는 좋아하는 관계에 해당된다. 또 두 사람 사이에 오직 뜨거운

〈표 2-4〉 사랑의 8가지 유형

사랑의 유형	친밀감	열정	헌신
사랑이 없는 관계	-	-	-
좋아하는 관계	+	-	-
심취한 관계	-	+	-
공허한 관계	-	-	+
낭만적 관계	+	+	-
동반자적 관계	+	-	+
극적인 관계	-	+	+
성숙한 사랑	+	+	+

감정인 열정만 존재하는 경우, 두 사람 사이는 심취한 관계에 해당된다. 그리고 두 사람 사이에 오직 서로에 대한 의무감과 책임감만 존재하는 경우, 두 사람 사이는 공허한 관계에 해당된다.

한편, 두 사람 사이에 친밀감과 열정은 존재하지만 서로에 대한 헌신은 없는 경우, 두 사람 사이는 낭만적 관계에 해당된다. 두 사람 사이에 친밀감과 헌신은 존재하지만 서로에 대한 뜨거운 감정, 즉 열정은 없는 경우, 두 사람 사이는 동반자적 관계에 해당된다. 두 사람 사이에 열정과 헌신은 존재하지만 서로에 대한 친밀한 감정은 없는 경우, 두 사람 사이는 극적인 관계(예컨대, 할리우드식 연애)에 해당된다.

마지막으로, 두 사람 사이에 친밀감, 열정 그리고 헌신이 모두 존재하는 경우, 두 사람 사이는 성숙한 사랑에 해당된다. 여기서도 확인할 수 있는 것처럼, 좋아한다는 것과 사랑한다는 것은 질적으로 다른 것이다. 우리는 어떤 대상에 대해서 특별한 열정을 보이거나 헌신적인 태도를 보이지 않으면서도 그 대상을 좋아하는 것은 가능하다. 이런 점에서 우리는 살아가면서 특별한 노력을 기울이지 않고도 정말 많은 것들을 좋아할 수 있다. 하지만 우리는 어떤 대상에 대해서 특별한 노력을 기울이지 않고 성숙한 형태의 사랑을 하는 것은 불가능하다.

2) 사랑의 심리학적 연금술

행복한 삶을 위해 중요한 과제 중 하나는 '머리'로 해야 할 일과 '가슴'으로 해야 할 일을 지혜롭게 구분하는 것이다. 이런 점에서 보면, 사랑은 마땅히 머리가 아닌 가슴으로 해야 할 일에 해당된다.

꽃을 좋아하는 사람은 마음먹기만 하면, 얼마든지 꽃을 감상하면서 만족감을 경험할 수 있다. 하지만 꽃을 단순히 좋아하기만 하는 사람은 꽃을 사랑하는 사람이 꽃에 물을 주고 정성껏 돌보면서 경험하게 되는 '사랑의 기쁨'은 체험하지 못한다. 이런 점에서 행복의 중요한 심리학적 비밀 중 하나는 바로 좋아하는 것과 사랑하는 것 간 차이를 이해하는데 있다. 생텍쥐페리(Saint Exupery)는 『어린왕자』에서 이러한 차이를 상징적인 표현을 사용해 다음과 같이 소개하였다.

처음 지구에 왔을 때, 어린 왕자는 자신이 세상에서 가장 부자라고 생각했다(생텍쥐페리, 2003). 왜냐하면, 세상에서 자신에게만 장미가 있다고 믿었기 때문이다. 그러다가 우연히 어린 왕자는 장미 꽃 정원을 발견하게 되었다. 수천 송이의 장미가 피어있는 정원을 보면서 어린 왕자는 큰 충격을 받았다. 자신에게 있는 장미가 세상에 존재하는 수많은 장미 중 단지 하나일 뿐이라는 것을 깨달았기 때문이다.

하지만 여우와의 만남을 통해 어린 왕자는 행복한 삶을 위해서는 '마음으로 세상을 바라보는 것'이 중요하다는 점을 배우게 되었다. 그리고 장미 정원에 있는 장미와 자신의 장미 사이에 보이지 않는 중요한 차이가 있다는 점을 깨닫게 되었다. 정원에 있는 장미는 아름답지만 자신에게는 의미 없는 존재인 반면, 자신의 장미는 아름다울 뿐만 아니라 자신에게 소중한 의미가 있는 존재라는 점을 이해하게 된 것이다. 그러한 차이가 발생하게 된 결정적인 이유는 바로 자기 자신이 자신의 장미에게 물을 주고 정성들여 보살펴 주었기 때문이었다.

생텍쥐페리에 따르면, 삶에서 가장 수수께끼 같은 일은 바로 이처럼 사랑에 대해 눈뜨게 되면, 세상이 온통 달라보이게 된다는 점이다. 무엇보다도 중요한 점은 생텍쥐페리가 『어린왕자』에서 들려준 동화 같은 이야기, 즉 심리학적인 연금술은 현실에서 실제로 일어나는 일이라는 사실이다.

사랑의 기술에 대해 배울 때 우리가 명심해야 할 사실이 있다. 바로 심장이 근육으로 이루어져 있다는 점이다. 따라서 건강한 삶을 위해서는 심장 역시 운동을 필요로 한다. 살면서 이러한 운동을 소홀히 하게 되면, 심장은 자연히 허약해질 수밖에 없다. 그러므로 우리가 가슴에서 우러나는 사랑을 실천하기 위해서는 일종의 훈련, 즉 '멘탈 휘트니스(Mental Fitness)'가 필요하다.

칼 로저스(Carl R. Rogers)의 인본주의 심리학 이론은 사랑의 기술에 관심을 갖고 있는 사람들에게 유용한 시사점을 준다. 칼 로저스는 사랑의 기술을 실천할 수 있는 덕목으로서 다음의 세 가지를 제안하였다(Rogers, 1957). 공감적 이해(empathic understanding), 진실성 및 일관성(genuiness, congruence) 그리고 무조건적인 긍정적 존중(unconditioned positive regard). 칼 로저스는 바로 이 세 가지 덕목이 다른 사람들과 진정으로 사랑하는 관계를 맺는 데 결정적인 역할을 한다.

첫 번째 사랑의 기술인 공감(empathy)은 다른 사람의 경험을 함께 나누려고 노력하는 것을 의미한다. 공감은 심리상담 전문가들처럼 특별히 훈련받은 사람들만 사용할 수 있는 기술이 아니다. 그보다는 공감적인 노력을 기울이는데 관심을 갖고 있는 사람이라면 누구든지 활용할 수 있는 기술이라는 점이다, 다만, 대부분의 사람들이 공감의 기술을 사용하지 못하는 이유는 다른 세속적인 가치(돈, 명예, 매력적인 외모 등)에 비해 별로 관심을 두지 않기 때문이다.

공감은 인간이라면 누구든지 표현할 수 있는 생각과 감정을 실제로 상대방을 위하는 마음에서 전달하는 것을 뜻한다. 이처럼 공감은 인지상정(人之常情)에 속한다고 할 수 있다. 다음은 공감의 기술과 관련된 사례들이다.

* 학생 A: "우리 반은 왜 이렇게 시끄러운지 모르겠네."
* 학생 B: "도대체 뭐가 시끄럽다는 거야? 괜한 시비 걸지 마!" (감정적 대치)
* 학생 C: "단체 생활하는 곳에 소음이 생기는 건 당연한 일이니까 이해해야지."(감정에 대한 무시)
* 학생 D: "소음 때문에 기분이 안 좋은가 보네." (표면적인 감정만 이해)
* 학생 E: "다른 친구들이 좀 조용히 해주기를 바라는구나." (내면의 감정을 수용하는 데서 그침)
* 학생 F: "소음 문제 해결을 위해 함께 노력하기를 원하나보구나." (공감적 이해)

학생 A의 반응에 대해 뒤이어 다섯 명의 학생들이 정서적인 반응을 보였는데 그중 가장 지혜로운 형태의 정서적 대처는 학생 F가 한 말에 해당된다. 사실, 학생 B에서 학생 F까지 다른 학생들이 보인 정서적인 반응은 상식적으로 누구든지 나타낼 수 있는 반응들이다. 그 중 사랑의 기술로서 공감은 친밀감, 열정 그리고 헌신이라는 사랑의 세 가지 요소를 바탕으로 재평가해 볼 때, 서로에 대한 관계가 성숙한 삼각형의 모습이 나타나는 데 가장 유리한 방향을 찾아가는 과정이라고 할 수 있다. 갈등 상황에서 감정적으로 대치하거나 상대의 감정을 무시하거나 상대의 표면적인 감정만 이해하거나 혹은 상대방 내면의 감정을 수용하지만 상호헌신의 측면은 부족한 반응들에 비해 공감적 이해는 사랑의 세 가지 요인들을 상대적으로 더 잘 충복시키는 형태가 될 수밖에 없다.

두 번째 사랑의 기술인 진실성과 일관성은 다른 사람들과의 관계에서 자신의 내부 감정을 정확하고 또 일관성 있게 지각하고 표현하는 것을 말한다. 인간관계에서 진실성과 일관성은 마치 생명과도 같이 소중한 요인에 해당된다.

상식적인 시각으로 본다면, 사회생활에서 '선의의 거짓말(white lie)'을 하는 것이 때때로 효과적일 것 같은 인상을 준다. 예를 들어, 기말고사에서 시험을 망쳐 좌절하고 있는 친구에게 "이 다음에 더 잘하면 돼"라고 말하는 것은 관례적으로 사용할 수 있는 표현처럼 보일 수 있다. 하지만 문제는 이러한 식으로 인사치레로 하는 말들을 남용하게 되면, 결국에 가서는 다른 사람들에게 "저 친구는 늘 저런 식으로 실속 없는 빈말을 하는 사람"이라는 인상을 심어주게 된다. 그 결과, 정말로 중요한 상황에서는 다른 사람들에게 외면 받을 수 있다.

세 번째 사랑의 기술인 무조건적이고 긍정적인 존중은 다른 사람의 있는 그대로의 모습을 수용하는 것을 말한다. 그리스 신화에는 프로크루스테스(Procrustes)라는 악당이 나온다. 그는 자기 집에 온 나그네들을 자신의 침대에 눕힌 다음, 나그네의 키가 침대보다 크면 다리 또는 머리를 자르고, 작으면 나그네의 사지를 잡아 늘려 죽였다. 결국 프로크루스테스도 자신이 나그네들에게 행했던 방법과 똑같은 방식으로 죽었다.

관계에서 다른 사람들의 생각과 행동을 자신의 잣대로 마음대로 평가하거나 자신이 이해할 수 있는 것만을 선택적으로 수용하고자 한다면, 그러한 관계는 사랑이라기보다는 단순한 거래관계에 불과한 것이 될 것이다. 왜 우리는 관계에서 무조건적이고 긍정적인 존중을 실천해야 하는가? 그 이유는 간단하다. 만약 그렇게 하지 않으면 우리 모두는 프로크루스테스의 운명처럼 결국 자신이 한 행위의 결과가 그 자신에게 되돌아오기 때문이다. 다시 말해, 누군가가 다른 사람들의 생각과 행동을 자신의 잣대로 재단하게 되면, 결국 다른 사람들 역시 그 사람의 생각과 행동을 자신들의 잣대로 마음대로 재단하게 될 것이다.

흔히 사람들은 대인관계에서 채찍과 당근 전략을 사용한다. 잘 하면 보상을 주고 잘못하면 처벌을 가하는 것이다. 이러한 태도는 조건적인 존중에 해당된다. 대조적으로, 무조건적이고 긍정적인 존중은 상대가 잘하건 못하건 늘 존중해주는 것을 말한다. 이것은 인간에 대한 믿음의 문제와 밀접한 관계가 있다.

일반적으로 사람들이 처벌의 효과를 믿게 되는 이유는 처벌이 문제 행동이 나타나는 것을 일시적으로 억제해 주기 때문이다. 하지만 처벌은 사람을 바꾸지 못한다. 그렇기 때문에 바뀌지 않은 상태로 남아 있던 사람은 처벌의 위협이 사라지면 결국에 가서는 숨겨 두었던 문제 행동을 반복하게 될 가능성이 높다. 실제로 하버드 대학의 성인발달 연구 결과는 문제를 일으키는 아동들이 자애로운 부모가 아니라, 매를 엄하게 드는 자애롭지 못한 부모가 있는 가정에서 나온다는 점을 보여주었다(Vaillant, 1993). 동시에 하버드 대학의 성인발달 연구 결과는 삶에서의 진정한 변화가 처벌이 아니라 오직 사랑을 통해서만 가능하다는 점을 분명하게 보여주었다.

6. 6회기: 멀티플라이어

한국이는 학교에서 조별 과제를 위해 모인 한 팀의 리더를 맡게 되었다. 막상 팀 리더를 맡고 보니 한국이에게는 새로운 고민이 생겼다. 나름대로 리더로서 열심히 한다고 했는데 팀의 분위기가 그다지 좋아 보이지 않았기 때문이다. 리더로서 한국이가 팀원들에게 기대했던 모습은 열정적인 분위기 속에서 팀원들 모두 주체적으로 일하는 것이었다. 하지만 한국이가 보기에 전체적으로 팀 분위기는 침체된 것 같았다. 한국이는 리더로서 팀의 분위기를 쇄신할 수 있는 방법을 알아내고 싶었다. 한국이와 같은 고민을 하고 있는 청소년을 위해 다음에서는 긍정조직의 리더인 멀티플라이어에 대해 소개하고자 한다. 멀티플라이어는 자신이 속한 조직이 긍정적인 방향으로 나아갈 수 있도록 리더십을 발휘하는 동시에 팀원들의 긍정적인 특성이 잘 발휘될 수 있도록 돕는 리더를 말한다.

1) 긍정의 리더, 멀티플라이어

세상에는 많은 리더들이 존재한다. 하지만 좋은 리더는 드물다. 좋은 리더의 조건 중 하나는 조직의 구성원들이 잠재력을 발휘할 수 있도록 돕는 것이다. 다시 말해, 좋은 리더는 개인이 혼자만의 힘으로는 해낼 수 없는 일을 실제로 해낼 수 있도록 돕는 역할을 한다. 하지만 많은 리더들은 오히려 반대로 행동한다. 조직의 구성원들이 리더가 없다면 충분히 해낼 수 있는 일들을 실제로는 해내지 못하도록 하는 것이다. 보통 이런 리더는 자신의 조직 내에서 어떤 역할을 하는 지조차 모르고 넘어간다.

리더십 전문가 리즈 와이즈먼(Liz Wiseman)과 그렉 맥커운(Greg Mckeown)은 전 세계 150명 이상의 리더들을 면담한 후 다른 사람들을 보다 더 똑똑한 사람으로 만드는 리더들을 '멀티플라이어(Multiplier)'라고 불렀다(리즈 와이즈먼, 그렉 맥커운, 2012). 대조적으로, 다른 사람들의 재능을 깎아먹는 사람을 '디미니셔(Diminisher)'라고 불렀다.

디미니셔의 예로는 영국의 수상 윌리엄 글래드스톤(William E. Gladstone)을 들 수 있다. 그는 다른 사람들을 만날 때면, 상대가 누구든지 간에 자기 자신이 세상에서 가장 똑똑한 사람이라는 믿음을 심어주려 노력했다. 대조적으로 그의 경쟁자였던 벤저민 디즈레일리(Benjamin Disraeli)는 전형적인 멀티플라이어였다. 그는 누구를 만나든지 간에 상대방이 세상에서 가장 똑똑한 사람이라는 믿음을 갖고 방을 나갈 수 있도록 행동했다.

긍정의 리더인 멀티플라이어로 성장하는 데 결정적인 요소 중 하나는 바로 좋은 리더의 역할에 대한 믿음이다. 멀티플라이어가 되기 위해서는 천부적인 재능을 타고나지 않은 평범한 사람도 좋은 리더와의 특별한 만남을 통해 뛰어난 역량을 발휘하는 것이 가능하다는 점을 믿어야 한다. 문제는 이러한 믿음은 머리로 학습을 한다고 해서 얻을 수 있는 것이 아니라는 점이다. 이러한 믿음은 기본적으로 실제 체험을 통해서만 전해질 수 있다. 다만, 실제 체험을 통해 확인해 볼 의지를 갖기 위해서라도, 그러한 믿음의 이론적인 타당성에 대해 검토해 보는 것은 의미 있는 일이 될 것이다.

사람들은 통념상 인류의 역사에서 노벨상을 수상할 만큼의 뛰어난 업적을 남긴 사람들은 천부적인 재능을 타고난다고 믿는 경향이 있다. 하지만 천부적인 재능을 갖고 있다고 해서 최고의 성취를 이룰 수 있는 것도 아니고 천부적인 재능을 갖고 태어나지 못했다고 해서 최고의 성취를 나타낼 수 없는 것도 아니다.

이러한 점을 잘 보여주는 예가 바로 스탠포드 대학의 루이스 터먼(Lewis Terman) 연구이다(말콤 글래드웰, 2009). 루이스 터먼은 IQ가 적어도 140이 넘는 천재 아동 약 1,500명을 선발한 후, 그들의 삶을 평생 추적 조사했다. 하지만 그 결과는 루이스 터먼이 처음에 기대했던 것과는 전혀 다른 것이었다. 소위 '터마이트(Termites)'로 불리는 이 천재들은 수십 년이 지났을 때, 최고 수준의 성취를 나타내지는 못했다. 대부분의 터마이트들이 보인 사회적인 성취 수준은 그다지 비범하지 못한 것이었다.

특히 약 1,500명의 터마이트들 중에서는 그 누구도 노벨상을 수상하지 못했다. 하지만 흥미롭게도 루이스 터먼의 연구진이 실제로 IQ 검사를 했지만, IQ가 140에 미치기 못했기 때문에 연구에서 배제되었던 아동들 중에는 노벨상 수상자가 두 명 포함되어 있었다.

그렇다면 루이스 터먼의 연구에서 천재로 선발되었던 아동들 중에서는 노벨상 수상자가 단 한 명도 안 나왔지만 IQ가 낮아 터마이트로 선발되지 못했던 아동들 중에서는 노벨상 수상자가 두 명이나 나왔던 이유가 무엇일까? 이러한 결과들은 노벨상과 같은 최고의 성취를 이루는 데는 천부적인 재능보다 더 중요한 역할을 하는 요인이 따로 존재한다는 점을 보여준다. 그것이 바로 긍정의 리더, 멀티플라이어가 수행하는 역할이 된다.

이쯤에서 짚고 넘어가야 할 두 가지가 있다. 첫째, 처음부터 멀티플라이어로 태어나거나 디미니셔로 태어나는 사람은 존재하지 않는다는 점이다. 둘째, 삶에서 실제로 멀티플라이어를 만난 적이 있는 사람만이 진정한 멀티플라이어로 성장할 수 있다는 점이다. 멀티플라이어는 타고나는 것이 아니라 인생이라는 학교에서 적어도 한 번은 사회적인 관계 속에서 실제로 배워야만 터득할 수 있는 것이기 때문이다.

2) 멀티플라이어 훈련

기본적으로 멀티플라이어는 팀원들에게 인생이 점화하는 최고의 순간을 선사해 준다. 대조적으로, 디미니셔는 팀원들이 심리적인 에너지를 불필요한 일들에 낭비하도록 만들어 수행 능력을 떨어뜨린다. 그 결과, 멀티플라이어는 다른 사람들을 행복하게 만들어 주는 반면에 디미니셔는 다른 사람들을 불행하게 만든다. 〈표 2-5〉는 멀티플라이어와 디미니셔가 다른 사람들과 관계를 맺는 특징을 보여준다.

디미니셔는 팀원들과의 관계에서 자기 자신이 왕의 역할을 맡는 제국을 건설한다. 반면에 멀티플라이어는 주변에 재능 있는 사람들이 자연스럽게 모여들도록 하는 일종의 재능자석 역할을 한다. 여기서 멀티플라이어가 재능자석의 역할을 할 때의 핵심 포인트는 팀원들의 숨겨진 재능을 발견하는 것이다. 이를 위해서는 가능한 한 팀원의 재

〈표 2-5〉 멀티플라이어와 디미니셔의 특징 비교

멀티플라이어	디미니셔
재능자석	제국건설자
해방자	독재자
도전자	전지전능자
토론주최자	결정권자
투자자	간섭자

능을 '확장성이 높은 형태로 평가'하는 것이다. 예를 들면, 파워포인트 프로그램을 잘 하는 팀원에게 "너는 파워포인트를 잘 하는구나"라고 하기보다는 "너는 컴퓨터 프로그램을 잘 하는구나"라고 칭찬하는 것이다.

디미니셔는 팀에서 지시하고 명령내리는 독재자의 역할을 한다. 그리고 디미니셔는 팀 내에서 억압적인 분위기를 조성한다. 대조적으로 멀티플라이어는 팀 내에서 '열정적인 분위기를 조성'하는 해방자의 역할을 한다. 억압적인 분위기에서는 팀원들이 하고 싶은 말이 있어도, 마음 편하게 말을 꺼내기 힘들어 하게 된다. 멀티플라이어가 팀을 열정적인 분위기로 이끄는 비결 중 하나는 팀원들이 어떤 말이든지 간에 하고 싶은 말을 편하게 털어 놓을 수 있도록 돕는 것이다.

디미니셔는 혼자서 일을 도맡아서 하는 전지전능자의 역할을 한다. 대조적으로 멀티플라이어는 팀원들의 도전정신을 이끌어내는 역할을 한다. 멀티플라이어가 도전자 역할을 할 때 주로 사용하는 방법은 바로 '질문하기'이다. 좋은 리더는 답을 주기보다는 질문을 함으로써 팀원들이 힘을 합쳐 답을 찾아낼 수 있는 기회를 제공한다.

디미니셔는 팀에서 주로 중요한 결정을 혼자 내린다. 대조적으로 멀티플라이어는 팀원들과의 토론을 통해 중요한 의사결정을 한다. 이 때 멀티플라이어가 활용하는 핵심 기술은 바로 '경청'이다. 좋은 리더는 팀원들과 함께 토론을 할 때, 주도적으로 말을 하지 않는다. 그 대신 팀원들이 말하는 것을 경청한다. 리더가 입을 열수록 팀원들이 말을 할 기회가 줄어들기 때문이다.

디미니셔는 팀원들에게 간섭한다. 대조적으로 멀티플라이어는 팀원들의 잠재력에 투자하는 역할을 한다. 간섭자와 투자자의 결정적인 차이는 리더로서 팀원들에게 자신이 갖고 있는 재량권을 얼마나 양도

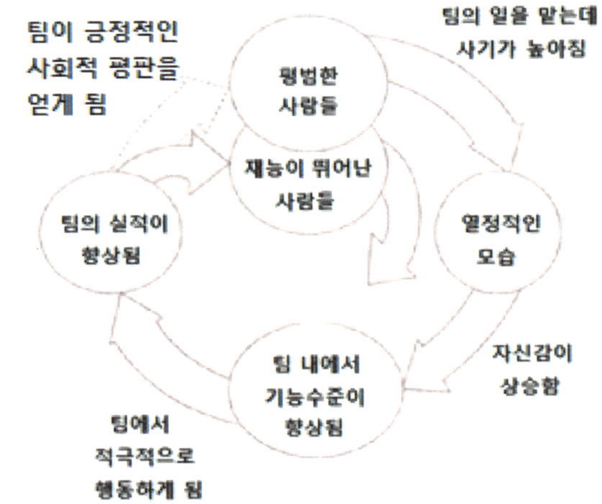

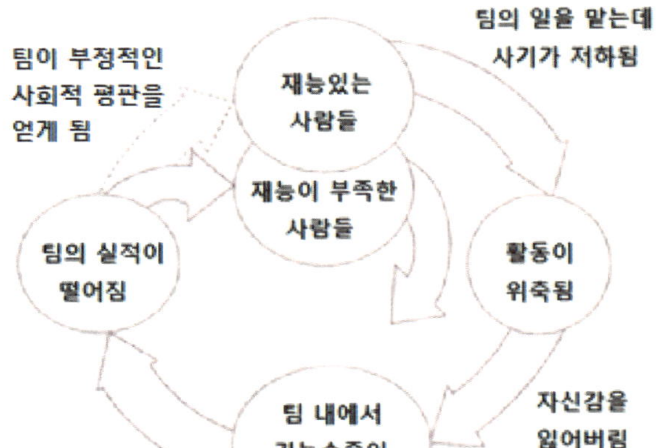

〈그림 2-6〉 멀티플라이어의 긍정리더십과 디미니셔의 부정 리더십

하는가 하는 점이다. 디미니셔는 팀원들에게 권한을 넘기는 데는 인색하면서 팀원들이 주체적으로 활동하기를 기대하는 모순적인 모습

을 보인다. 대조적으로 멀티플라이어는 자신의 재량권 중 팀원들에게 넘길 수 있는 부분은 가능한 한 합리적인 판단 하에 이양한다.

〈그림 2-6〉에는 멀티플라이어가 팀에 긍정적인 영향을 미치는 과정과 디미니셔가 팀에 부정적인 영향을 미치는 과정이 도시되어 있다. 리더들이 팀에 미치는 영향력을 한 마디로 요약하자면 이와 같다. 멀티플라이어는 선순환을 이끄는 반면, 디미니셔는 악순환을 만들어 낸다.

세상에는 행복으로 향하는 길과 불행으로 향하는 길, 두 가지가 존재한다. 그런데 오직 멀티플라이어만이 그 둘의 차이를 구분해 낼 수 있다. 20세기가 지식인의 시대였다면, 21세기는 멀티플라이어의 시대라고 할 수 있다. 이런 맥락에서 우리는 스스로에게 다음과 같은 질문을 던져볼 필요가 있다. 과연 나는 멀티플라이어인가, 아니면 디미니셔인가? 그리고 내 곁에 있는 사람은 멀티플라이어인가, 아니면 디미니셔인가? 그렇다면, 내가 과연 멀티플라이어인지 그리고 내 곁에 있는 사람이 멀티플라이어인지 여부를 어떻게 파악할 수 있을까? 그 대표적인 방법은 대인관계에서의 행동패턴을 관찰하는 것이다.

사람들은 일반적으로 타인의 행동이나 말에 다음의 네 가지 유형으로 반응한다(Seligman, 2011). 적극적이고 파괴적인 유형, 소극적이고 파괴적인 유형, 소극적이고 건설적인 유형, 적극적이고 건설적인 유형.

예를 들어, 학교에서 친구가 "나 오늘 시험 잘 본 것 같아."라고 말했다고 가정해 보자. 적극적이고 파괴적인 반응 유형은 "다음번에 시험을 더 잘 보려면 앞으로 공부하느라 더 고생이겠군."이라고 말한다. 소극적이고 파괴적인 반응유형은 "그런데 조별 발표 준비는 어떻게 됐어?"라는 식으로 주제를 자신이 관심을 갖고 있는 쪽으로 돌린다. 소극적이고 건설적인 반응유형은 그저 말로만 “좋은 일이네.”라고 하면서 진정성 없는 태도를 보인다. 마지막으로, 적극적이고 건설적인 반응유형은 친구에 대해서 애정 어린 시선으로 자신이 친구만큼 기뻐하고 있다는 점을 분명하게 드러낸다. 예컨대, “정말 대단하네! 축하파티 열어야겠다.”라고 말하는 식이다.

7. 7회기: 소셜 네트워크(Social Networks)와 사회적 지지

흔히 21세기를 초연결사회(hyper-connected society)라고 부른다. 이러한 사회에서는 인터넷과 통신기술의 발달에 의해 모든 것이 연결된다. 한국이는 교육방송에서 초연결사회의 특징에 대해 배운 후부터 부쩍 자신의 잠재력을 효과적으로 펼치는 데 소셜 네트워크를 적극적으로 활용하는 방법에 관심이 많아졌다. 장차 한국이는 소셜 네트워크 인재가 되어 자신의 잠재력을 효과적으로 실현하는 동시에 행복하고 성공적인 삶을 살아가고자 한다. 다음에서는 한국이 같은 청소년을 위해 소셜 네트워크 인재에 대해 소개하고자 한다. 소셜 네트워크 인재는 소셜 네트워크상에서 중심축의 역할을 하는 사람을 말한다.

〈그림 2-7〉은 소셜 네트워크상에서 중심축 역할을 하는 사람의 모습을 보여준다. 만약 누군가가 이러한 소셜 네트워크에서 중심축 역할을 하고 있는데 이 소셜 네트워크에서는 사람들이 각자 5명과 관계를 맺고 있다고 가정해 보자. 이러한 조건에서는 소셜 네트워크의 중심에 있는 사람이 직접 관계를 맺고 있는 사람은 5명에 불과하지만, 친구의 친구까지 합하면 연결되어 있는 사람이 총 25(5×5)명이 되고 친구의 친구의 친구까지 합하면, 연결되어 있는 사람은 무려 105명이나 된다(Watts, 2003).

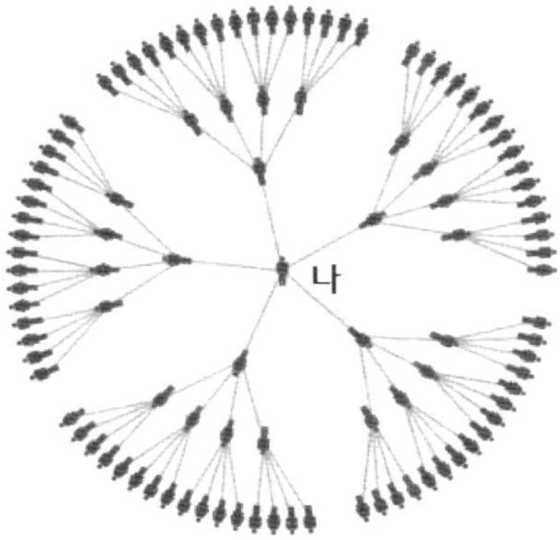

〈그림 2-7〉 소셜 네트워크 인재

1) 소셜 네트워크의 특성에 대한 이해

소셜 네트워크의 특성은 사회의 구조와 밀접한 관계가 있다. 〈그림 2-8〉은 소셜 네트워크의 특성을 보여준다(Watts & Strogatz, 1998). 〈그림 2-8〉에 나와 있는 세 가지 소셜 네트워크 모형에서 구성원과 연결선의 수는 각각 20개씩이다.

사회구성원들 간 유대가 강한 사회에서는 첫 번째 모형에서처럼 모든 구성원이 사회적으로 연결된다. 사회구성원들 간 몇 단계의 이음새를 거치든지 간에 모든 구성원이 어떻게든 연결되는 것이다. 하지만 이러한 사회에서는 주로 끼리끼리 친하게 지내고 상부상조하게 된다. 예를 들면, 이러한 모형에서는 A와 B가 연결되기까지는 한 단계만 거치면 되지만, 반대편 구성원들과 연결되기 위해서는 상대적으로 기나긴 단계를 거쳐 가야 한다.

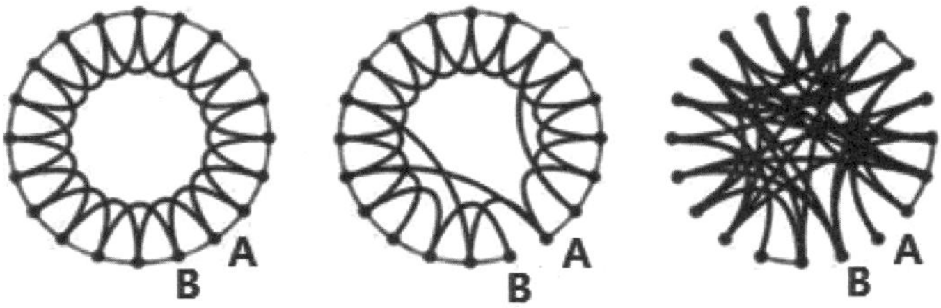

〈그림 2-8〉 소셜 네트워크의 특성

일반적으로 '세상이 참 좁다!'고 표현할 만한 사회구조를 갖고 있는 두 번째 모형에서는 물리적으로 가까운 거리에 있는 A와 B가 직접 연결되지는 않을 수 있다. 하지만 전체 구성원들이 서로 연결되기 위해 평균적으로 필요로 하는 연결선의 개수, 즉 서로 연결되기 위해 거쳐 가야할 단계 수의 평균을 계산해 보면, 첫 번째 모형보다는 두 번째 모형이 상대적으로 더 짧다. 다시 말해, 좋은 것(지식과 기술)이든지 나쁜 것(감염성 질환)이든지 더 빨리 퍼질 수 있다는 것이다.

세 번째 모형에서는 모든 구성원이 무선적으로 연결되어 있다. 이러한 사회에서는 네트워크 강자는 존재하지 않는다. 모든 사회적 연결이 우연에 의해 좌지우지되기 때문이다. 이러한 모형은 신경계와 같은 자연의 세계에서는 존재할 수 있을지라도 사회 현실과는 동떨어진 모형에 해당된다.

그렇다면, 개인에게 소셜 네트워크 특성은 왜 중요한가? 그것은 바로 행복한 삶과 직결되어 있는 사회적 지지의 근원이 되기 때문이다. 특히 개인이 역경을 이겨낼 수 있도록 돕는 대표적인 심리적 특성인

탄력성은 바로 '사회적 지지의 함수'에 해당된다. 이러한 사회적지지에는 부모의 역할, 따뜻한 가정 분위기, 좋은 친구들과의 만남, 그리고 안정적인 대인 관계 등이 포함된다.

기본적으로 개인의 심리적 특성과 사회적 지지는 상호 복잡하게 얽혀 있다. 우리는 우호적인 환경 속에 있을 때, 긍정적인 심리적 특성을 많이 나타낸다. 동시에 다른 사람들이 우리를 우호적으로 대하도록 하는 데는 우리의 심리적 매력도와 밀접한 관계가 있다. 이런 점에서 사회적 지지와 긍정적인 심리적 특성의 관계는 마치 닭이 먼저냐 아니면 달걀이 먼저냐 하는 식의 논쟁을 불러일으키기 쉽다.

여기서 중요한 점 중 하나는 행복한 삶의 필수요건 중 하나인 사회적 지지가 단순히 개인에게 사회적으로 주어지는 것은 아니라는 점이다. 사회적 지지와 관계된 능력은 주변 사람들과의 관계를 심리적으로 잘 소화해 내는 과정을 포함한다. 우리는 어떠한 경우에도 사회적 지지를 받지 않고서는 심리적으로 성숙할 수 없다.

좋은 부모를 만난다고 해서 사회적 지지가 보장되는 것은 아니다. 왜냐하면, 행복한 가정생활 속에서도 스스로 사랑받는 경험을 내면으로 흡수해 내지 못하는 사람들도 얼마든지 존재하기 때문이다. 마치 어떤 사람에게는 거액의 복권에 당첨되는 것이 재앙에 가까운 일이 되듯이, 어떤 사람들은 사랑받는 경험 자체를 부담스러워하거나 두려워하기도 한다.

2) 소셜 네트워크 중심성 평가

지금까지 살펴본 것처럼, 소셜 네트워크 특성과 행복은 밀접한 관계가 있다. 문제는 개인의 소셜 네트워크 특성을 어떻게 평가할 수 있는가 하는 문제다.

청소년의 네트워크 질을 측정하기 위한 대표적인 방법 중 하나는 바로 연결 정도 중심성(degree centrality) 네트워크 분석을 진행하는 것이다. 이러한 네트워크 분석에서 보통 행위자(actor)는 점(node)으로 나타내고 행위자들 간 관계는 선(link)으로 나타낸다. 이때 연결 정도 중심성은 하나의 점(행위자)이 얼마나 많은 선(연결 관계)을 만들어내는지를 통해 평가한다.

일반적으로 네트워크는 방향성을 갖게 된다. 이런 맥락에서 연결 정도 중심성은 수신 중심성(in-degree centrality)과 발신 중심성(out-degree centrality)으로 분류할 수 있다. 수신 중심성은 소셜 네트워크에서 어느 행위자가 다른 사람들로부터 선택받은 빈도를 뜻한다. 그리고 발신 중심성은 어느 행위자가 다른 사람들을 선택한 빈도를 나타낸다.

소셜 네트워크에 대한 분석 과정에서는 보통 발신 중심성보다는 수신 중심성이 개인의 대인관계 특성에 대해 상대적으로 더 객관적인 정보를 제공해 준다. 발신 중심성은 참여자가 응답 과정에서 다른 사람들에게 좋은 인상을 주고자 할 경우, 얼마든지 왜곡하는 것이 가능하기 때문이다. 다시 말해, 실제 외톨이조차도 네트워크 스타인 것처럼 응답하게 될 가능성이 있다. 반면에 수신 중심성은 타인이 평가하는 것이기 때문에 상대적으로 이러한 긍정 왜곡의 문제가 덜 나타날 수 있다.

물론, 그렇다고 해서 발신 중심성 정보가 무가치한 것은 아니다. 발신 중심성은 개인이 소셜 네트워크에 대해 갖고 있는 태도를 반영하는 유용한 정보를 제공해 주기 때문에, 소셜 네트워크에 대한 분석 과정에서는 발신 중심성과 수신 중심성 두 가지 정보를 종합적으로 활용할 필요가 있다.

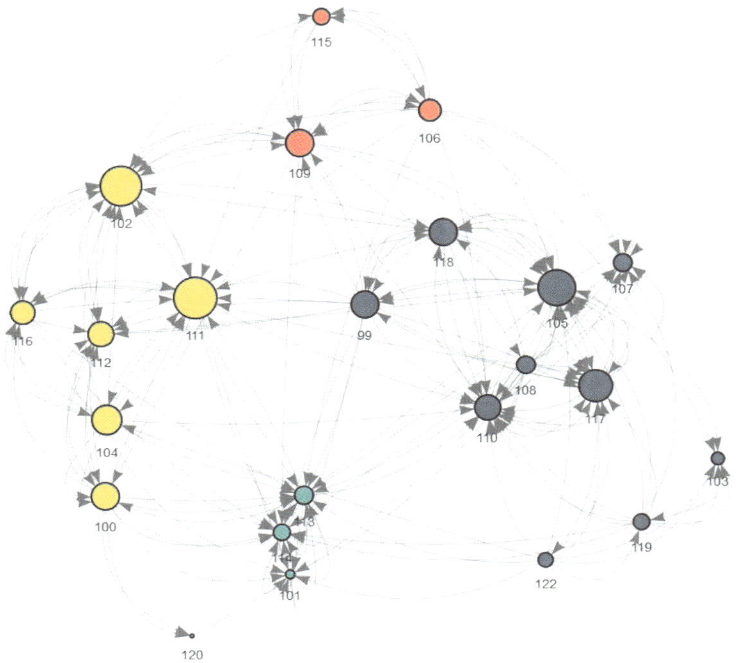

〈그림 2-9〉 어느 학급의 네트워크 중심성 시각화 사례

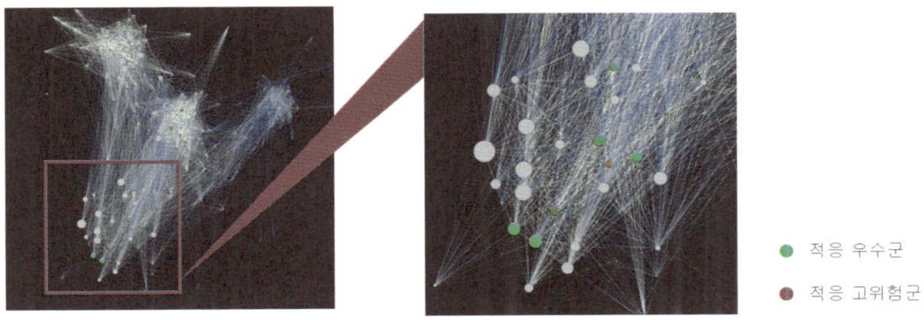

〈그림 2-10〉 소셜 네트워크 내 적응 우수군과 고위험군의 분포

〈그림 2-9〉는 어느 중학교 한 학급의 수신 중심성 측정 결과이다. 이러한 분석에서는 보통 수신 중심성이 높을수록 소셜 네트워크의 질이 좋은 것으로 간주한다. 이러한 형태의 소셜 네트워크 분석을 위한 질문문항은 같은 반 친구 중에서 1) 자신과 가장 친한 친구, 2) 자신을 가장 잘 도와주는 친구, 3) 가장 인기 있는 친구를 각 항목 당 최대 다섯 명까지 선택하도록 요청하는 것이다.

〈그림 2-10〉은 소셜 네트워크 분석을 한 학교 전체로 확대한 결과이다. 이러한 소셜 네트워크 분석을 통해 특정 학교 내에서 적응 우수군과 고위험군을 선별해내는 것이 가능하다.

8. 8회기: 전망의 기술

실존주의 철학자 키에르케고르(Soren A. Kierkegaard)는 인생의 근본 문제를 다음과 같이 소개하였다. "인생은 앞을 보면서 살아가야 하지만 정작 뒤돌아 볼 때라야 비로소 이해할 수 있는 것이다(Kierkegaard, 2000, p. 111.)" 이처럼 현재가 아닌 미래의 일을 효과적으로 예측하고 선택하는 일은 대단히 어려운 과제임에도 불구하고, 한국이는 자신의 미래 모습이 어떻게 될지 알고 싶어 했다. 이런 상황에서 한국이에게 가장 필요한 심리학적인 지혜 중 하나가 바로 '전망(prospection)의 기술'이다. 심리학에서는 과거 사건에 대한 정신적 표상을 '기억'이라고 부르고, 현재 사건에 대한 정신적 표상을 '지각(知覺)'이라고 부르며, 미래 사건에 대한 정신적 표상을 '전망'이라고 부른다(조지 베일런트, 2019). 전망의 기술은 우리가 미래의 삶에 적응적으로 대처하는 데 핵심적인 삶의 기술 중 하나이다.

1) 전망이란 무엇인가?

심리학적으로 미래를 전망한다는 것은 신기(神奇)에 가까운 능력을 가지고 미래를 정확하게 예측하는 것을 뜻하는 것이 아니다. 그보다는 시간이 지나고 나면 언젠가는 대부분의 사람들이 자연스럽게 깨달을 수 있는 것에 대해 '정서적인 예측'을 남들보다 한 걸음 앞서 실감나게 진행하는 것을 뜻한다. 이런 점에서 전망의 기술은 '할 수 없는 것'을 할 수 있게 해주기보다는 '할 수 있는 것'을 실제로 해낼 수 있도록 해주는 심리적인 기제라고 할 수 있다. 그럼에도 불구하고 전망의 기술이 중요한 이유는 대부분의 사람들이 실제로 할 수 있는 일조차 제대로 해내지 못하기 때문이다.

우리가 두 개의 후보지 중 하나를 선택해 휴가를 떠나는 상황을 예로 들어 보자. 두 개의 후보지는 바로 '보통도'와 '환상도'라는 섬이다. 보통도에서는 모든 것이 평범하다. 날씨, 해변, 숙소, 쇼핑센터 등 모든 것이 평범하다. 대조적으로 환상도의 경우, 날씨와 해변은 환상적이지만 숙소와 쇼핑센터는 보통도보다 수준이 떨어진다. 이러한 조건하에서 둘 중 하나를 선택하라는 요청을 받으면 대부분의 사람들은 보통도보다는 환상도를 선택한다(Gilbert, 2006).

다음으로 우리에게 보통도로 여행갈 수 있는 패키지 상품권과 환상도로 여행갈 수 있는 패키지 상품권이 둘 다 있다고 가정해 보자. 그리고 불가피한 사정이 생겨 둘 중 하나를 취소해야 하는 상황이 되었다고 해보자. 그렇다면, 사람들은 둘 중 어느 쪽을 취소하겠는가? 이 경우 대부분의 사람들은 환상도 티켓을 취소한다.

일반적으로 사람들은 좋아하는 것을 선택할 때는 장점에 초점을 맞추고서 결정한다. 동시에 포기해야 하는 상황에서는 단점에 주안점을 두고서 결정을 내린다. 이러한 사실은 사람들이 행동하는 방식에 대해 다음의 두 가지 중요한 정보를 제공해 준다.

첫째, 대부분의 사람들은 미래에 자신이 쉽게 포기해 버릴 수 있는 것을 스스로 좋아한다고 착각하고서 선택하는 경향이 있다는 것이다. 즉, 사람들은 자신이 충분히 좋아하지 않는 것을 스스로 좋아한다고 믿어버리는 경향이 있다는 것이다. 둘째, 사람들이 좋아하기 때문에 선택했던 것을 나중에 가서 포기하지 않기 위해서는 목표 대상이 가지고 있는 장점의 가치를 깨닫는 것만으로는 충분하지 않다는 것이다. 즉, 목표 대상이 가지고 있는 장점을 포기하지 않을 수 있을 만큼, 목표 대상의 단점을 견뎌낼 수 있는 힘도 필요하다는 점이다.

기본적으로 사람들은 미래를 서로 다르게 전망한다! 사람들마다 미래를 전망하는 구체적인 방식은 다르다. 철학자 닉 보스트롬(Nick Bostrom)은 인간이 미래를 전망하는 방식을 네 가지로 분류했다(피터 틸, 블레이크 매스터스, 2014). 〈그림 2-11〉에는 그 4가지 패턴이 소개되어 있다. 스스로 생각하는 자신의 미래모습은 네 가지 중 어디에 해당되는가?

미래를 전망하는 네 가지 유형 중 가장 낙관적인 유형은 D 무한성장 모형이다. 하지만 대부분의 사람들은 D 그래프의 형태로 자신의 미래를 전망해내지 못한다. 그 중요한 이유 중 하나는 사람들이 일반적으로 미래를 효과적으로 그려내지 못하기 때문이다.

미래를 정확하게 예측할 수 있는 사람은 존재하지 않는다. 하지만 분명한 것은 미래는 현재와는 다르다는 점이다. 그럼에도 불구하고 사람들은 미래를 현재의 관점에서 바라보는 경향이 있다. 이처럼 미래를 미래로서 바라보지 못하고 현재의 관점에서 바라보게 되면, 무한성장의 가능성은 발견해내기 어려울 뿐만 아니라 설사 발견하더라

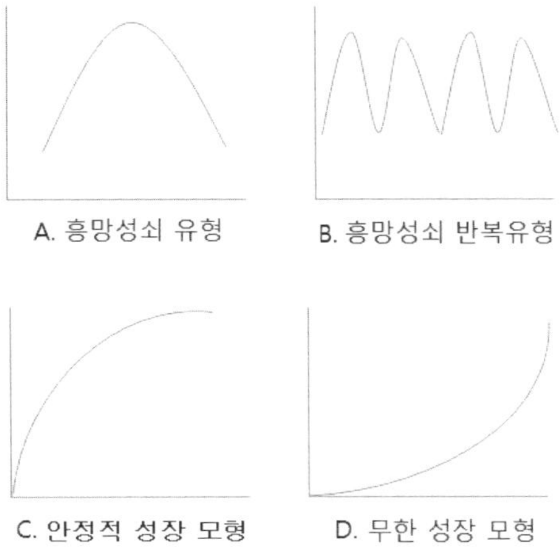

〈그림 2-11〉 미래에 대한 전망의 유형

도 그 세계로 뛰어들지 못하게 된다.

2) 미래에 대한 믿음의 중요성

하버드 대학 졸업생들의 삶을 평생 추적 조사한 그랜트 스터디(Grant Study)의 연구책임자인 조지 베일런트(George E. Vaillant) 교수는 전망의 기술이 행복하고 성공적인 삶을 사는 데 중요한 비결 중 하나라고 주장하였다. 그에 따르면, 그랜트 스터디 참여자들 중에는 전망의 기술이 상대적으로 더 잘 발달하는 사람도 있었고 그렇지 않은 사람도 있었다(조지 베일런트, 2019). 그런데 그랜트 스터디 참여자들 중 전망의 기술을 잘 활용한 사람들은 거의 대부분이 자신의 일을 매우 좋아했고 정신과적인 문제를 나타낸 적이 없었으며 행복한 결혼 생활을 했던 것으로 나타났다.

전망의 핵심요소 중 하나인 미래에 대한 희망은 과거의 의미 있는 경험과 '미래를 그려내는 마음의 능력'을 결합해냄으로써 탄생하게 된다. 단, 우리는 합리적인 사고와 객관적인 증거를 바탕으로 세상에 대한 신뢰와 희망을 배우는 것이 아니다.

미래에 대한 전망은 사실상 '믿음'의 문제에 속한다. 그런데 '믿음(faith)'은 '신념(belief)'과는 다르다. 신념은 인지(認知)에 속한다. 반면에, 믿음은 신뢰감이라는 말에서 확인할 수 있는 것처럼, 일종의 정서(情緖)에 해당된다. 인생의 겨울이 찾아왔을 때, 단순히 봄에 대해 알고 있거나 봄을 그저 기다리는 것은 별로 도움이 되지 않는다. 전설적인 재즈피아니스트 빌 에반스(Bill Evans)가 지적한 것처럼, 우리는 봄을 믿어야만 하는 것이다(Evans, 1977).

단, 우리가 미래에 대해 생각하는 모든 것이 다 전망은 아니다. 먼저, 전망은 실제 데이터를 바탕으로 미래의 일을 유추해내는 '예측'과는 다른 것이다. 이런 점에서 스포츠 전문가가 과거 성적에 기초해 특정 선수의 승률을 추론하거나 주식이 오를지 여부를 추측하는 것은 전망과는 관계가 없다.

또 전망은 낙관성과도 구분된다. 낙관성은 경험적인 데이터를 기반으로 과거, 현재 그리고 미래에 대해 합리적인 추론을 하는 것이다. 반면에 전망은 경험적인 데이터가 결코 호의적이지 않은 상황 혹은 미래를 예측할 수 있는 데이터 자체가 없는 불확실성하에서 미래에 대해 희망적인 믿음을 갖는 것을 말한다.

그리고 전망은 낙관성과도 다르다. 낙천성은 선천적으로 가지고 태어나는 기질에 해당된다. 대조적으로, 전망은 낙관성과 마찬가지로 반드시 인생이라는 학교에서 한 번은 배워야만 하는 일종의 삶의 지혜이다.

스티브 잡스(Steve Jobs)가 2005년에 스탠포드 대학 졸업식에서 했던 연설은 왜 삶에서 전망의 기술이 중요한지를 잘 보여준다. 그는 그 유명한 연설을 인생의 점들을 연결하는 얘기로 시작했다.

“제가 대학에 있을 때는 앞을 바라보면서 인생의 점들을 연결하는 것이 불가능했습니다. 하지만 10년이 지난 다음에 과거를 되돌아봤을 때는 모든 것이 아주, 정말로 아주 명확했습니다. 다시 말해, 여러분은 앞을 내다보면서 인생의 점들을 연결할 수는 없습니다. 단지 과거를 되돌아보면서 인생의 점들을 연결할 수 있을 뿐입니다. 따라서 여러분은 미래에 가서는 인생의 점들이 어떻게든 연결될 것이라는 것을 믿어야만 합니다. 여러분은 믿음을 가져야만 합니다. 직감이든, 운명이든, 인생이든, 업보(業報)든 혹은 그 무엇이든지. 왜냐하면 인생의 점들이 서로 연결될 것이라고 믿는 것은 여러분이 가슴이 이끄는 길을 따라갈 수 있도록 자신감을 심어줄 것이기 때문입니다. 그러한 믿음이 당신을 험한 길로 이끌지라도 말입니다. 바로 그것이 인생의 모든 차이를 만들어냅니다.”

9. 9회기: 감사의 기술

한국이는 신문과 방송 등에서 감사할 줄 알아야 행복해 질 수 있다고 주장하는 것에 대해 오랫동안 의문을 가지고 있었다. 감사해 할 만한 일이 있을 때 감사해 하는 것은 자연스러운 일인데 행복 프로그램에서 감사를 상당히 강조하는 것을 접하다 보니, 감사할 일이 아닌 경우에도 억지로 감사해 해야 한다는 것이지 의문도 들고 거부감도 들었다. 다음에서는 한국이와 같은 의문을 갖고 있는 청소년을 위해 감사의 기술에 관해 소개하고자 한다.

1) 감사에 대한 심리학적 이해

코스모스의 저자 칼 세이건(Carl Sagan)에 따르면, 만약 영원히 죽지 않는다면, 우리가 삶에서 경이감이나 의미를 경험하기는 어렵다. 그는 딸 사사(Sasha)에게 다음과 같이 말했다. “우리가 언젠가는 죽는다는 사실이 바로 우리에게 심오한 아름다움을 느끼게 해주며 우리가 깊이 감사해야 할 이유가 된다(The Cut, Apr 15, 2014).”

행복과 감사는 사실상 동의어나 마찬가지이다. 우리가 감사한 마음을 갖기 위해서는 삶에서 세상으로부터 ‘행복이라는 선물’을 받을 줄 알아야만 한다. 행복이라는 선물은 사랑과 마찬가지로, 누군가가 준다고 해서 상대방이 받는다는 보장은 없는 것이다. 바로 그렇기 때문에 감사에서도 ‘세상으로부터 받을 줄 아는 기술’이 중요하다. 이런 점에서 감사의 기술은 사랑의 기술과도 밀접한 관계가 있다.

감사 경험에서의 핵심은 우리가 세상 혹은 그 누군가로부터 자신이 마땅히 받을만한 것 그 이상을 받았다고 믿는 것이다. 이런 점에서 감사와 은총은 사실상 같은 뿌리로부터 진화된 것이라고 할 수 있다(Newberg & Waldman, 2006). 우리가 명상을 통해 신비한 합일의 상태, 즉 무아지경에 도달하게 되면, 뇌의 후측 상단(귀의 위쪽)에 위치한 두정엽 신피질 부분이 활성화된다. 이 영역은 공간 안에서 우리가 어디에 있는 지를 파악하는 활동과 관계가 있다. 또 명상은 변연계의 시상하부 및 편도체 그리고 도파민성(쾌락) 통로 및 세레토닌성(만족감) 통로의 활동을 증가시킨다. 그 과정에서 명상에 잠긴 사람은 자기 자신이 마치 바다처럼 자신보다 더 큰 무언가와 하나가 되는 것과 같은 경험과 더불어 깊은 감사의 느낌을 경험하게 된다.

행복한 삶을 위해 감사를 경험하는 것은 특별한 의미를 갖는다. 감사 경험은 모든 긍정적 감정들을 위한 원동력이기 때문이다. 감사에서 특별히 좋은 점 중 하나는 다른 긍정 감정들에 비해 의식적인 통제가 더 용이하다는 점이다(조지 베일런트, 2019). 우리는 누군가를 사랑하거나 증오하는 것에 비해 감사할지 여부를 더 잘 통제할 수 있다.

행복과 관계된 최상위의 긍정 감정들, 다시 말해 기쁨, 믿음, 희망, 사랑, 용서, 자비, 감사, 경외감의 핵심 특징은 그들 중 어느 것도 '나'에 관한 것이 아니라는 점이다. 성욕, 분노, 공포, 배고픔 같은 부정적인 감정들의 경우, 우리는 무인도에 혼자 있을 때조차도 그러한 감정들을 경험할 수 있다. 하지만 8가지 최상위의 긍정 감정들은 주로 우리가 관계 속에서 경험하는 것들이다. 이러한 점은 감사를 포함한 최상위의 긍정 감정들이 본질적으로 상호 불가분의 관계에 있을 뿐만 아니라, 관계에서의 친사회적 결속을 강화하는 데 도움이 되는 것임을 시사한다.

2) 감사 훈련

긍정심리 프로그램에서 감사의 기술과 관련해서 활용하는 대표적인 활동으로는 '감사편지'를 들 수 있다. 긍정심리학자 크리스토퍼 피터슨(Christopher Peterson)에 따르면, 감사편지를 진심으로 정성껏 작성하기만 한다면, 그 효과를 100% 보장할 수 있다(Peterson, 2006). 왜냐하면, 감사편지는 편지를 받는 사람뿐만 아니라 작성자 자신에게도 커다란 기쁨을 선사해 주기 때문이다. 이때 기본적으로 감사의 대상은 누구든지 가능하지만 가능한 한 삶에서 자신에게 특별한 의미가 있는 사람일수록 효과가 더 클 수 있다.

문제는 보통 사람들은 감사편지를 작성하는 데 익숙하지 않은 관계로, 제법 많은 사람들이 감사편지를 쓰는 법에 관해 어려워한다는 점이다. 비록 감사편지를 쓰는 데는 정답이라고 할 만한 것이 분명하게 정해져 있는 것은 아니지만, 다음의 요령을 참고하면 감사편지를 작성하는 데 도움이 될 것이다.

첫째, 감사편지에서 분량은 상대적으로 중요하지 않다. 우편엽서 크기 정도의 종이에 짧고 간단하게 쓰더라도 진심으로 작성하는 것이 중요하다. 둘째, 감사편지에는 감사의 내용만을 담는 것이 좋다. 감사편지를 핑계로 그동안 미뤄 두었던 잔소리나 불평을 늘어놓는 것은 역효과를 낼 수 있다. 셋째, 감사편지는 작성자가 상대방의 어떤 행동을 고마워하고 있는지를 분명하게 알 수 있도록 작성해야 한다. 아무리 열심히 작성을 하더라도, 감사편지를 읽고 난 다음에도 감사대상이 여전히 작성자가 왜 자신에게 감사해 하는지 이유를 잘 모르게 된다면, 감사편지의 효과도 나타나기는 어려울 것이다.

| 참고문헌 |

강은정 (2007). 한국 아동 정신건강 현황과 정책과제. 보건복지포럼, 128, 60-72.

곽금주 (2008). 한국의 왕따와 예방프로그램. 한국심리학회지: 사회문제, 14(1), 255-272.

경향신문(2013년 2월 7일자). '정신건강 빨간불' 초 · 중 · 고생 105만 명.

고영건 (2018). 플로리시: 삶을 밝히는 마음의 빛. 서울: 학지사.

고영건 (2019). 사람의 향기. 서울: 박영스토리.

고영건, 김진영 (2012). 멘탈 휘트니스 긍정심리 프로그램. 서울: 학지사.

고영건, 김진영 (2019). 행복의 품격. 서울: 한국경제출판사.

고영건, 안창일 (2007). 심리학적인 연금술. 시그마프레스.

교육과학기술부 (2012). 학생 정서행동발달 선별검사 및 관리 매뉴얼.

교육과학기술부, 보건복지부, 질병관리본부 (2019). 제15차 청소년 건강행태 온라인 조사 결과.

교육과학기술부, 한국 교육 개발원 (2012). 2012 교육 통계연보.

국민일보 (2009, 5, 8). 청소년들 "나는 불행"... 주관적 행복감 71.6점 OECD 꼴찌.

김신영, 임지연, 김상욱, 박승호, 유성렬, 최지영, 이가영 (2006). 한국청소년발달 지표조사 I : 결과부문 측정지표 검증. 서울: 한국청소년개발원.

김연희 (1999). 아동이 지각한 사회적 지지 및 귀인 성향과 아동의 자아존중감 간의 관계. 연세대학교 석사학위청구논문.

김진영, 문기범, 고영건 (2020). 한국판 청소년용 긍정적 정신건강 척도의 타당화. 한국심리학회지: 건강, 25(4). 823-834.

김현정 (2012). 긍정적 정신건강 모형의 타당화 연구. 고려대학교 박사학위 논문.

류윤희(1994). 학교적응, 불안, 학업성취간의 관계분석. 고려대학교 석사학위 논문.
리즈 와이즈먼, 그렉 맥커운 (2012). 멀티플라이어: 전 세계 글로벌 리더 150명을 20년간 탐구한 연구 보고서(최정인 역). 서울: 한국경제신문사.
마틴 셀리그만 (2008). 학습된 낙관주의: 마틴 셀리그만의 긍정 심리학(최호영 역). 파주: 21세기북스.
말콤 글래드웰 (2009). 아웃라이어(노정태 역). 파주: 김영사.
박인조, 민경환(2005). 한국어 감정단어의 목록작성과 차원탐색. 한국심리학회지: 사회 및 성격, 19(1), 109-129.
민성길, 김한중, 오경자, 이혜련, 김진학, 신의진, 배주미, 김성은 (1997). 학교정신보건사업 모델개발: 1. 학교를 중심으로 한 초등학생들의 정서 및 행동문제에 관한 연구. 신경정신의학, 36(6), 812-825.
민성길, 이창일, 김광일, 서신영, 김동기 (2000). 한국판 세계보건 기구 삶의 질 간편형척도의 개발. 신경정신의학, 39(3), 571-579.
박동혁 (2007). 예방과 촉진을 위한 청소년 정신건강 모형의 탐색. 아주대학교 박사학위 논문.
생텍쥐페리 (2003). 어린왕자(백은주 역). 서울: 아름다운날.
에듀동아(2019년 12월 18일). 10대도 '명품 플렉스(flex)', 스마트학생복 설문 "청소년 응답자 과반, 명품 구매경험 有"
에릭 호퍼 (2014). 길 위의 철학자(방대수 역). 서울: 이다미디어.
연세대학교 언어정보개발연구원 (1998). 현대 한국어의 어휘빈도. 연세대학교 언어정보 개발연구원 보고서. CLID-WP-98-02-28.
연합뉴스(1999년 11월 10일). 한 손으로 연주하는 라울 소사 연주회.
연합뉴스(2019년 8월 27일자). 한국 아동·청소년 행복 수준 개선 불구 여전히 OECD 최하위.
연합뉴스(2019년 9월 29일자). '공교육 이탈' 증가…학업중단 초중고생 최근 3년간 15만 명.
연합뉴스(2019년 10월 15일자). '불안한 청소년 정신건강'…우울증 진료 10대 3만7천여 명.
오경자, 이혜련 (1990). 아동 청소년 문제행동 평가척도의 개발을 위한 예비연구. 신경정신의학, 29(2), 452-462.
이명자, 류정희 (2008). 완전한 정신건강모형 검증. 교육연구, 31, 47-68.
이장호, 김재환 (1982). 상담효과측정을 위한 자아강도척도 개발에 관한 연구 - Barron의 자아강도척도를 중심으로. 한국심리학회지: 임상, 3(1), 173-185.
이해경, 신현숙, 이경성 (2004). 청소년 자기보고형 문제행동평가척도의 개발: 신뢰도와 타당도의 검증. 한국심리학회지: 발달, 17(1), 147-170.
이현주, 이미나, 최인수(2008). 한국 청소년 안녕감 척도(K-WBSA)의 타당화 및 삶의 질 분석. 교육심리연구, 22(1), 301-315.
임영진, 고영건, 신희천, 김용래 (2010). 특별 심포지엄: 한국인의 행복 및 정신건강 지수: 한국인의 정신건강. 한국심리학회 연차학술발표대회 논문집 (pp. 233-257). 8월 20일. 서울: 서울대학교 멀티미디어 83동.
조지 베일런트 (2019). 내 마음 속 천국: 영성이 이끄는 삶(김진영, 고영건 공역). 서울: 박영스토리.
질병관리본부(2017). 국민건강통계.
최순종, 현정수 (2011). 청소년의 행복에 관한 척도 개발 연구. 청소년 문화포럼, 27, 180-207.
통계청(2011). 2010 census 인구주택총조사. 대전: 통계청.
통계청 · 여성가족부(2019). 2019 청소년 통계.
피터 틸, 블레이크 매스터스 (2014). 제로 투 원(이지연 역). 한경BP.
한겨레(2019년 5월 29일자). 청소년 자해 상담, 1년 새 3배 늘었다.
허윤석, 안동현, 최준호, 강지윤, 김윤영, 오경자 (2003). 아동용 문제 행동 선별검사의 개발. 신경정신의학, 42(6), 724-734.
헤럴드경제(2019년 9월 30일자). 자살위험 학생 2만명 초과…학생 정신건강 관리 필요.

Achenbach, T. M., Howell, C. T., McConaughy, S. H., & Stanger, C. (1995). Six-year predictors of problems in a national sample: iii.

Transitions to young adult syndromes. Journal of the American Academy of Child & Adolescent Psychiatry, 34, 658-669.

Barron, F. (1953). An Ego-strength Scale which predicts response to psychotherapy. Journal of Consulting Psychology, 17, 327-333.

Biederman, J., Faraone, S., Milberger, S. Curtis, S. Chen, L. Marrs, A. Ouellette, C. Moore, P. & Spencer, T. (1996) Predictors of persistence and remission of ADHD into adolescence: Results from a four-year prospective follow-up study. Journal of the American Academy of Child and Adolescent Psychiatry, 35, 343-351.

Chen, M. Y., Wang, E. K., Yang, R. J., & Liou, Y. M. (2003). Adolescent health promotion scale: development and psychometric testing. Public Health Nursing, 20, 104-110.

Clarke, A., Friede, T., Putz, R., Ashdown, J., Martin, S., Blake, A., Platt, S. (2011). Warwick-Edinburgh Mental Well-being Scale (WEMWBS): Validated for teenage school students in England and Scotland. A mixed methods assessment. BMC public health, 11, 487.

Compton, William C, (2005). An Introduction to Positive Psychology. Bedlmont, CA.: Thomson Wadsworth.

CsikszentMihalyi, M. (1997). Finding Flow: The psychology of engagement with everyday life. New York: Perseus Books.

Diener, E. (1984). Subjective well-being. Psychological Bulletin, 95, 542-575.

Diener, E., & Biswas-Diener, R. (2002). Will money increase subjective well-being? Social Indicators Research, 57, 119-169.

Dubow, E. F.,& Ullman, D. G. (1989). Assessing social support in elementary school children: The survey of children's social support. Journal of Child Clinical Psychology, 18, 52-64.

Evans, B. (1977). You must believe in spring.

Gilbert, D. (2006). Stumbling on happiness. New York: Vintage Books. ch 3.

Hawkins, J. D., Kosterman, R., Catalano, R. F., Hill, K. G., & Abbott, R. D. (2005). Promoting positive adult functioning through social development intervention in childhood: long-term effects from the Seattle Social Development Project. Archives of Pediatrics and Adolescent Medicine, 159, 25.

Hofstra, M. B., Van der Ende, J., Verhulst, F. C. (2000). Continuity and change of psychopathology from childhood into adulthood: a 14-year follow-up study. Journal of the American Academy of Child & Adolescent Psychiatry, 39, 850-858.

Kaye, D. L., Montgomery, M. E., Munson, S. W, (Eds.) (2002). Child and Adolescent Mental Health. Philadelphia: Lippincott Williams & Wilkins

Kazdin, A. E. (1993). Adolescent mental health: Prevention and treatment programs. American Psychologist, 48, 127-141.

KBS 2TV (2017년 2월 20일). 생생정보.

Keyes, C. L. M. (1998). Social well-being. Social Psychology Quarterly, 61, 121-140.

Keyes, C. L. M. (2002). The mental health continuum: From languishing to flourishing in life. Journal of Health and Social Behavior, 43, 207-222.

Keyes, C. L. M. (2005a). Chronic physical conditions and aging: is mental health a potential protective factor? Aging International, 30, 88-104.

Keyes, C. L. M. (2005b). Mental illness and/or mental health? Investigating axioms of the complete state model of health. Journal of Consulting and Clinical Psychology, 73, 539-548.

Keyes, C. L. M. (2006). Mental health in adolescence: Is America's youth flourishing? American Journal of Orthopsychiatry, 76, 395-402.

Keyes, C. L. M. (2007). Promoting and protecting mental health as flourishing: A complementary strategy for improving national mental health. American Psychologist, 62, 95-108.

Keyes, C. L. M., & Lopez, S. J. (2002). Toward a science of mental health:

positive directions in diagnosis and intervention. In C. R. Snyder & S. J. Lopez(Eds.), Handbook of positive psychology. New York: Oxford University Press.

Keyes, C. L. M., Shmotkin, D., & Ryff, C. D. (2002). Optimizing well-being: the empirical encounter of two traditions. Journal of Personality and Social Psychology, 82, 1007-1022.

Kierkegaard, S. (2000). The diary of Soren Kierkegaard. New York: Citadel Press Books.

King, S. M., Iacono, W. G., & McGue, M. (2004). Childhood externalizing and internalizing psychopathology in the prediction of early substance use. Addiction, 99, 1548-1559.

Kratzer L., & Hodgins, S. (1997). Adult outcomes of child conduct problems: A cohort study. Journal of Abnormal Child Psychology, 25, 65-81.

Lamers, S., Westerhof, G. J., Bohlmeijer, E. T., Ten Klooster, P. M., & Keyes, C. L. M. (2011). Evaluating the psychometric properties of the mental health Continuum-short Form (MHC-SF). Journal of Clinical Psychology, 67, 99-110.

Lopez, S. J., Snyder, C. R., & Rasmussen, H. N. (2003). Striking a vital balance: Developing a complementary focus on human weakness and strength through positive psychological assessment. In S. J. Lopez & C. R. Snyder (Eds.), Positive psychological assessment (pp.3-20). Washington, DC: American Psychological

Maslow, A.H. (1971). The Farther Reaches of Human Nature. New York: Viking Press.

Merikangas, K.R., He, J., Burstein, M., Swanson, S.A., Avenevoli, S., Cui, L., Swendsen, J. (2010). Lifetime prevalence of mental disorders in US adolescents: results from the National Comorbidity Survey Replication-Adolescent Supplement (NCS-A). Journal of the American

Academy of Child & Adolescent Psychiatry, 49, 980-989.

Miller, W.R., & Rollnick, S. (2002). Motivational interviewing: Preparing people to change. New York: Guilford press.

Newberg, A. B., & Waldman, M. R. (2006). Why we believe what we believe: uncovering our biological need for meaning, spirituality, and truth. New York, Free Press.

Owens, P.L., Hoagwood, K., Horwitz, S.M., Leaf, P.J., Poduska, J.M., Kellam, S.G., & Ialongo, N.S. (2002). Barriers to children's mental health services. Journal of the American Academy of Child & Adolescent Psychiatry, 41, 731-738.

Park, N., & Peterson, C. (2008). The cultivation of character strengths. In M. Ferrari & G. Poworowski (Eds.), Teaching for wisdom. Mahwah, NJ: Erlbaum.

Pavot,W., & Diener, E. (1993). Review of the satisfaction with life scale. Psychological Assessment, 5, 164-172.

Peterson, C. (2006). A primer in positive psychology. New York: Oxford University Press.

Peterson, C., & Seligman, M. E. P. (2004). Character strengths and virtues: A handbook and classification. New York: Oxford University Press/ Washington, DC: American Psychological Association.

Rogers C. (1957). The necessary and sufficient conditions of therapeutic personality change. Journal of Consulting Psychology, 21, 95 - 103.

Ryff, C. D. (1989). Happiness is everything, or is it? Explorations on the meaning of psychological well-being. Journal of Personality and Social Psychology, 57, 1069.

Seligman (2011). Flourish: A visionary new understanding of happiness and well-being. New York: Free Press.

Seligman, M. E. P., Rashid, T., & Parks, A. C. (2006). Positive psychotherapy. American Psychologist, 61, 774-788.

Smith, E. J. (2006). The strength-based counseling model. The Counseling Psychologist, 34, 13-79.

Sternberg, R. J. (1988). The triangle of love. New York: Basic.

The Cut (APR. 15, 2014). We are star stuff: Lessons of immortality and mortality from my father, Carl Sagan (By Sasha Sagan).

Vaillant, G. E. (1993). The wisdom of the ego. Cambridge, MA: Harvard University Press.

Veit, C. T., & Ware, J. E. (1983). The structure of psychological distress and well-being in general populations. Journal of Consulting and Clinical Psychology, 51, 730.

Watson, D., Clark, L.A., & Tellegen, A. (1988). Development and validation of brief measures of positive and negative affect: The PANAS scales. Journal of Personality and Social Psychology, 54, 1063-1070.

Watts, D.J. (2003). Six degrees: The science of a connected age. New York: W.W. Norton.

Watts, D. J., & Strogatz, S. H. (1998). Collective dynamics of 'small-world' networks. Nature. 393(6684): 440-442.

Werner, E. & Smith, R. (1982). Vulnerable but invincible. New York: Adams, Bannister, Cox.

WHO(2001). Strengthening mental health promotion. Geneva: World Health Organization (Fact sheet no. 220).

WHO(2005). Promoting mental health. Geneva: World Health Organization.

Wolin, S. J. & Wolin, S. (1994). The Resilient Self. New York: Villard Books.

World Health Organization Quality of Life Group. (1998). The World Health Organization Quality of Life assessment (WHOQOL): Development and general psychometric properties. Social Science and Medicine, 46, 1569-1585.

부 록

1. 한국어 감정어 434개의 목록
2. 행복과 함께 언급된 감정어의 정서 차원상의 분포
3. 긍정활동 단어들과 함께 언급된 감정어의 정서 차원상의 분포
4. 학년과 성별 그리고 긍정적 정신건강 변인 간 관계
5. 긍정적 정신건강 수준 판단 기준표
6. 청소년용 긍정적 정신건강 질문지

[부록 1] 박인조와 민경환(2005)이 마련한 한국어 감정어 434개의 목록은 다음과 같다.

번호	단어	쾌-불쾌	활성화	번호	단어	쾌-불쾌	활성화	번호	단어	쾌-불쾌	활성화
1	가뜬하다	0.51	-0.2	31	경악하다	-1.85	2.03	61	곤혹스럽다	-1.74	1.28
2	가련하다	-0.89	-0.83	32	경애하다	0.9	0.06	62	골나다	-1.75	1.25
3	가소롭다	-1.52	-0.09	33	경외하다	0.34	-0.17	63	공감하다	1.07	-0.26
4	가엾다	-1	-0.67	34	경쾌하다	1.85	1.28	64	공포	-1.68	2.02
5	가증스럽다	-2.12	1.08	35	꺼림직하다	-1.55	-0.06	65	공허하다	-1.27	-1.45
6	가책	-1.45	0.21	36	께름직하다	-1.61	-0.4	66	괘씸하다	-1.89	1.1
7	갈등하다	-1.41	0.82	37	끔찍하다	-1.87	1.45	67	괴롭다	-2.07	-0.15
8	감개	0.96	0.24	38	낙	1.39	0.08	68	교감하다	1.43	0.41
9	감개무량하다	0.97	0.83	39	낙담하다	-1.99	-0.77	69	구슬프다	-1.2	-0.26
10	감격하다	1.43	1.19	40	낙망하다	-2.07	-0.95	70	굴욕	-2.23	1.28
11	감동하다	1.45	0.47	41	낙심하다	-1.83	-0.8	71	권태롭다	-1.33	-1.19
12	감명	1.28	0.01	42	남부끄럽다	-1.34	0.39	72	귀찮다	-1.42	-0.37
13	감미롭다	1.54	-0.07	43	남부럽다	-0.63	-0.11	73	그립다	0.37	-0.82
14	감복하다	0.63	0.59	44	낭패스럽다	-0.34	0.62	74	근심걱정	-1.64	0.37

번호	단어	쾌-불쾌	활성화	번호	단어	쾌-불쾌	활성화	번호	단어	쾌-불쾌	활성화
15	감탄하다	1.11	1.03	45	낯간지럽다	0.29	0.55	75	근심하다	-1.64	-0.02
16	감흥	0.59	0.21	46	낯뜨겁다	-1.12	1.31	76	긍지	1.74	-0.15
17	감회	0.67	-0.02	47	노기	-1.54	0.8	77	기겁하다	-1.26	1.67
18	개탄하다	-1.67	1.18	48	노발대발	-1.9	2.37	78	기고만장하다	-0.5	1.52
19	거부감	-2.02	0.54	49	노심초사하다	-1.61	0.99	79	기껍다	-0.63	-0.21
20	거북하다	-1.42	0.14	50	노엽다	-1.52	1.32	80	기막히다	-1.33	0.72
21	걱정하다	-1.06	-0.06	51	노파심	-0.95	0.4	81	기쁘다	1.94	1.56
22	겁나다	-1.39	1.56	52	경탄하다	-0.01	1.35	82	기절초풍하다	-1.36	1.76
23	격노하다	-2.02	1.89	53	고깝다	-1.58	0.18	83	기죽다	-1.49	-1.06
24	격동되다	0.11	1.92	54	고뇌하다	-1.29	-0.28	84	긴장하다	-0.76	0.99
25	격분하다	-1.89	1.82	55	고독하다	-1.62	-1.53	85	꺼리다	-1.42	0.04
26	격앙하다	-1.67	1.58	56	고립감	-1.92	-0.72	86	떠름하다	-1.41	-0.39
27	격정	-0.43	1.6	57	고맙다	1.5	-0.23	87	떨떠름하다	-1.33	-0.98
28	격하다	-1.3	1.41	58	고무되다	0.73	0.16	88	떫다	-1.52	0.12
29	겸연쩍다	-0.96	-0.54	59	고민하다	-1.25	-0.71	89	떳떳하다	1.4	0.15
30	경멸하다	-2.26	1.59	60	고적하다	-0.76	-1.46	90	뜨끔하다	-1.08	0.76
91	뜨악하다	-1.41	1.46	121	들뜨다	0.98	1.24	151	사랑스럽다	2.09	0.52

번호	단어	쾌-불쾌	활성화	번호	단어	쾌-불쾌	활성화	번호	단어	쾌-불쾌	활성화
92	마땅찮다	-1.54	0.07	122	따분하다	-1.23	-1.41	152	사모하다	1.11	0.38
93	막막하다	-1.56	-0.48	123	딱하다	-1.01	-0.02	153	사무치다	-1.51	0.81
94	만족하다	1.64	-0.02	124	번뇌하다	-1.17	-0.32	154	살맛나다	1.75	1.16
95	맘놓다	0.98	-1.72	125	번민하다	-1.52	-0.53	155	멋쩍다	-0.62	-0.45
96	망설이다	-1.03	-0.19	126	보람차다	1.69	0.66	156	모멸	-2.66	1.62
97	망연자실하다	-1.84	-0.17	127	부끄럽다	-1.18	0.68	157	무감동하다	-0.83	-1.88
98	망연하다	-1.33	-0.68	128	부럽다	0	0.37	158	무덤덤하다	-0.43	-1.38
99	매료되다	1.25	0.69	129	부아	-1.72	0.88	159	무력감	-1.81	-1.89
100	매혹	0.84	0.59	130	분개하다	-1.78	1.63	160	무료하다	-1.11	-1.77
101	맥빠지다	-1.5	-1.83	131	분노하다	-2.16	2.17	161	무색하다	-1.02	-1.21
102	머쓱하다	-0.83	-0.71	132	분통	-2.07	1.51	162	무섭다	-1.42	1.39
103	노하다	-1.84	1.76	133	분하다	-1.78	1.41	163	무시무시하다	-1.46	1.16
104	놀라다	0.12	1.67	134	불만	-1.53	0.93	164	무안하다	-1.09	-0.31
105	놀랍다	0.35	1.61	135	불만족하다	-1.62	-0.01	165	뭉클하다	0.48	0.15
106	눈물겹다	-0.82	0.02	136	불쌍하다	-1.03	-0.67	166	미안하다	-1.09	-0.31
107	뉘우치다	-0.3	-0.43	137	불안하다	-1.49	0.88	167	민망하다	-1.15	0.39
108	달가워하다	0.63	-0.01	138	불쾌하다	-1.87	1.46	168	밉다	-1.75	1.04

번호	단어	쾌-불쾌	활성화	번호	단어	쾌-불쾌	활성화	번호	단어	쾌-불쾌	활성화
109	담담하다	-0.47	-1.3	139	불편하다	-1.47	0.45	169	박진감	0.94	1.41
110	답답하다	-1.8	-0.36	140	불행하다	-1.84	0.19	170	반감	-1.83	1.48
111	당혹하다	-1.06	0.9	141	비련	-1.25	-0.42	171	반갑다	1.91	1.29
112	당황하다	-0.93	0.83	142	비분강개하다	-1.2	1.67	172	반하다	0.94	0.63
113	덤덤하다	-0.06	-1.41	143	비애	-1.29	0.41	173	반항심	-1.42	1.45
114	도취하다	1.1	0.94	144	비장하다	-0.64	1.22	174	발끈하다	-1.43	1.54
115	동감하다	1.33	0.19	145	비참하다	-2.09	0.39	175	배신감	-2.27	1.72
116	동경하다	0.81	-0.27	146	비탄하다	-1.88	1.03	176	서러워하다	-1.59	0.05
117	동병상련	-0.15	-0.26	147	비통하다	-2.2	1.1	177	서럽다	-1.49	0.32
118	동요하다	-0.58	0.42	148	뼈아프다	-1.76	1.16	178	서먹하다	-1.33	-0.39
119	동정하다	-0.55	-0.78	149	뾰로통하다	-1.29	-0.25	179	서운하다	-1.16	-0.82
120	두렵다	-1.57	1.32	150	뿌듯하다	1.75	0.63	180	선뜩하다	-1.11	0.69
181	선호하다	0.83	0.38	211	샐쭉하다	-1.17	-0.63	241	안타깝다	-1.05	-0.48
182	설레다	1.21	1.26	212	샘내다	-1.25	0.98	242	암담하다	-2.21	-0.67
183	설워하다	-1.43	0.04	213	서글프다	-1.67	-0.19	243	암울하다	-2.02	-0.69
184	섬뜩하다	-1.83	1.42	214	실의	-1.69	-0.4	244	애	0.63	-0.01
185	섭섭하다	-1.53	-0.17	215	싫다	-1.76	0.76	245	애끓다	-1.06	1.33

번호	단어	쾌-불쾌	활성화	번호	단어	쾌-불쾌	활성화	번호	단어	쾌-불쾌	활성화
186	성나다	-1.67	2.1	216	싫증나다	-1.55	-0.06	246	애달프다	-1.05	0.02
187	성내다	-1.25	1.86	217	심드렁하다	-1.2	-0.68	247	애닯다	-0.86	-0.12
188	성취감	1.84	1.5	218	심란하다	-1.41	0.01	248	애도하다	-1.04	-0.68
189	소름끼치다	-1.65	1.85	219	심려하다	-1.24	-0.04	249	애련	-0.51	0.01
190	소외감	-1.84	-1	220	심심하다	-0.69	-1.34	250	애석하다	-1.33	-0.22
191	속상하다	-1.68	0.48	221	심통	-0.58	0.67	251	애수	-0.07	-0.31
192	속시원하다	1.43	0.15	222	싱숭생숭하다	-0.91	-0.63	252	울분	-1.63	1.74
193	속타다	-1.5	0.92	223	쑥스럽다	-0.56	-0.44	253	울적하다	-1.44	-1.37
194	송구하다	-0.94	-0.34	224	쓸쓸하다	-1.46	-1.2	254	울화	-2.13	1.51
195	송연하다	-0.68	-0.93	225	씁쓸하다	-1.36	-0.92	255	울화통	-2.71	1.93
196	수심	-1.41	-0.59	226	아니꼽다	-1.79	0.28	256	원망하다	-2.14	0.63
197	수치	-1.84	0.76	227	아련하다	0.03	-0.89	257	원통하다	-2.15	1.22
198	숙연하다	-0.4	-1.06	228	아리다	-0.64	-0.28	258	원한	-2.13	1.61
199	순정	1.01	-0.72	229	아쉽다	-0.93	-0.44	259	식상하다	-1.02	-0.89
200	스산하다	-1.15	-0.28	230	아슬아슬하다	-0.69	1.2	260	신경질	-1.91	1.51
201	슬프다	-1.31	-0.56	231	아연실색하다	-1.35	0.75	261	신나다	1.96	1.89
202	시기하다	-1.47	0.61	232	아연하다	-1.1	-0.76	262	신명나다	1.61	1.36

번호	단어	쾌-불쾌	활성화	번호	단어	쾌-불쾌	활성화	번호	단어	쾌-불쾌	활성화
203	시름겹다	-1.6	-0.83	233	아찔하다	-1.49	1.61	263	신물나다	-1.8	-0.07
204	시무룩하다	-1.3	-1.37	234	안달복달하다	-1.25	1.61	264	신바람나다	1.72	1.7
205	시원섭섭하다	-0.11	-0.39	235	안달하다	-1.48	0.93	265	실망하다	-1.81	-0.7
206	시큰둥하다	-1.12	-0.85	236	안도하다	0.78	-1.99	266	애잔하다	-0.56	-0.98
207	상실감	-1.71	-0.85	237	안락하다	1.41	-2.1	267	애정	1.33	0.32
208	상심하다	-1.72	-0.48	238	안심	1	-1.61	268	애증	-1.28	-0.06
209	상쾌하다	1.99	1.16	239	안쓰럽다	-1.03	-0.66	269	애지중지하다	0.82	0.44
210	상큼하다	1.61	0.32	240	안정되다	1.11	-1.69	270	애착	0.21	0.54
271	애처럽다	-0.99	-0.34	301	우습다	-0.28	0.44	331	자족하다	1.11	-0.11
272	애타다	-1.55	1.07	302	우울하다	-1.51	-1.2	332	자책하다	-1.76	0.2
273	애통하다	-1.93	0.83	303	우쭐하다	-0.54	0.27	333	재미있다	1.72	0.79
274	애틋하다	0.41	0.16	304	정답다	1.32	-0.03	334	적의	-2	0.88
275	애환	-1.01	-0.19	305	정욕	-0.28	1.91	335	적적하다	-1.06	-0.65
276	야속하다	-1.64	0.56	306	정한	-0.65	-0.21	336	전전긍긍	-1.3	0.39
277	약오르다	-1.38	1.01	307	조마조마하다	-1.04	1.28	337	절망하다	-2.09	-0.14
278	얄밉다	-1.72	0.99	308	조바심	-1.2	1.21	338	절박감	-1.73	1.28
279	어이없다	-1.11	-0.18	309	좋다	1.54	1.13	339	절절하다	-1.31	0.15

번호	단어	쾌-불쾌	활성화	번호	단어	쾌-불쾌	활성화	번호	단어	쾌-불쾌	활성화
280	어처구니없다	-1.31	0.05	310	좌절하다	-2.13	-0.3	340	정감	1.56	-0.56
281	억울하다	-2.1	0.41	311	위압감	-1.68	0.98	341	정겹다	1.56	0.02
282	언짢다	-1.5	0.13	312	위축감	-1.45	-0.33	342	측은하다	-0.93	-0.6
283	여한	-0.85	-0.37	313	위화감	-1.35	0.56	343	치떨리다	-2.2	1.62
284	역겹다	-2.33	1.13	314	유감	-1.28	0.16	344	치욕스럽다	-2.4	1.85
285	역정	-0.98	1.18	315	유쾌하다	1.58	1.37	345	친애하다	0.96	0.04
286	연모하다	0.45	0.07	316	음울하다	-1.93	-0.92	346	침울하다	-1.97	-1.15
287	연민	-0.14	-0.66	317	의기소침하다	-1.49	-1.21	347	침통하다	-2.03	0.41
288	연연하다	-1	-0.52	318	의기양양하다	0.92	1.24	348	켕기다	-1.41	0.49
289	연정	0.92	-0.37	319	의분	-0.62	0.39	349	코웃음	-1.14	-0.08
290	열광하다	1.52	2.66	320	의심	-1.67	0.3	350	쾌감	1.79	1.91
291	열등감	-2.14	0.86	321	의아하다	-0.7	0.1	351	태평스럽다	0.55	-1.55
292	열애	1.07	1.73	322	의혹	-1.28	0.51	352	토라지다	-1.3	0.36
293	열정	1.51	1.74	323	이뻐하다	1.42	0.29	353	통분	-1.48	1.51
294	염려하다	-1.24	-0.05	324	자괴	-1.73	-0.18	354	통쾌하다	1.79	1.71
295	영광스럽다	1.99	1.2	325	자긍	1.37	0.48	355	통탄하다	-2.17	1.36
296	영예롭다	1.26	0.62	326	자기혐오	-2.11	0.8	356	통한	-1.84	0.94

번호	단어	쾌-불쾌	활성화	번호	단어	쾌-불쾌	활성화	번호	단어	쾌-불쾌	활성화
297	온정	1.11	-0.91	327	사랑스럽다	1.72	0.98	357	패배감	-2.37	0.2
298	외롭다	-1.72	-1.24	328	자만심	-1.33	0.75	358	편안하다	1.4	-1.67
299	우려하다	-1.41	-0.05	329	자부하다	1.02	0.02	359	편하다	1.54	-1.3
300	우수	0.28	-0.62	330	자신만만하다	1.28	1.32	360	평안하다	1.63	-1.94
361	평온하다	1.46	-1.54	391	짜증내다	-1.94	0.88	421	후회하다	-1.55	0.06
362	평화롭다	1.62	-1.76	392	짝사랑하다	0.28	0.41	422	흐뭇하다	1.48	-0.15
363	풀죽다	-1.5	-1.31	393	찡하다	0.09	0.67	423	흠모하다	0.94	0.34
364	한	-1.65	0.67	394	착잡하다	-1.17	-1.17	424	흡족하다	1.77	0.14
365	한맺히다	-2.4	1.09	395	참담하다	-2.48	-0.74	425	흥겹다	1.72	1.5
366	한스럽다	-1.73	0.13	396	창피하다	-1.46	0.2	426	흥나다	1.5	2
367	한탄하다	-1.98	1.06	397	처량하다	-1.49	-1.19	427	흥미롭다	1.56	0.76
368	행복하다	2.16	0.7	398	처연하다	-1.15	-0.94	428	흥미진진하다	1.4	1.21
369	향수	0.99	-1.44	399	처절하다	-2.11	0.35	429	흥분	0.44	2.02
370	허망하다	-1.89	-1.13	400	처참하다	-2.36	0.5	430	흥취	0.71	1.08
371	허무하다	-1.72	-1.08	401	체념하다	-1.53	-0.85	431	희	1.21	0.61
372	허전하다	-1.09	-1.47	402	초조하다	-1.26	0.88	432	희비	-0.2	0.61
373	죄송스럽다	-1.32	-0.11	403	충족감	1.27	0.15	433	희열	1.32	1.44

번호	단어	쾌-불쾌	활성화	번호	단어	쾌-불쾌	활성화	번호	단어	쾌-불쾌	활성화
374	죄스럽다	-1.8	-0.06	404	허탈하다	-1.33	-0.8	434	희희낙락하다	0.71	0.8
375	죄의식	-1.97	0.12	405	허허롭다	-0.93	-0.94				
376	죄책감	-1.87	0.07	406	혐오하다	-2.2	1.57				
377	주눅들다	-1.7	-1.21	407	호감	1.72	1.03				
378	즐겁다	1.89	1.54	408	혼비백산하다	-1.68	1.98				
379	즐기다	1.57	1.14	409	흥가분하다	2.24	-0.74				
380	증오하다	-2.25	1.85	410	화나다	-1.83	1.91				
381	지겹다	-1.49	-0.8	411	환멸	-2.29	1.62				
382	지긋지긋하다	-1.9	0.05	412	환희	1.72	1.54				
383	지루하다	-1.36	-1.86	413	황공하다	0.25	0.57				
384	지리하다	-1.09	-0.93	414	황당하다	-0.7	0.92				
385	진노하다	-2.03	1.36	415	황송하다	0.07	0.18				
386	진저리나다	-1.93	0.67	416	황홀하다	1.72	1.14				
387	질겁하다	-1.55	1.41	417	회개	-0.09	-0.42				
388	질리다	-1.71	-0.06	418	회오	-0.37	0.1				
389	질색하다	-1.77	1.07	419	회한	-1.51	0.41				
390	질투하다	-1.42	1.25	420	후련하다	1.33	-0.39				

[부록 2] 행복과 함께 언급된 감정어의 정서 차원상의 분포

2-1. 행복

행복과 함께 언급된 심리어 100(2011-2013.06.)

	2011	빈도수	2012	빈도수	-2013. 06.	빈도수
1	기쁨	71518	기쁨	81543	희망	44483
2	불행	53654	불행	72098	기쁨	44028
3	희망	52941	희망	66162	불행	42728
4	웃음	37295	웃음	46348	웃음	28011
5	즐거움	30627	고통	39746	성공	26288
6	고통	30586	성공	37902	고통	22322
7	성공	29837	즐거움	36478	즐거움	21544
8	행운	25961	행운	29561	자유	18333
9	자유	23059	노력	28322	노력	16298
10	노력	22755	자유	27228	평화	15560
11	진심	19445	진심	26548	진심	14154
12	감동	18115	평화	23624	행운	14041
13	아픔	17676	감동	20632	감동	12527
14	평화	17619	아픔	20214	아픔	11927
15	믿음	16581	긍정적	20188	만족	11475
16	행복한 사람	16377	만족	18423	고민	10969
17	긍정적	16319	행복한 사람	16614	긍정적	9794
18	최선	14223	최선	15973	진리	9768
19	만족	13937	아름다움	15883	행복한 사람	9579
20	축복	13192	믿음	15812	최선	9427
21	아름다움	13152	열정	15059	아름다움	8997
22	열정	12200	이별	14583	걱정	8605
23	고민	11991	축복	14441	도움	8521
24	걱정	11362	스트레스	14320	축복	8275
25	이별	9927	고민	13413	열정	8185
26	스트레스	9568	걱정	13049	믿음	7967

	2011	빈도수	2012	빈도수	-2013. 06.	빈도수
27	진리	9062	공감	11592	스트레스	7389
28	절망	8777	도움	10720	반대	7300
29	소망	8672	화이팅	10579	기쁜	6956
30	좋은 책	8439	행복한 삶	10425	불안	6630
31	공감	8351	진리	10189	행복한 삶	6121
32	좋은 사람	8096	반대	10141	좋은 사람	6035
33	행복한 삶	8087	소망	9690	기적	5913
34	실패	7964	배려	9097	이별	5882
35	기쁜	7612	기쁜	9024	실패	5488
36	푸른	6977	후회	8842	공감	5457
37	후회	6911	절망	8650	응원	5342
38	배려	6898	좋은 사람	8456	소망	5102
39	기적	6849	실패	8281	절망	5036
40	분노	6470	기적	8087	후회	5023
41	외로움	6364	부정적	7936	배려	4494
42	칭찬	6248	보람	7774	화이팅	4469
43	보람	6180	평안	7692	외로움	4053
44	부정적	6129	칭찬	7664	불만	4047
45	도움	6047	응원	7645	애정	3813
46	이기적	5757	불안	7312	이기적	3713
47	애정	5377	명상	7015	보람	3699
48	소중한 사람	4988	외로움	6571	분노	3634
49	반대	4895	푸른	6432	평안	3633
50	평안	4532	분노	6366	부정적	3479
51	불안	4440	이기적	6193	기부	3448
52	갈등	4324	소중한 사람	6145	매력적	3400
53	축하	4205	전쟁	6006	칭찬	3268
54	고마움	4116	불만	5539	푸른	3227
55	좌절	3967	고마움	5512	소중한 사람	3224
56	명상	3950	애정	5303	갈등	3084
57	전쟁	3928	매력적	4987	축하	2927
58	비극	3835	축하	4701	고마움	2885

	2011	빈도수	2012	빈도수	-2013. 06.	빈도수
59	기대	3745	쾌활	4544	열정적	2846
60	질투	3623	성취	4431	비극	2660
61	성취	3508	비극	4380	명상	2582
62	근심	3293	갈등	4222	감동적	2484
63	기부	3148	좌절	3851	좌절	2467
64	불평	2971	근심	3777	성취	2418
65	불만	2875	미련	3770	근심	2374
66	존경	2792	질투	3752	이혼	2292
67	친절	2245	안전	3323	무료	2104
68	미련	2228	불평	3304	구체적	2096
69	겸손	2182	비난	3180	미련	1934
70	이혼	2134	존경	3155	불평	1819
71	경제적	2133	증오	2986	기대	1749
72	짜증	2106	주관적	2928	질투	1441
73	자비	2052	기대	2880	전쟁	1440
74	오해	2036	친절	2664	경제적	1425
75	감동적	2004	지속적	2618	존경	1409
76	증오	1915	기부	2587	현실적	1382
77	화이팅	1874	짜증	2450	장애	1314
78	무료	1830	위기	2178	짜증	1279
79	추천	1740	감동적	2165	겸손	1182
80	가득하다	1732	이혼	2104	객관적	1167
81	세계적	1711	존엄	2083	낭만	1144
82	열정적	1697	적극적	2066	오해	1112
83	평온	1483	정치적	2053	평온	1002
84	현실적	1454	평온	1956	안전	1002
85	주관적	1431	우울	1950	노출	926
86	최악	1424	가득하다	1943	자비	915
87	낭만	1352	허위사실	1943	우울	907
88	우울	1342	경제적	1925	헌신	889
89	아름다운 꽃	1254	현실적	1860	으뜸	864
90	장애	1205	블루	1807	성실	810

	2011	빈도수	2012	빈도수	-2013. 06.	빈도수
91	적극적	1162	아름답다	1683	친절	804
92	구체적	1104	실망	1622	아름다운 꽃	769
93	낙천적	1088	해피	1570	손해	769
94	존중	1039	장애	1559	불안감	749
95	자부심	1037	낭만	1494	적극적	727
96	성실	968	열정적	1487	상냥	694
97	실망	962	겸손	1455	좋아하다	687
98	일상적	958	아름다운 꽃	1378	보상	675
99	손해	954	자비	1343	일상적	670
100	비판	906	오해	1315	낙천적	667

행복과 함께 언급된 감정어(2011-2013.06.)

연도	감정어	쾌-불쾌	활성화	빈도
2011	증오하다	-2.25	1.85	1915
2011	분노하다	-2.16	2.17	6470
2011	좌절하다	-2.13	-0.3	5967
2011	절망하다	-2.09	-0.14	8777
2011	괴롭다	-2.07	-0.15	48262
2011	짜증내다	-1.94	0.88	2106
2011	불행하다	-1.84	0.19	53654
2011	실망하다	-1.81	-0.7	962
2011	외롭다	-1.72	-1.24	6364
2011	근심걱정	-1.64	0.37	3293
2011	후회하다	-1.55	0.06	6911
2011	불만	-1.53	0.93	2875
2011	우울하다	-1.51	-1.2	1342
2011	불안하다	-1.49	0.88	4440
2011	질투하다	-1.42	1.25	3623
2011	갈등하다	-1.41	0.82	4324

연도	감정어	쾌-불쾌	활성화	빈도
2011	고민하다	-1.25	-0.71	11991
2011	무료하다	-1.11	-1.77	1830
2011	걱정하다	-1.06	-0.06	11362
2011	긴장하다	-0.76	0.99	9568
2011	자부하다	1.02	0.02	1037
2011	공감하다	1.07	-0.26	8351
2011	애정	1.33	0.32	5377
2011	감동하다	1.45	0.47	20119
2011	평온하다	1.46	-1.54	1483
2011	열정	1.51	1.74	13897
2011	평화롭다	1.62	-1.76	17619
2011	평안하다	1.63	-1.94	4532
2011	만족하다	1.64	-0.02	13937
2011	보람차다	1.69	0.66	6180
2011	성취감	1.84	1.5	3508
2011	즐겁다	1.89	1.54	30627
2011	기쁘다	1.94	1.56	116425
2011	행복하다	2.16	0.7	24464
2012	증오하다	-2.25	1.85	2986
2012	분노하다	-2.16	2.17	6366
2012	좌절하다	-2.13	-0.3	3851
2012	절망하다	-2.09	-0.14	8650
2012	괴롭다	-2.07	-0.15	59960
2012	짜증내다	-1.94	0.88	2450
2012	불행하다	-1.84	0.19	72098
2012	실망하다	-1.81	-0.7	1622
2012	외롭다	-1.72	-1.24	6571
2012	근심걱정	-1.64	0.37	3777
2012	후회하다	-1.55	0.06	8842
2012	불만	-1.53	0.93	5539
2012	우울하다	-1.51	-1.2	1950
2012	불안하다	-1.49	0.88	7312

연도	감정어	쾌-불쾌	활성화	빈도
2012	질투하다	-1.42	1.25	3752
2012	갈등하다	-1.41	0.82	4222
2012	고민하다	-1.25	-0.71	13413
2012	걱정하다	-1.06	-0.06	13049
2012	긴장하다	-0.76	0.99	14320
2012	공감하다	1.07	-0.26	11592
2012	애정	1.33	0.32	5303
2012	감동하다	1.45	0.47	22797
2012	평온하다	1.46	-1.54	1956
2012	열정	1.51	1.74	16546
2012	유쾌하다	1.58	1.37	4544
2012	평화롭다	1.62	-1.76	23624
2012	평안하다	1.63	-1.94	7692
2012	만족하다	1.64	-0.02	18423
2012	보람차다	1.69	0.66	7774
2012	성취감	1.84	1.5	4431
2012	즐겁다	1.89	1.54	36478
2012	기쁘다	1.94	1.56	136915
2012	행복하다	2.16	0.7	27039
2013	분노하다	-2.16	2.17	3634
2013	좌절하다	-2.13	-0.3	2467
2013	절망하다	-2.09	-0.14	5036
2013	괴롭다	-2.07	-0.15	34249
2013	짜증내다	-1.94	0.88	1279
2013	불행하다	-1.84	0.19	42728
2013	외롭다	-1.72	-1.24	4053
2013	근심걱정	-1.64	0.37	2374
2013	후회하다	-1.55	0.06	5023
2013	불만	-1.53	0.93	4047
2013	우울하다	-1.51	-1.2	907
2013	불안하다	-1.49	0.88	7379
2013	질투하다	-1.42	1.25	1441

연도	감정어	쾌-불쾌	활성화	빈도
2013	갈등하다	-1.41	0.82	3084
2013	고민하다	-1.25	-0.71	10969
2013	무료하다	-1.11	-1.77	2104
2013	걱정하다	-1.06	-0.06	8605
2013	긴장하다	-0.76	0.99	7389
2013	공감하다	1.07	-0.26	5457
2013	정답다	1.32	-0.03	694
2013	애정	1.33	0.32	3813
2013	감동하다	1.45	0.47	15011
2013	평온하다	1.46	-1.54	1002
2013	열정	1.51	1.74	11031
2013	좋다	1.54	1.13	687
2013	평화롭다	1.62	-1.76	15560
2013	평안하다	1.63	-1.94	3633
2013	만족하다	1.64	-0.02	11475
2013	보람차다	1.69	0.66	3699
2013	성취감	1.84	1.5	2418
2013	즐겁다	1.89	1.54	21544
2013	기쁘다	1.94	1.56	78995
2013	행복하다	2.16	0.7	15700

2-2. 정신건강

정신건강과 함께 언급된 심리어 100(2011-2013.06.)

	2011	빈도	2012	빈도	- 2013. 06.	빈도
1	도움	7459	스트레스	8709	스트레스	4861
2	스트레스	7008	도움	7681	도움	4224
3	불안	2365	불안	2950	불안	1544
4	긍정적	1531	긍정적	2506	긍정적	974
5	부작용	1369	효과적	984	지속적	636
6	장애	982	부작용	857	효과적	633

	2011	빈도	2012	빈도	- 2013. 06.	빈도
7	효과적	962	적극적	815	구체적	605
8	행복	764	스트레스해소	790	희망	534
9	규칙적	632	지속적	775	글래머	532
10	희망	601	괴담	770	명상	503
11	부정적	573	명상	721	부정적	465
12	웃음	535	위험	698	분노	462
13	우울	490	장애	676	행복	425
14	위험	477	정상적	659	부작용	419
15	고통	472	규칙적	653	위험	417
16	지속적	468	고통	640	우울	389
17	진심	465	행복	608	노력	384
18	욕	465	부정적	595	적극적	366
19	적극적	454	우울	591	규칙적	363
20	명상	439	나쁘다	573	장애	351
21	분노	418	희망	564	불안감	329
22	정상적	401	피해	518	고통	328
23	갈등	400	분노	496	고민	327
24	기대	368	불안감	493	악영향	310
25	무료	351	욕	491	나쁘다	282
26	긴장	333	충격	483	짜증	266
27	노력	332	기대	457	정상적	253
28	나쁘다	319	피로	448	보상	237
29	짜증	302	멘붕	438	스트레스해소	234
30	피로	296	왕따	380	진심	229
31	대표적	277	악영향	368	갈등	226
32	악영향	268	노력	367	기대	218
33	구체적	265	진심	367	증가	188
34	고민	264	증가	352	피로	185
35	안전	242	무료	324	즐거움	178
36	정전	241	걱정	322	긴장	175
37	행복한삶	228	부족	309	충동	172
38	걱정	223	긴장	306	충격	156

	2011	빈도	2012	빈도	- 2013. 06.	빈도
39	아픔	220	짜증	302	최선	155
40	이혼	219	즐거움	295	응원	155
41	불법	217	인터넷중독	273	후유증	154
42	후유증	212	비판	269	이혼	154
43	불안감	211	고민	268	오해	145
44	스트레스해소	203	반대	266	걱정	143
45	충격	189	갈등	260	욕	143
46	기적	169	칭찬	252	심각	134
47	치명적	167	이혼	233	웃음	129
48	최선	165	전망	231	무료	128
49	체계적	164	발암물질	229	자연적	126
50	부담	161	대표적	228	피해	120
51	존경	153	공감	213	대표적	119
52	전망	144	공포	213	왕따	119
53	객관적	142	안전	212	행복한삶	116
54	과학적	138	난동	208	외로움	111
55	심리학적	132	폭행	206	체계적	109
56	공포	131	과학적	203	안전	108
57	강추	125	최선	197	경제적	98
58	보상	125	선정적	194	손상	94
59	반대	124	불만	192	아픔	93
60	포괄적	124	오류	190	치명적	92
61	연두색	123	기쁨	190	멘붕	92
62	충동	120	구체적	185	세계적	91
63	증가	116	치명적	185	기적	88
64	소중한사람	115	후유증	184	과학적	85
65	좌절	114	멘탈붕괴	164	후회	85
66	현실적	109	손상	161	만족	82
67	효율적	109	웃음	160	일상적	80
68	취하다	106	체계적	158	충동적	80
69	만족	105	일상적	157	공격적	79
70	문화적	105	행복한삶	146	부족	78

	2011	빈도	2012	빈도	- 2013. 06.	빈도
71	근심	102	정전	140	불만	73
72	배려	102	욕설	139	좌절	72
73	즐거움	101	불법	135	공포	71
74	오류	100	외로움	135	공감	70
75	안구정화	100	오해	131	욕설	69
76	애정	100	충동	120	폭행	66
77	기쁨	95	부담	118	애정	65
78	후회	94	좌절	117	반대	64
79	인터넷중독	93	근심	112	정전	64
80	합리적	93	경제적	111	꼴값	63
81	하늘색	91	급증	109	부담	59
82	경제적	91	충동적	106	좋은사람	58
83	평화	90	좋은사람	101	특별	58
84	불만	90	기소청탁	101	조기발견	55
85	핑크	89	객관적	96	손해	51
86	성공적	88	기적	94	인터넷중독	51
87	외로움	86	비효율적	94	비극	50
88	불행	83	성공적	89	배려	48
89	최악	82	위협	89	포괄적	48
90	폭행	81	성공	88	위협	48
91	공격적	79	세계적	87	최악	47
92	좋은사람	77	아픔	84	연두색	47
93	푸른	76	공격적	81	취하다	47
94	충동적	74	조기발견	81	하늘색	46
95	위협	73	그레이	79	불가능	46
96	감탄	71	화이트	74	포옹	46
97	발암물질	70	불평	74	근심	45
98	칭찬	68	논리적	72	성공	44
99	조기발견	67	진보적	72	독소	43
100	세계최초	66	화이팅	71	의도적	42

정신건강과 함께 언급된 감정단어(2011-2013.06.)

연도	감정	쾌-불쾌	저-고활성화	빈도
2011	분노하다	-2.16	2.17	418
2011	좌절하다	-2.13	-0.3	114
2011	괴롭다	-2.07	-0.15	692
2011	짜증내다	-1.94	0.88	302
2011	경악하다	-1.85	2.03	189
2011	불행하다	-1.84	0.19	83
2011	외롭다	-1.72	-1.24	86
2011	공포	-1.68	2.02	131
2011	근심걱정	-1.64	0.37	102
2011	후회하다	-1.55	0.06	94
2011	불만	-1.53	0.93	90
2011	우울하다	-1.51	-1.2	490
2011	불안하다	-1.49	0.88	2576
2011	거북하다	-1.42	0.14	161
2011	갈등하다	-1.41	0.82	400
2011	고민하다	-1.25	-0.71	264
2011	무료하다	-1.11	-1.77	351
2011	걱정하다	-1.06	-0.06	223
2011	긴장하다	-0.76	0.99	7341
2011	아슬아슬하다	-0.69	1.2	477
2011	감탄하다	1.11	1.03	71
2011	애정	1.33	0.32	100
2011	평화롭다	1.62	-1.76	90
2011	만족하다	1.64	-0.02	105
2011	즐겁다	1.89	1.54	101
2011	기쁘다	1.94	1.56	630
2011	행복하다	2.16	0.7	992
2012	분노하다	-2.16	2.17	496
2012	좌절하다	-2.13	-0.3	117
2012	괴롭다	-2.07	-0.15	724
2012	짜증내다	-1.94	0.88	302

연도	감정	쾌-불쾌	저-고활성화	빈도
2012	경악하다	-1.85	2.03	483
2012	망연자실하다	-1.84	-0.17	602
2012	외롭다	-1.72	-1.24	135
2012	공포	-1.68	2.02	213
2012	근심걱정	-1.64	0.37	112
2012	불만	-1.53	0.93	192
2012	우울하다	-1.51	-1.2	591
2012	불안하다	-1.49	0.88	3443
2012	거북하다	-1.42	0.14	128
2012	갈등하다	-1.41	0.82	260
2012	고민하다	-1.25	-0.71	268
2012	무료하다	-1.11	-1.77	324
2012	걱정하다	-1.06	-0.06	322
2012	긴장하다	-0.76	0.99	9015
2012	아슬아슬하다	-0.69	1.2	698
2012	공감하다	1.07	-0.26	213
2012	즐겁다	1.89	1.54	295
2012	기쁘다	1.94	1.56	350
2012	행복하다	2.16	0.7	754
2013	분노하다	-2.16	2.17	462
2013	좌절하다	-2.13	-0.3	72
2013	괴롭다	-2.07	-0.15	421
2013	짜증내다	-1.94	0.88	266
2013	경악하다	-1.85	2.03	156
2013	망연자실하다	-1.84	-0.17	92
2013	외롭다	-1.72	-1.24	111
2013	공포	-1.68	2.02	71
2013	근심걱정	-1.64	0.37	45
2013	후회하다	-1.55	0.06	85
2013	불만	-1.53	0.93	73
2013	우울하다	-1.51	-1.2	389
2013	불안하다	-1.49	0.88	1873

연도	감정	쾌-불쾌	저-고활성화	빈도
2013	거북하다	-1.42	0.14	59
2013	갈등하다	-1.41	0.82	226
2013	고민하다	-1.25	-0.71	327
2013	무료하다	-1.11	-1.77	128
2013	걱정하다	-1.06	-0.06	143
2013	긴장하다	-0.76	0.99	5036
2013	아슬아슬하다	-0.69	1.2	417
2013	공감하다	1.07	-0.26	70
2013	애정	1.33	0.32	65
2013	만족하다	1.64	-0.02	82
2013	즐겁다	1.89	1.54	178
2013	기쁘다	1.94	1.56	129
2013	행복하다	2.16	0.7	541

2-3. 정신질환

정신질환과 함께 언급된 심리어 100(2011-2013.06.)

	2011	빈도	2012	빈도	- 2013. 06.	빈도
1	스트레스	2743	스트레스	3345	스트레스	1478
2	불안	2161	불안	2435	불안	995
3	정상적	1251	정상적	1019	도움	570
4	장애	1089	고통	960	장애	515
5	고통	716	장애	941	정상적	414
6	도움	696	도움	918	고통	361
7	위험	689	위험	740	위험	323
8	부작용	641	부작용	620	부작용	304
9	효과적	526	폭행	521	충격	219
10	공포	504	지속적	470	긴장	182
11	지속적	429	피해	446	세계적	179
12	분노	415	이혼	408	피로	162

	2011	빈도	2012	빈도	- 2013. 06.	빈도
13	충격	306	충격	368	대표적	162
14	폭행	297	세계적	329	이혼	158
15	명상	292	공포	309	지속적	156
16	기쁜	238	구체적	290	인터넷중독	148
17	손상	229	미련	285	효과적	147
18	긴장	223	노력	279	혐의	142
19	불안감	215	충격적	268	희망	139
20	이혼	211	부정적	259	부족	137
21	자연적	206	대표적	251	공포	132
22	증가	205	부족	243	반사회적	129
23	금지	187	효과적	241	부정적	127
24	우울	178	희망	236	만장일치	127
25	대표적	177	전망	224	후유증	110
26	혐의	173	우울	223	과학적	105
27	부정적	170	분노	223	우울	104
28	갈등	162	치명적	209	분노	99
29	긍정적	160	혐의	208	악영향	96
30	후유증	144	손상	200	혐오	94
31	푸른	139	긍정적	193	비판	90
32	적극적	123	후유증	189	증가	85
33	부족	119	기쁜	186	불안감	82
34	희망	115	짝퉁	184	폭행	82
35	체계적	111	혁신적	182	피해	79
36	구체적	108	피로	180	긍정적	78
37	불법	106	갈등	178	적극적	76
38	비극	105	공감	173	치명적	75
39	피해	104	불안감	170	짜증	74
40	고민	102	긴장	170	왕따	72
41	반짝반짝	101	충동	168	안전	70
42	반대	100	성폭행범	157	갈등	70
43	행복	95	증가	137	손상	65
44	화제	94	명상	136	보상	63

	2011	빈도	2012	빈도	- 2013. 06.	빈도
45	노력	91	급증	126	행복	62
46	과학적	91	안전	112	불화	60
47	보상	89	적극적	105	아픔	60
48	의심	87	빨갱이	103	노력	59
49	객관적	83	경제적	102	규칙적	58
50	규칙적	80	경멸	101	걱정	57
51	피로	80	성공	96	명상	56
52	공격적	77	왕따	95	구체적	55
53	웃음	76	푸른	94	자유	53
54	불만	76	반대	93	웃음	46
55	충격적	75	규칙적	91	허약	43
56	혼란	73	과학적	89	성공적	43
57	포괄적	70	반짝반짝	87	약물중독	42
58	치명적	67	화제	87	경멸	42
59	충동	67	충동적	87	오해	42
60	충동적	65	우려	86	경제적	42
61	최선	64	루머	86	충동	41
62	걱정	64	상실	84	전쟁	41
63	우려	63	오해	78	비극	39
64	실패	60	폭언	77	반대	39
65	상실	59	위협	74	멘붕	38
66	경제적	58	일상적	73	폭력적	35
67	호전	58	행복	72	의심	35
68	무료	57	보상	71	국제적	32
69	효율적	57	웃음	68	위협	31
70	악영향	57	외로움	68	위기	31
71	짜증	54	공격적	67	발암물질	30
72	주관적	53	비극	67	부정선거	29
73	전통적	52	걱정	66	성공	27
74	성공	50	의심	65	상실	26
75	일상적	50	호전	65	호전	26
76	약물중독	50	폭력적	64	조기발견	26

	2011	빈도	2012	빈도	- 2013. 06.	빈도
77	특징적	49	게임중독	64	체계적	26
78	망신	49	짜증	63	행복한 삶	25
79	마음안정	48	평화	59	경악	25
80	즐거움	47	불만	59	최적	25
81	좌절	47	화이팅	59	충격적	24
82	계획적	46	파괴	58	독립적	24
83	스트레스해소	42	인터넷중독	58	일상적	23
84	전쟁	41	전쟁	56	혼란	23
85	믿음	41	체계적	53	기쁨	23
86	애정	41	획기적	52	객관적	23
87	살인미수	41	세계최초	50	세계최초	23
88	황당	40	진심	50	현실적	23
89	위기	40	약물중독	49	즐거움	23
90	비판	40	객관적	47	빨갱이	23
91	못생긴	37	불행	45	좌절	22
92	루머	37	좌절	45	충동적	22
93	현실적	36	행복한삶	45	불륜	22
94	폭력적	36	악영향	44	불만	22
95	위협	36	고민	44	불법	21
96	부담	35	현실적	44	복역	21
97	악성루머	35	스트레스해소	44	소극적	20
98	사기혐의	35	믿음	43	배려	19
99	합리적	34	납치	41	믿음	19
100	성공적	31	난동	41	가짜	18

정신질환과 함께 언급된 감정단어(2011-2013.06.)

연도	감정	쾌-불쾌	저-고활성화	빈도
2011	분노하다	-2.16	2.17	415
2011	좌절하다	-2.13	-0.3	47

연도	감정	쾌-불쾌	저-고활성화	빈도
2011	괴롭다	-2.07	-0.15	716
2011	짜증내다	-1.94	0.88	54
2011	경악하다	-1.85	2.03	306
2011	수치	-1.84	0.76	49
2011	상실감	-1.71	-0.85	59
2011	공포	-1.68	2.02	504
2011	의심	-1.67	0.3	87
2011	불만	-1.53	0.93	76
2011	우울하다	-1.51	-1.2	178
2011	불안하다	-1.49	0.88	2376
2011	거북하다	-1.42	0.14	35
2011	우려하다	-1.41	-0.05	63
2011	갈등하다	-1.41	0.82	162
2011	고민하다	-1.25	-0.71	102
2011	무료하다	-1.11	-1.77	57
2011	걱정하다	-1.06	-0.06	64
2011	긴장하다	-0.76	0.99	2966
2011	황당하다	-0.7	0.92	40
2011	아슬아슬하다	-0.69	1.2	689
2011	애정	1.33	0.32	41
2011	편안하다	1.4	-1.67	48
2011	즐겁다	1.89	1.54	47
2011	기쁘다	1.94	1.56	314
2011	행복하다	2.16	0.7	95
2012	경멸하다	-2.26	1.59	101
2012	분노하다	-2.16	2.17	223
2012	좌절하다	-2.13	-0.3	45
2012	괴롭다	-2.07	-0.15	960
2012	짜증내다	-1.94	0.88	63
2012	경악하다	-1.85	2.03	368
2012	불행하다	-1.84	0.19	45
2012	외롭다	-1.72	-1.24	68

연도	감정	쾌-불쾌	저-고활성화	빈도
2012	상실감	-1.71	-0.85	84
2012	공포	-1.68	2.02	309
2012	의심	-1.67	0.3	65
2012	불만	-1.53	0.93	59
2012	우울하다	-1.51	-1.2	223
2012	불안하다	-1.49	0.88	2605
2012	우려하다	-1.41	-0.05	86
2012	갈등하다	-1.41	0.82	178
2012	고민하다	-1.25	-0.71	44
2012	걱정하다	-1.06	-0.06	66
2012	긴장하다	-0.76	0.99	3515
2012	아슬아슬하다	-0.69	1.2	740
2012	공감하다	1.07	-0.26	173
2012	평화롭다	1.62	-1.76	59
2012	기쁘다	1.94	1.56	254
2012	행복하다	2.16	0.7	117
2013	경멸하다	-2.26	1.59	42
2013	혐오하다	-2.2	1.57	94
2013	분노하다	-2.16	2.17	99
2013	좌절하다	-2.13	-0.3	22
2013	괴롭다	-2.07	-0.15	421
2013	짜증내다	-1.94	0.88	74
2013	경악하다	-1.85	2.03	244
2013	망연자실하다	-1.84	-0.17	38
2013	상실감	-1.71	-0.85	26
2013	공포	-1.68	2.02	132
2013	의심	-1.67	0.3	35
2013	불만	-1.53	0.93	22
2013	우울하다	-1.51	-1.2	104
2013	불안하다	-1.49	0.88	1077
2013	갈등하다	-1.41	0.82	70
2013	걱정하다	-1.06	-0.06	57

연도	감정	쾌-불쾌	저-고활성화	빈도
2013	긴장하다	-0.76	0.99	1660
2013	아슬아슬하다	-0.69	1.2	323
2013	즐겁다	1.89	1.54	23
2013	기쁘다	1.94	1.56	69
2013	행복하다	2.16	0.7	87
2013	애정	1.33	0.32	65
2013	만족하다	1.64	-0.02	82
2013	즐겁다	1.89	1.54	178
2013	기쁘다	1.94	1.56	129
2013	행복하다	2.16	0.7	541

2-4. 정신장애

정신장애와 함께 언급된 심리어 100(2011-2013.06.)

	2011	빈도	2012	빈도	- 2013. 06.	빈도
1	장애	1612	장애	1462	장애	720
2	불안	1146	폭행	1279	스트레스	536
3	스트레스	719	불안	1047	불안	515
4	지속적	367	스트레스	885	고통	204
5	도움	354	혐의	443	세계적	169
6	정상적	346	고통	433	공감	153
7	고통	325	지속적	235	부작용	130
8	충격	295	충격	213	폭행	103
9	부작용	262	정상적	197	지속적	100
10	손상	233	부작용	196	이혼	97
11	폭행	201	위험	189	위험	96
12	위험	187	도움	187	도움	88
13	희망	180	납치	183	갈등	83
14	갈등	153	반발	162	정상적	76
15	증가	149	불행	157	분노	67

	2011	빈도	2012	빈도	- 2013. 06.	빈도
16	이혼	135	자유	149	충격	66
17	우울	129	후유증	146	후유증	65
18	대표적	122	스캔들	129	공포	62
19	부정적	104	손상	113	약물중독	61
20	효과적	82	우울	104	노력	58
21	구체적	82	이혼	102	명상	57
22	후유증	82	공포	95	손상	54
23	검정	74	구체적	93	대표적	52
24	상실	69	증가	90	빨갱이	48
25	적극적	66	희망	89	효과적	47
26	공포	65	효과적	84	희망	46
27	체계적	61	과학적	79	불안감	43
28	특징적	55	부정적	69	긍정적	42
29	충동	52	살인미수	66	우승자	41
30	분노	51	분노	65	혐의	41
31	노력	49	대표적	64	치명적	41
32	부족	48	성폭행범	64	증가	39
33	혼란	43	노력	60	우울	37
34	규칙적	42	갈등	59	적극적	35
35	우려	41	적극적	54	충동적	33
36	행복	36	성매매	54	의심	32
37	일상적	35	검정	54	긴장	32
38	불법	33	피로	52	우려	32
39	피로	31	피해	47	구체적	31
40	위기	30	긍정적	47	왕따	30
41	불만	30	걱정	43	기대	30
42	좌절	29	불안감	41	경제적	30
43	욕설	29	특징적	40	부정적	28
44	아픔	27	갈색	37	다행이다	28
45	긍정적	27	가짜	36	신선한공기	26
46	독소	27	부담	35	피해	26
47	긴장	27	우려	33	우승	25

	2011	빈도	2012	빈도	- 2013. 06.	빈도
48	위협	27	치명적	32	화제	24
49	경제적	26	아픔	32	성공	22
50	악영향	26	오해	32	혼란	22
51	혐의	25	행복	30	편안한휴식	22
52	최선	25	기대	30	행복	22
53	불안감	25	체계적	30	공격적	21
54	포괄적	25	공격적	30	비난	20
55	치명적	25	긴장	30	현실적	20
56	오해	25	의심	30	이별	19
57	전통적	24	충동	29	독립적	19
58	현실적	23	성공	29	안전	19
59	주관적	23	주관적	28	위협	18
60	피해	23	도발적	26	실패	18
61	불량	22	안전	25	납치	18
62	성공	22	실패	25	비극	17
63	공격적	22	노출	25	상실	17
64	의심	22	혼란	24	충동	17
65	짜증	22	불만	22	위기	17
66	걱정	21	경제적	22	불행	17
67	노출	21	폐해	22	침체	16
68	충격적	20	상실	22	기분전환	16
69	비난	20	세계적	21	폭발적	15
70	부담	19	현실적	21	체포	14
71	객관적	18	반대	21	폐해	14
72	비현실적	18	흰색	19	비판	13
73	기능적	18	대중적	19	포괄적	13
74	충동적	18	간접적	19	특징적	13
75	성공적	17	심리학적	19	걱정	13
76	약물중독	17	비이성적	18	피로	13
77	권장	16	일상적	18	폭력적	13
78	자연적	16	진심	18	질투	12
79	질투	16	인터넷중독	17	웃음	12

	2011	빈도	2012	빈도	- 2013. 06.	빈도
80	불륜	15	보상	17	낙담	12
81	무료	15	음주운전	17	체중증가	12
82	진심	15	애정	17	조기발견	12
83	비판	15	짜증	16	체계적	12
84	실제적	15	전망	16	소망	12
85	급증	14	위협	16	진심	12
86	즐거움	14	위기	15	가짜	11
87	전망	14	비현실적	15	배려	11
88	호전	14	남용	15	즐거움	11
89	보상	13	믿음	15	자유	10
90	응원	13	안정적	14	불만	10
91	나쁘다	13	독립적	14	무기력	10
92	문화적	13	충격적	14	보상	10
93	연두	13	최선	14	불량	10
94	과학적	12	약물중독	14	최선	10
95	체중증가	12	비극	13	불법	10
96	애정	12	난동	13	충격적	9
97	행복한삶	12	호전	13	전통적	8
98	비합리적	12	자연적	12	반대	8
99	절제	12	문화적	12	막장	8
100	납치	12	비난	12	절망	8

정신장애와 함께 언급된 감정단어(2011-2013.06.)

연도	감정	쾌-불쾌	저-고활성화	빈도
2011	갈등하다	-1.41	0.82	153
2011	거북하다	-1.42	0.14	19
2011	걱정하다	-1.06	-0.06	21
2011	경악하다	-1.85	2.03	295
2011	공포	-1.68	2.02	65

연도	감정	쾌-불쾌	저-고활성화	빈도
2011	괴롭다	-2.07	-0.15	352
2011	긴장하다	-0.76	0.99	746
2011	무료하다	-1.11	-1.77	15
2011	분노하다	-2.16	2.17	51
2011	불만	-1.53	0.93	30
2011	불안하다	-1.49	0.88	1171
2011	상실감	-1.71	-0.85	69
2011	아슬아슬하다	-0.69	1.2	187
2011	애정	1.33	0.32	12
2011	우려하다	-1.41	-0.05	41
2011	우울하다	-1.51	-1.2	129
2011	의심	-1.67	0.3	22
2011	좌절하다	-2.13	-0.3	29
2011	즐겁다	1.89	1.54	14
2011	질투하다	-1.42	1.25	16
2011	짜증내다	-1.94	0.88	22
2011	행복하다	2.16	0.7	48
2012	갈등하다	-1.41	0.82	59
2012	거북하다	-1.42	0.14	35
2012	걱정하다	-1.06	-0.06	43
2012	경악하다	-1.85	2.03	213
2012	공포	-1.68	2.02	95
2012	괴롭다	-2.07	-0.15	465
2012	긴장하다	-0.76	0.99	915
2012	매혹	0.84	0.59	26
2012	분노하다	-2.16	2.17	65
2012	불만	-1.53	0.93	22
2012	불안하다	-1.49	0.88	1088
2012	불행하다	-1.84	0.19	157
2012	상실감	-1.71	-0.85	22
2012	아슬아슬하다	-0.69	1.2	189
2012	안정되다	1.11	-1.69	14

연도	감정	쾌-불쾌	저-고활성화	빈도
2012	애정	1.33	0.32	17
2012	우려하다	-1.41	-0.05	33
2012	우울하다	-1.51	-1.2	104
2012	의심	-1.67	0.3	30
2012	짜증내다	-1.94	0.88	16
2012	행복하다	2.16	0.7	30
2013	갈등하다	-1.41	0.82	83
2013	걱정하다	-1.06	-0.06	13
2013	경악하다	-1.85	2.03	66
2013	공감하다	1.07	-0.26	153
2013	공포	-1.68	2.02	62
2013	괴롭다	-2.07	-0.15	204
2013	기쁘다	1.94	1.56	12
2013	긴장하다	-0.76	0.99	568
2013	낙담하다	-1.99	-0.77	12
2013	무력감	-1.81	-1.89	10
2013	분노하다	-2.16	2.17	67
2013	불만	-1.53	0.93	10
2013	불안하다	-1.49	0.88	558
2013	불행하다	-1.84	0.19	17
2013	상실감	-1.71	-0.85	17
2013	아슬아슬하다	-0.69	1.2	96
2013	안도하다	0.78	-1.99	28
2013	우려하다	-1.41	-0.05	32
2013	우울하다	-1.51	-1.2	37
2013	의심	-1.67	0.3	32
2013	절망하다	-2.09	-0.14	8
2013	즐겁다	1.89	1.54	11
2013	질투하다	-1.42	1.25	12
2013	편안하다	1.4	-1.67	22
2013	행복하다	2.16	0.7	22

2-5. 부적응

부적응과 함께 언급된 심리어 100(2011-2013.06.)

	2011	빈도	2012	빈도	- 2013. 06.	빈도
1	갈등	512	불안	275	스트레스	166
2	불안	505	스트레스	264	불안	132
3	장애	447	장애	162	왕따	117
4	스트레스	431	갈등	158	장애	69
5	죄송하다	241	도움	151	갈등	58
6	부정적	232	왕따	115	긍정적	50
7	고통	171	지속적	105	부정적	47
8	비인간적	153	부정적	92	도움	47
9	지속적	153	욕설	80	지속적	44
10	도움	153	긍정적	75	고통	44
11	경제적	141	질책	74	기대	29
12	긍정적	118	내성적	74	위기	28
13	정상적	115	고통	73	우울	27
14	이혼	106	우울	67	적극적	26
15	우울	93	피해	63	열풍	21
16	효과적	90	분노	59	공격적	20
17	심리학적	88	노력	49	노력	20
18	구체적	87	우려	46	효과적	19
19	노력	87	자만	45	희망	18
20	증가	80	공포	43	고민	18
21	긴장	59	위기	41	이혼	17
22	적극적	55	적극적	39	외로움	16
23	효율적	52	효과적	38	정상적	16
24	혼란	52	부족	36	부담	15
25	체계적	52	위험	36	구체적	14
26	과학적	51	구체적	33	분노	14
27	기대	50	희망	32	비교육적	13
28	대표적	50	정상적	31	소외	13
29	고민	49	합리적	29	부족	13
30	충동	49	인터넷중독	29	좌절	12

	2011	빈도	2012	빈도	- 2013. 06.	빈도
31	현실적	47	불안감	29	대표적	12
32	손상	45	손상	28	증가	11
33	부족	45	충격	26	경제적	11
34	위험	45	기대	26	실패	10
35	실패	43	증가	25	부작용	10
36	폭행	40	현실적	25	현실적	10
37	주관적	38	체계적	24	위험	9
38	찌질이	38	반대	23	낭만적	8
39	위기	36	부작용	23	긴장	8
40	소외	36	이혼	22	반대	8
41	왕따	36	혼란	22	일상적	8
42	전통적	35	좌절	22	충격	8
43	비판	35	오해	21	주관적	8
44	성공적	33	걱정	20	합리적	8
45	안전	32	심리학적	20	불안감	7
46	분노	30	부담	18	최악	6
47	합리적	29	만족	18	비합리적	6
48	충격	27	폭력적	18	인터넷중독	6
49	자유	27	행복	17	문화적	6
50	불만	27	실패	17	행복	6
51	공격적	25	주관적	17	우려	6
52	비난	25	경제적	17	비현실적	6
53	부작용	23	고요	16	화제	6
54	문화적	23	고민	16	아픔	6
55	보상	22	추천	15	성취	5
56	상실	22	긴장	15	기부	5
57	반대	21	객관적	15	게임중독	5
58	행복	20	상실	14	피로	5
59	객관적	19	애정	14	걱정	5
60	인터넷중독	19	문화적	14	호감	4
61	획기적	19	불화	13	배려	4
62	화제	18	폭언	13	피해	4

	2011	빈도	2012	빈도	- 2013. 06.	빈도
63	자연적	18	즐거움	12	활약	4
64	만족	18	효율적	12	의존적	4
65	무료	17	과학적	12	최선	4
66	불안감	17	아픔	11	소극적	4
67	배려	17	안전	11	자유	4
68	공포	17	일상적	11	객관적	4
69	성취	16	대표적	11	성공적	4
70	좌절	16	부진	10	반사회적	3
71	경기침체	16	최악	10	충동적	3
72	비관적	15	불행	10	웃음	3
73	실제적	15	위협	10	어색하다	3
74	거절	15	배려	10	감동	3
75	희망	14	폭행	10	민폐	2
76	우려	14	성공적	10	까칠	2
77	위협	14	비현실적	10	체계적	2
78	무기력	14	비합리적	10	새로운희망	2
79	불화	14	불량	9	호전	2
80	파멸	14	감동	9	경청	2
81	공감	14	중도탈락	8	새로운시작	2
82	상위권	13	전망	8	불행	2
83	걱정	13	소외	7	공포	2
84	피해	13	폐해	7	곤란	2
85	실망	13	비난	7	보람	2
86	게임중독	12	비관적	7	낭만	2
87	비합리적	12	무기력	7	고충	2
88	곤란	12	잔인하다	7	낭비	2
89	소극적	11	보상	6	의심	2
90	의심	11	불만	6	혼란	2
91	허실	11	성공	6	존경	2
92	열정	10	짜증	6	애정	2
93	포괄적	10	외로움	6	절망	2
94	유명	10	복역	6	일률적	2

	2011	빈도	2012	빈도	- 2013. 06.	빈도
95	약물중독	10	자연적	6	이별	2
96	비폭력적	9	폭발적	6	짜증	2
97	최선	9	증오	5	기쁨	2
98	중도탈락	9	허실	4	간접적	2
99	개드립	8	곤란	4	수동적	2
100	악영향	8	성취	4	만족	2

부적응과 함께 언급된 감정단어(2011-2013.06.)

연도	감정	쾌-불쾌	저-고활성화	빈도
2011	분노하다	-2.16	2.17	30
2011	좌절하다	-2.13	-0.3	16
2011	괴롭다	-2.07	-0.15	171
2011	거부감	-2.02	0.54	15
2011	경악하다	-1.85	2.03	27
2011	소외감	-1.84	-1	36
2011	무력감	-1.81	-1.89	14
2011	실망하다	-1.81	-0.7	13
2011	상실감	-1.71	-0.85	22
2011	공포	-1.68	2.02	17
2011	의심	-1.67	0.3	11
2011	불만	-1.53	0.93	27
2011	우울하다	-1.51	-1.2	93
2011	불안하다	-1.49	0.88	522
2011	우려하다	-1.41	-0.05	14
2011	갈등하다	-1.41	0.82	512
2011	죄송스럽다	-1.32	-0.11	241
2011	고민하다	-1.25	-0.71	49
2011	무료하다	-1.11	-1.77	17

연도	감정	쾌-불쾌	저-고활성화	빈도
2011	걱정하다	-1.06	-0.06	13
2011	긴장하다	-0.76	0.99	490
2011	아슬아슬하다	-0.69	1.2	45
2011	공감하다	1.07	-0.26	14
2011	열정	1.51	1.74	10
2011	만족하다	1.64	-0.02	18
2011	성취감	1.84	1.5	16
2011	행복하다	2.16	0.7	20
2012	증오하다	-2.25	1.85	5
2012	분노하다	-2.16	2.17	59
2012	좌절하다	-2.13	-0.3	22
2012	괴롭다	-2.07	-0.15	84
2012	짜증내다	-1.94	0.88	6
2012	경악하다	-1.85	2.03	26
2012	소외감	-1.84	-1	7
2012	불행하다	-1.84	0.19	10
2012	무력감	-1.81	-1.89	7
2012	외롭다	-1.72	-1.24	6
2012	상실감	-1.71	-0.85	14
2012	공포	-1.68	2.02	43
2012	소름끼치다	-1.65	1.85	7
2012	불만	-1.53	0.93	6
2012	우울하다	-1.51	-1.2	67
2012	불안하다	-1.49	0.88	304
2012	거북하다	-1.42	0.14	18
2012	우려하다	-1.41	-0.05	46
2012	갈등하다	-1.41	0.82	158
2012	자만심	-1.33	0.75	45
2012	고민하다	-1.25	-0.71	16
2012	걱정하다	-1.06	-0.06	20
2012	긴장하다	-0.76	0.99	279
2012	아슬아슬하다	-0.69	1.2	36

연도	감정	쾌-불쾌	저-고활성화	빈도
2012	애정	1.33	0.32	14
2012	감동하다	1.45	0.47	9
2012	만족하다	1.64	-0.02	18
2012	성취감	1.84	1.5	4
2012	즐겁다	1.89	1.54	12
2012	행복하다	2.16	0.7	17
2013	분노하다	-2.16	2.17	14
2013	좌절하다	-2.13	-0.3	12
2013	절망하다	-2.09	-0.14	2
2013	괴롭다	-2.07	-0.15	50
2013	짜증내다	-1.94	0.88	2
2013	경악하다	-1.85	2.03	8
2013	소외감	-1.84	-1	13
2013	불행하다	-1.84	0.19	2
2013	외롭다	-1.72	-1.24	16
2013	공포	-1.68	2.02	2
2013	의심	-1.67	0.3	2
2013	우울하다	-1.51	-1.2	27
2013	불안하다	-1.49	0.88	139
2013	거북하다	-1.42	0.14	15
2013	우려하다	-1.41	-0.05	6
2013	갈등하다	-1.41	0.82	58
2013	서먹하다	-1.33	-0.39	3
2013	고민하다	-1.25	-0.71	18
2013	걱정하다	-1.06	-0.06	5
2013	긴장하다	-0.76	0.99	174
2013	아슬아슬하다	-0.69	1.2	9
2013	애정	1.33	0.32	2
2013	감동하다	1.45	0.47	3
2013	만족하다	1.64	-0.02	2
2013	보람차다	1.69	0.66	2
2013	호감	1.72	1.03	4

연도	감정	쾌-불쾌	저-고활성화	빈도
2013	성취감	1.84	1.5	5
2013	기쁘다	1.94	1.56	5
2013	행복하다	2.16	0.7	6

2-6. 자살

자살과 함께 언급된 심리어 100(2011-2013.06.)

	2011	빈도	2012	빈도	- 2013. 06.	빈도
1	희망	17812	충격	22141	충동	9398
2	충격	16786	스트레스	20270	충격	8898
3	고통	14599	폭행	18642	스트레스	8561
4	충동	10270	충동	17814	고통	7623
5	폭행	10178	비난	16756	희망	7478
6	스트레스	8796	왕따	16615	폭행	4588
7	왕따	6646	희망	15291	추천	4450
8	진심	5836	불만	12486	왕따	4356
9	불안	5667	고통	12386	진심	4211
10	비극	5390	자살소동	11858	비극	3363
11	이혼	4653	정치적	10343	위기	3130
12	충격적	4309	진심	9964	불안	3060
13	납치	3931	이혼	8545	절망	3025
14	자살소동	3713	불법	8467	한심	3015
15	절망	3521	협의	7459	피해	2519
16	분노	3461	비극	6062	자살소동	2473
17	생활고	3245	절망	6018	전쟁	2450
18	피해	3096	불안	5979	의혹	2434
19	전쟁	3041	생활고	5659	이혼	2399
20	아픔	3007	분노	5163	분노	2150
21	도움	2956	욕	5131	생활고	2126

	2011	빈도	2012	빈도	- 2013. 06.	빈도
22	실패	2837	막말	4896	욕	1919
23	혐의	2786	피해	4636	아픔	1852
24	공포	2558	행복	4369	행복	1813
25	비난	2434	전쟁	4025	고민	1769
26	모욕	2417	자유	3883	혐의	1769
27	위기	2407	충격적	3707	자유	1735
28	의혹	2378	의혹	3592	갈등	1733
29	우울	2331	아픔	3579	게임중독	1733
30	고민	2277	고민	3566	위험	1620
31	행복	2199	갈등	3445	도움	1609
32	무서운 이야기	2161	최악	3301	불법	1563
33	외로움	2123	성폭행범	3291	공포	1491
34	화제	1909	게임중독	3177	적극적	1436
35	갈등	1875	추천	3105	우울	1432
36	불법	1772	배신	2996	충격적	1213
37	위험	1729	위험	2602	정치적	1070
38	걱정	1686	비판	2578	비판	1067
39	기대	1614	도움	2533	실패	1050
40	유괴	1590	공포	2507	최악	970
41	불만	1530	루머	2476	부정적	950
42	스캔들	1525	우울	2413	푸른	942
43	자유	1378	무서운 이야기	2294	외로움	767
44	게으르다	1334	위기	2149	반대	762
45	비판	1320	실패	2140	정상적	757
46	욕	1288	못생긴	2040	비난	756
47	욕설	1272	외로움	1968	공감	750
48	부작용	1250	비극적	1959	감동	732
49	오해	1250	기대	1948	비극적	726
50	루머	1240	반대	1947	경제적	720
51	반대	1237	걱정	1848	증가	717
52	경제적	1225	명예훼손	1846	괴담	698
53	불행	1221	폭력적	1839	화제	671

	2011	빈도	2012	빈도	- 2013. 06.	빈도
54	부정적	1114	부작용	1706	납치	661
55	괴담	1093	후유증	1659	성폭행범	645
56	최악	1069	획기적	1627	노력	643
57	혼란	1054	체포	1604	안전	609
58	배신	1034	욕설	1533	후회	591
59	좌절	1017	스캔들	1530	빨갱이	581
60	비극적	1015	공감	1448	불행	578
61	이별	993	부정적	1411	긍정적	545
62	우려	894	괴담	1357	걱정	543
63	노력	850	빨갱이	1343	체포	539
64	성매매	843	장애	1313	명예훼손	538
65	장애	831	동정	1312	독약	515
66	충동적	826	오해	1240	유명	502
67	체포	783	납치	1224	성실	499
68	명예훼손	759	급증	1208	부작용	499
69	불안감	758	호평	1204	좌절	497
70	추천	756	금품	1153	루머	496
71	최선	744	적극적	1120	빵셔틀	484
72	이기적	727	경제적	1116	이기적	483
73	못생긴	727	충동적	1106	장애	480
74	독약	721	불화	1045	기대	465
75	정상적	702	열풍	1024	폭동	461
76	열애	696	허위사실	1021	성공	457
77	부담	694	화이트	1004	폭력적	454
78	폭력적	685	불행	939	무서운 이야기	452
79	동정	664	위협	929	이별	452
80	성공	636	좌절	901	행복한 삶	445
81	후회	618	부정선거	885	횡포	438
82	무료	616	폐해	884	욕설	436
83	행복한삶	606	혼란	787	후유증	433
84	후유증	585	이별	775	평화	430
85	기부	584	측근비리	774	부정선거	422

	2011	빈도	2012	빈도	- 2013. 06.	빈도
86	증오	575	화제	754	불매운동	420
87	기쁨	564	반발	749	절망적	406
88	구체적	558	무책임	743	고충	404
89	파국	546	음주운전	737	가짜	395
90	소중한사람	535	금지	718	위협	391
91	절망적	527	자살암시	702	좋은사람	389
92	자살암시	527	행복한삶	680	세계최고	385
93	상실	517	나쁘다	674	충동적	366
94	증가	516	짜증	672	오해	356
95	좋은사람	513	막장	658	대단하다	354
96	현실적	497	노력	656	지속적	351
97	금지	494	성공	652	불안감	339
98	난동	490	독약	620	동정	333
99	이미지실추	465	불안감	618	폐업	333
100	위협	464	무개념	591	혼란	332

자살과 함께 언급된 감정단어(2011-2013.06.)

연도	감정어	쾌-불쾌	활성화	빈도
2011	증오하다	-2.25	1.85	575
2011	분노하다	-2.16	2.17	3461
2011	절망하다	-2.09	-0.14	4048
2011	괴롭다	-2.07	-0.15	17606
2011	경악하다	-1.85	2.03	16786
2011	상실감	-1.71	-0.85	517
2011	공포	-1.68	2.02	2558
2011	불안하다	-1.49	0.88	5667
2011	긴장하다	-0.76	0.99	8796
2011	기쁘다	1.94	1.56	564

연도	감정어	쾌-불쾌	활성화	빈도
2012	배신감	-2.27	1.72	2996
2012	분노하다	-2.16	2.17	5163
2012	좌절하다	-2.13	-0.3	901
2012	절망하다	-2.09	-0.14	6018
2012	괴롭다	-2.07	-0.15	15965
2012	짜증내다	-1.94	0.88	672
2012	경악하다	-1.85	2.03	22141
2012	불행하다	-1.84	0.19	939
2012	수치	-1.84	0.76	2417
2012	외롭다	-1.72	-1.24	4091
2012	공포	-1.68	2.02	2507
2012	불만	-1.53	0.93	14016
2012	우울하다	-1.51	-1.2	4744
2012	불안하다	-1.49	0.88	6597
2012	귀찮다	-1.42	-0.37	1334
2012	갈등하다	-1.41	0.82	5320
2012	의혹	-1.28	0.51	5970
2012	고민하다	-1.25	-0.71	5843
2012	걱정하다	-1.06	-0.06	3534
2012	긴장하다	-0.76	0.99	20270
2012	아슬아슬하다	-0.69	1.2	4331
2012	동정하다	-0.55	-0.78	1312
2012	공감하다	1.07	-0.26	1448
2012	행복하다	2.16	0.7	7248
2013	배신감	-2.27	1.72	1034
2013	분노하다	-2.16	2.17	2150
2013	좌절하다	-2.13	-0.3	1514
2013	절망하다	-2.09	-0.14	3431
2013	괴롭다	-2.07	-0.15	9475
2013	경악하다	-1.85	2.03	8898
2013	불행하다	-1.84	0.19	1799
2013	외롭다	-1.72	-1.24	767

연도	감정어	쾌-불쾌	활성화	빈도
2013	공포	-1.68	2.02	1491
2013	후회하다	-1.55	0.06	1209
2013	우울하다	-1.51	-1.2	1432
2013	불안하다	-1.49	0.88	4157
2013	거북하다	-1.42	0.14	694
2013	우려하다	-1.41	-0.05	894
2013	갈등하다	-1.41	0.82	1733
2013	의혹	-1.28	0.51	2434
2013	고민하다	-1.25	-0.71	1769
2013	무료하다	-1.11	-1.77	616
2013	걱정하다	-1.06	-0.06	543
2013	긴장하다	-0.76	0.99	8561
2013	아슬아슬하다	-0.69	1.2	1620
2013	동정하다	-0.55	-0.78	997
2013	공감하다	1.07	-0.26	750
2013	열애	1.07	1.73	696
2013	감동하다	1.45	0.47	732
2013	평화롭다	1.62	-1.76	430
2013	행복하다	2.16	0.7	2864

정신질환, 정신장애, 부적응, 자살과 함께 언급된 감정어 비교(2012)

정신질환 부정 감정어	정신질환 긍정 감정어	정신장애 부정 감정어	정신장애 긍정 감정어	부적응 부정 감정어	부적응 긍정 감정어	자살 부정 감정어	자살 긍정 감정어
갈등하다	행복하다	갈등하다	행복하다	갈등하다	행복하다	갈등하다	행복하다
걱정하다	공감하다	걱정하다	매혹	걱정하다	감동하다	걱정하다	공감하다
경악하다	기쁘다	경악하다	안정되다	경악하다	만족하다	경악하다	동정하다
공포	평화롭다	공포	애정	공포	성취감	공포	
괴롭다		괴롭다		괴롭다	애정	괴롭다	
긴장하다		긴장하다		긴장하다	즐겁다	긴장하다	
분노하다		분노하다		분노하다		분노하다	
불만		불만		불만		불만	
불안하다		불안하다		불안하다		불안하다	
불행하다		불행하다		불행하다		불행하다	
아슬아슬하다		아슬아슬하다		아슬아슬하다		아슬아슬하다	
우울하다		우울하다		우울하다		우울하다	
짜증내다		짜증내다		짜증내다		짜증내다	
고민하다		상실감		고민하다		고민하다	
상실감		우려하다		상실감		외롭다	
외롭다		거북하다		외롭다		좌절하다	
우려하다		의심		좌절하다		귀찮다	
좌절하다				거북하다		배신감	
의심				무력감		수치	
경멸하다				소름끼치다		의혹	
				소외감		절망하다	
				우려하다			
				자만심			
				증오하다			

2-7. 키워드별 감정어 비교

각 키워드와 함께 언급되는 감정어의 공통점과 차이점을 분석한 결과는 다음과 같다.

행복, 정신건강과 함께 언급된 감정어 비교(2012)

행복 부정 감정어	행복 긍정 감정어	정신건강 부정 감정어	정신건강 긍정 감정어
분노하다	공감하다	분노하다	공감하다
좌절하다	즐겁다	좌절하다	즐겁다
괴롭다	기쁘다	괴롭다	기쁘다
짜증내다	행복하다	짜증내다	행복하다
외롭다	애정	외롭다	
근심걱정	감동하다	근심걱정	
불만	평온하다	불만	
우울하다	열정	우울하다	
불안하다	유쾌하다	불안하다	
갈등하다	평화롭다	갈등하다	
고민하다	평안하다	고민하다	
걱정하다	만족하다	걱정하다	
긴장하다	보람차다	긴장하다	
증오하다	성취감	경악하다	
절망하다		망연자실하다	
불행하다		공포	
실망하다		거북하다	
후회하다		무료하다	
질투하다		아슬아슬하다	

[부록 3] 긍정활동 단어들과 함께 언급된 감정어의 정서 차원상의 분포

1. 사랑

사랑과 함께 언급된 심리어 100(2011-2013.06.)

	2011	빈도	2012	빈도	- 2013. 06.	빈도
1	행복	159186	행복	229483	행복	128671
2	이별	121446	이별	157590	이별	81722
3	희망	108226	희망	130331	희망	76505
4	최고	89049	진심	115944	최고	69609
5	아픔	88375	기쁨	103719	기쁨	67305
6	기쁨	85510	아픔	95360	진심	61412
7	진심	83173	감동	93727	아픔	58543
8	웃음	71280	최고	91506	웃음	56432
9	고통	69426	고통	84979	고통	55552
10	믿음	68620	웃음	83452	믿음	47860
11	감동	64060	믿음	78288	감동	40276
12	열정	54202	열정	64359	애정	39193
13	화제	48942	애정	56872	열정	35518
14	애정	41104	노력	54059	응원	32643
15	노력	39682	응원	53083	평화	29680
16	기대	36507	외로움	42802	진리	29579
17	아름다움	35776	아름다움	42350	노력	29547
18	소망	34366	평화	41893	아름다움	27005
19	진리	34257	기대	41087	외로움	26528
20	평화	34061	진리	38821	기적	25177
21	외로움	33216	화제	38301	최선	25118
22	최선	33191	배려	37475	매력적	25069
23	매력적	32187	매력적	37418	후회	23801
24	후회	30127	소망	37347	성공	23521
25	푸른	29870	전쟁	36387	축복	23452
26	축복	29327	후회	35578	자유	22134
27	전쟁	28345	축복	34555	기대	21490

	2011	빈도	2012	빈도	- 2013. 06.	빈도
28	자유	27745	최선	33872	소망	20214
29	배려	27671	자유	33640	배려	19532
30	즐거움	27269	기적	33320	즐거움	18799
31	기적	26984	푸른	31671	질투	18795
32	공감	24976	즐거움	31047	공감	18625
33	응원	24200	질투	30384	행운	17440
34	질투	24119	성공	29699	화제	17236
35	걱정	23649	미련	27498	푸른	16899
36	성공	22033	공감	27329	전쟁	16700
37	갈등	21007	존경	26292	증오	16501
38	좋은사람	20648	걱정	25774	존경	16021
39	분노	19852	오해	25528	오해	15315
40	미련	18624	깊은사랑	24389	좋은사람	14969
41	오해	18418	좋은사람	23937	걱정	14960
42	존경	18346	증오	23236	분노	14499
43	축하	18123	축하	22442	아름답다	14074
44	이기적	18057	분노	21161	미련	13934
45	행운	17602	절망	20036	자비	13105
46	절망	17293	이기적	19753	고민	12330
47	칭찬	17249	감동적	19278	기쁜	12193
48	열정적	17030	갈등	19056	특유	12024
49	증오	16856	행운	18853	절망	12017
50	감동적	16665	칭찬	18798	비극	11877
51	자비	16336	비극	17852	이기적	11874
52	깊은사랑	16002	자비	17846	갈등	11611
53	고민	15363	기쁜	16870	깊은사랑	11218
54	비극	15252	긍정적	16781	칭찬	10859
55	긍정적	14844	아름답다	16697	화이트	10816
56	특유	14806	열정적	16157	반대	10713
57	불행	13717	특유	15890	긍정적	10270
58	호감	13594	기부	15481	운명적	9526
59	기쁜	13373	불행	15307	축하	9111

	2011	빈도	2012	빈도	- 2013. 06.	빈도
60	소중한사람	12226	헌신	14882	열정적	9043
61	열애	11917	고민	14864	호감	8939
62	기부	11895	운명적	13439	의심	8751
63	헌신	11317	호감	13180	불행	8695
64	이혼	11138	소중한사람	13110	소중한사람	8599
65	폭발적	10473	인상적	11919	감동적	8443
66	반대	10340	이혼	11656	배신	8188
67	인상적	10272	반대	11160	현실적	7723
68	아름답다	10171	배신	11102	인상적	7575
69	운명적	10004	실패	10971	친절	6969
70	감성적	9953	낭만	10712	의문	6756
71	의심	9810	낭만적	10652	이혼	6654
72	배신	9587	현실적	10608	겸손	6630
73	낭만	9138	의심	10563	실패	6456
74	행복한사람	9024	겸손	10080	헌신	6440
75	겸손	8680	친절	10009	기부	6420
76	반짝반짝	8558	불륜	9495	낭만	6401
77	낭만적	8466	실망	9310	불안	6347
78	만족	8403	감성적	9235	낭만적	6330
79	세계적	8301	행복한사람	8444	만족	5864
80	실패	7934	헌신적	8146	행복한사람	5851
81	헌신적	7796	블루	7848	감성적	5311
82	현실적	7201	고마움	7829	부담	5304
83	고마움	7090	열애	7816	비극적	5087
84	친절	7000	동정	7093	고마움	5060
85	불륜	6823	불평	7058	열애	4990
86	비난	6804	폭발적	7034	아름다운꽃	4931
87	서정적	6423	좋은노래	6627	좋은노래	4852
88	찬사	6337	좌절	6277	헌신적	4771
89	좌절	6316	감각적	6221	서정적	4750
90	비극적	6241	기대감	6174	두근두근	4516
91	감각적	6034	충격	6131	실망	4294

	2011	빈도	2012	빈도	- 2013. 06.	빈도
92	동정	5893	좋아하다	6042	불륜	4128
93	매혹적	5541	존중	5950	감각적	4050
94	기대감	5485	비극적	5904	좋아하다	4010
95	실망	5455	호평	5858	위기	3889
96	환상적	5383	찬사	5827	대박	3838
97	평안	5365	서정적	5688	대중적	3680
98	좋은노래	5063	만족	5494	환상적	3659
99	대중적	4989	평안	5399	평안	3505
100	충격	4732	매혹적	5175	공포	3455

사랑과 함께 언급된 감정단어(2011-2013.06.)

연도	감정어	쾌-불쾌	활성화	빈도
2011	배신감	-2.27	1.72	9587
2011	증오하다	-2.25	1.85	16856
2011	분노하다	-2.16	2.17	19852
2011	좌절하다	-2.13	-0.3	6316
2011	절망하다	-2.09	-0.14	17293
2011	괴롭다	-2.07	-0.15	157801
2011	경악하다	-1.85	2.03	4732
2011	불행하다	-1.84	0.19	13717
2011	실망하다	-1.81	-0.7	5455
2011	외롭다	-1.72	-1.24	33216
2011	의심	-1.67	0.3	9810
2011	후회하다	-1.55	0.06	30127
2011	질투하다	-1.42	1.25	24119
2011	갈등하다	-1.41	0.82	21007
2011	고민하다	-1.25	-0.71	15363
2011	걱정하다	-1.06	-0.06	23649
2011	동정하다	-0.55	-0.78	5893

연도	감정어	쾌-불쾌	활성화	빈도
2011	매혹	0.84	0.59	5541
2011	공감하다	1.07	-0.26	24976
2011	열애	1.07	1.73	11917
2011	애정	1.33	0.32	41104
2011	감동하다	1.45	0.47	80725
2011	열정	1.51	1.74	71232
2011	평화롭다	1.62	-1.76	34061
2011	평안하다	1.63	-1.94	5365
2011	만족하다	1.64	-0.02	8403
2011	호감	1.72	1.03	13594
2011	즐겁다	1.89	1.54	27269
2011	기쁘다	1.94	1.56	170163
2011	행복하다	2.16	0.7	168210
2012	배신감	-2.27	1.72	11102
2012	증오하다	-2.25	1.85	23236
2012	분노하다	-2.16	2.17	21161
2012	좌절하다	-2.13	-0.3	6277
2012	절망하다	-2.09	-0.14	20036
2012	괴롭다	-2.07	-0.15	180339
2012	경악하다	-1.85	2.03	6131
2012	불행하다	-1.84	0.19	15307
2012	실망하다	-1.81	-0.7	9310
2012	외롭다	-1.72	-1.24	42802
2012	의심	-1.67	0.3	10563
2012	후회하다	-1.55	0.06	35578
2012	질투하다	-1.42	1.25	30384
2012	갈등하다	-1.41	0.82	19056
2012	고민하다	-1.25	-0.71	14864
2012	걱정하다	-1.06	-0.06	25774
2012	동정하다	-0.55	-0.78	7093
2012	매혹	0.84	0.59	5175
2012	공감하다	1.07	-0.26	27329

연도	감정어	쾌-불쾌	활성화	빈도
2012	열애	1.07	1.73	7816
2012	애정	1.33	0.32	56372
2012	감동하다	1.45	0.47	115005
2012	열정	1.51	1.74	80516
2012	좋다	1.54	1.13	6042
2012	평화롭다	1.62	-1.76	41893
2012	평안하다	1.63	-1.94	5399
2012	만족하다	1.64	-0.02	5494
2012	호감	1.72	1.03	13180
2012	즐겁다	1.89	1.54	31047
2012	기쁘다	1.94	1.56	204041
2012	행복하다	2.16	0.7	237927
2013	배신감	-2.27	1.72	8188
2013	증오하다	-2.25	1.85	16501
2013	분노하다	-2.16	2.17	14499
2013	절망하다	-2.09	-0.14	12017
2013	괴롭다	-2.07	-0.15	114095
2013	불행하다	-1.84	0.19	8695
2013	실망하다	-1.81	-0.7	4294
2013	외롭다	-1.72	-1.24	26528
2013	공포	-1.68	2.02	3455
2013	의심	-1.67	0.3	8751
2013	후회하다	-1.55	0.06	23801
2013	불안하다	-1.49	0.88	6347
2013	거북하다	-1.42	0.14	5304
2013	질투하다	-1.42	1.25	18795
2013	갈등하다	-1.41	0.82	11611
2013	고민하다	-1.25	-0.71	12330
2013	걱정하다	-1.06	-0.06	14960
2013	공감하다	1.07	-0.26	18625
2013	열애	1.07	1.73	4990
2013	애정	1.33	0.32	39193

연도	감정어	쾌-불쾌	활성화	빈도
2013	감동하다	1.45	0.47	48719
2013	열정	1.51	1.74	44561
2013	좋다	1.54	1.13	4010
2013	평화롭다	1.62	-1.76	29680
2013	평안하다	1.63	-1.94	3505
2013	만족하다	1.64	-0.02	5864
2013	호감	1.72	1.03	8939
2013	즐겁다	1.89	1.54	18799
2013	기쁘다	1.94	1.56	135930
2013	행복하다	2.16	0.7	134522

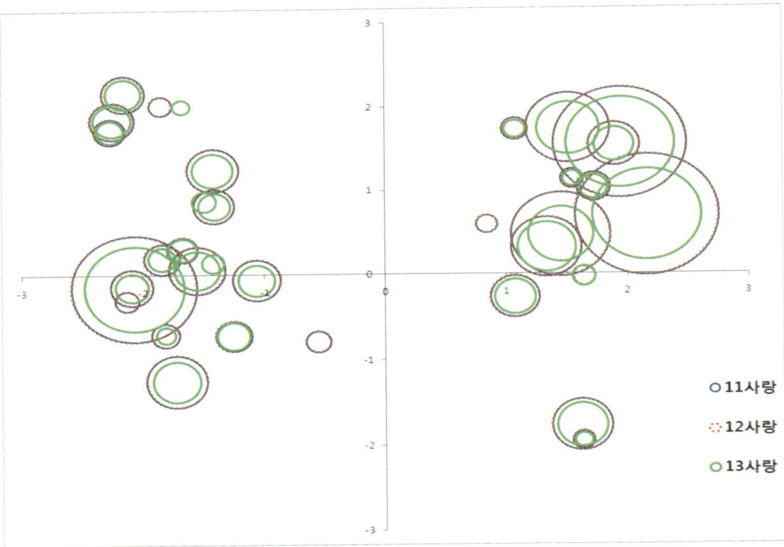

사랑과 함께 언급된 감정어의 차원에 따른 분포

2. 희망

희망과 함께 언급된 심리어 100(2011-2013.06.)

	2011	빈도	2012	빈도	- 2013. 06.	빈도
1	절망	53499	절망	92944	행복	48718
2	행복	52261	행복	65618	절망	46921
3	고통	36241	기대	47759	위기	27748
4	기대	35288	고통	44518	기대	24739
5	기부	34629	노력	41373	고통	22551
6	노력	31041	기쁨	39677	기쁨	21701
7	기쁨	30836	감동	34792	노력	19117
8	웃음	24846	열정	34587	최악	18796
9	감동	24220	진심	31512	열정	17396
10	믿음	23477	최선	30529	기부	16772
11	열정	23023	믿음	30251	진심	15465
12	진심	22331	새로운 희망	27251	기적	14552
13	아픔	20955	웃음	26626	믿음	14440
14	성공	18574	기부	26035	성공	13305
15	푸른	18368	아픔	23628	도움	13094
16	최선	16466	응원	21299	웃음	12537
17	평화	15719	좌절	20857	최선	11763
18	긍정적	15576	기적	20603	감동	11405
19	기적	15500	성공	20469	아픔	11039
20	자유	14752	자유	20250	평화	10689
21	새로운희망	13619	도움	19701	긍정적	10412
22	소망	13540	소망	19099	새로운희망	10220
23	도움	13172	푸른	18047	소망	9941
24	불안	12790	긍정적	17221	실패	9794
25	위기	12744	평화	16881	푸른	8363
26	응원	12338	실패	13533	자유	8117
27	좌절	11595	불안	13392	좌절	7409
28	실패	11300	위기	12402	불행	6688
29	분노	9243	실망	11924	불안	6393

	2011	빈도	2012	빈도	- 2013. 06.	빈도
30	장애	8849	분노	11597	실망	5974
31	비극	8242	희망메시지	11158	희망메시지	5971
32	전쟁	7177	즐거움	11056	축복	5324
33	축복	6782	전쟁	11004	즐거움	4823
34	희망메시지	6717	소외	9944	분노	4805
35	고민	6553	적극적	8779	전쟁	4742
36	불행	6413	절망적	8585	아름다움	4574
37	행운	6360	비극	8066	적극적	4293
38	기쁜	6312	구체적	7622	좋은사람	4194
39	적극적	6063	기쁜	7607	비극	4118
40	아름다움	5676	고민	7500	행운	4108
41	구체적	5478	불행	7170	기쁜	3836
42	즐거움	5253	행운	7099	절망적	3684
43	감동적	4831	패배	6983	공포	3634
44	좋은사람	4749	축복	6953	부정적	3519
45	보람	4629	좋은사람	6032	구체적	3334
46	최악	4573	불법	5776	자부심	3304
47	공감	4569	희망적	5670	고민	3304
48	갈등	4388	아름다움	5420	무료	2829
49	공포	4270	감동적	4994	응원	2823
50	절망적	4029	보람	4838	후회	2738
51	실망	3975	걱정	4697	불법	2685
52	현실적	3819	갈등	4536	외로움	2653
53	이별	3753	공포	4505	지속적	2623
54	배려	3742	비난	4501	장애	2598
55	외로움	3713	부정적	4402	이혼	2511
56	부정적	3708	칭찬	4399	만족	2446
57	피해	3687	외로움	4334	진리	2402
58	후회	3539	장애	4326	근심	2316
59	지속적	3483	다행	4288	희망적	2299
60	진리	3261	이별	3941	보람	2288
61	불법	3186	행복한삶	3921	배려	2275

	2011	빈도	2012	빈도	- 2013. 06.	빈도
62	무료	3184	무료	3755	갈등	2262
63	희망적	3170	공감	3703	성공적	2090
64	행복한사람	3121	성취	3606	현실적	2087
65	애정	3008	배려	3554	감동적	2027
66	행복한삶	2885	최고	3481	공감	2021
67	의심	2861	후회	3479	이별	1975
68	성취	2790	지속적	3396	성취	1901
69	걱정	2709	불만	3286	대박	1895
70	소중한사람	2690	멘붕	3212	행복한삶	1884
71	열정적	2604	만족	3168	부정선거	1850
72	최고	2577	피해	3110	좋은선물	1826
73	존경	2528	좋은책	3051	불가능	1825
74	이혼	2527	현실적	3048	걱정	1819
75	새로운시작	2163	자부심	2943	칭찬	1808
76	비판	2026	청년실업	2898	반대	1737
77	증오	1963	최악	2828	행복한사람	1702
78	동정	1921	의심	2802	미련	1575
79	물대포	1828	불평	2782	소중한사람	1488
80	좋은책	1806	행복한사람	2753	패배	1468
81	재앙	1677	소중한사람	2607	애정	1433
82	질투	1622	근심	2529	안전	1416
83	불평	1608	이혼	2508	새로운시작	1364
84	자부심	1597	성공적	2500	존경	1327
85	폭행	1588	축하	2493	평안	1286
86	칭찬	1575	진리	2410	의심	1234
87	안전	1553	반대	2342	겸손	1224
88	미련	1551	비판	2312	기대감	1182
89	겸손	1508	애정	2284	멘붕	1180
90	근심	1507	보상	2247	열정적	1162
91	헌신	1504	경제적	2070	자비	1132
92	경제적	1426	증오	1961	낙심	1086
93	세계적	1380	동정	1880	세계적	1057

	2011	빈도	2012	빈도	- 2013. 06.	빈도
94	청년실업	1369	새로운시작	1871	빨갱이	969
95	성공적	1353	허위사실	1738	감탄	943
96	성실	1302	존경	1713	동정	927
97	패배	1288	열정적	1627	경제적	918
98	종말	1263	자비	1492	불평	878
99	친절	1238	경제위기	1461	다행이다	877
100	이기적	1234	고마움	1419	루머	860

희망과 함께 언급된 감정단어(2011-2013.06.)

연도	감정어	쾌-불쾌	활성화	빈도
2011	패배감	-2.37	0.2	1288
2011	증오하다	-2.25	1.85	1963
2011	분노하다	-2.16	2.17	9243
2011	좌절하다	-2.13	-0.3	11595
2011	절망하다	-2.09	-0.14	57528
2011	괴롭다	-2.07	-0.15	57196
2011	불행하다	-1.84	0.19	6413
2011	실망하다	-1.81	-0.7	3975
2011	외롭다	-1.72	-1.24	3713
2011	공포	-1.68	2.02	4270
2011	의심	-1.67	0.3	2861
2011	근심걱정	-1.64	0.37	1507
2011	후회하다	-1.55	0.06	3539
2011	불안하다	-1.49	0.88	12790
2011	질투하다	-1.42	1.25	1622
2011	갈등하다	-1.41	0.82	4388
2011	고민하다	-1.25	-0.71	6553
2011	무료하다	-1.11	-1.77	3184
2011	걱정하다	-1.06	-0.06	2709
2011	동정하다	-0.55	-0.78	1921

연도	감정어	쾌-불쾌	활성화	빈도
2011	자부하다	1.02	0.02	1597
2011	공감하다	1.07	-0.26	4569
2011	애정	1.33	0.32	3003
2011	감동하다	1.45	0.47	29051
2011	열정	1.51	1.74	25627
2011	평화롭다	1.62	-1.76	15719
2011	보람차다	1.69	0.66	4629
2011	성취감	1.84	1.5	2790
2011	즐겁다	1.89	1.54	5253
2011	기쁘다	1.94	1.56	61994
2011	행복하다	2.16	0.7	58267
2012	패배감	-2.37	0.2	6933
2012	증오하다	-2.25	1.85	1951
2012	분노하다	-2.16	2.17	11597
2012	좌절하다	-2.13	-0.3	20857
2012	절망하다	-2.09	-0.14	101529
2012	괴롭다	-2.07	-0.15	68146
2012	소외감	-1.84	-1	9944
2012	망연자실하다	-1.84	-0.17	3212
2012	불행하다	-1.84	0.19	7170
2012	실망하다	-1.81	-0.7	11924
2012	외롭다	-1.72	-1.24	4334
2012	공포	-1.68	2.02	4505
2012	의심	-1.67	0.3	2802
2012	근심걱정	-1.64	0.37	2529
2012	후회하다	-1.55	0.06	3479
2012	불만	-1.53	0.93	3286
2012	불안하다	-1.49	0.88	13392
2012	갈등하다	-1.41	0.82	4536
2012	고민하다	-1.25	-0.71	7500
2012	무료하다	-1.11	-1.77	3755
2012	걱정하다	-1.06	-0.06	4697

연도	감정어	쾌-불쾌	활성화	빈도
2012	동정하다	-0.55	-0.78	1880
2012	자부하다	1.02	0.02	2943
2012	공감하다	1.07	-0.26	3703
2012	애정	1.33	0.32	2284
2012	감동하다	1.45	0.47	39786
2012	열정	1.51	1.74	36214
2012	평화롭다	1.62	-1.76	16881
2012	만족하다	1.64	-0.02	3168
2012	보람차다	1.69	0.66	4838
2012	성취감	1.84	1.5	3606
2012	즐겁다	1.89	1.54	11056
2012	기쁘다	1.94	1.56	73910
2012	행복하다	2.16	0.7	72292
2013	패배감	-2.37	0.2	1468
2013	분노하다	-2.16	2.17	4805
2013	좌절하다	-2.13	-0.3	7409
2013	절망하다	-2.09	-0.14	50605
2013	괴롭다	-2.07	-0.15	33590
2013	망연자실하다	-1.84	-0.17	1180
2013	불행하다	-1.84	0.19	6688
2013	실망하다	-1.81	-0.7	5974
2013	외롭다	-1.72	-1.24	2653
2013	공포	-1.68	2.02	3634
2013	의심	-1.67	0.3	1234
2013	근심걱정	-1.64	0.37	2316
2013	후회하다	-1.55	0.06	2738
2013	불안하다	-1.49	0.88	6393
2013	갈등하다	-1.41	0.82	2262
2013	고민하다	-1.25	-0.71	3304
2013	무료하다	-1.11	-1.77	2829
2013	걱정하다	-1.06	-0.06	1819
2013	동정하다	-0.55	-0.78	927

연도	감정어	쾌-불쾌	활성화	빈도
2013	안도하다	0.78	-1.99	877
2013	자부하다	1.02	0.02	3304
2013	공감하다	1.07	-0.26	2021
2013	감탄하다	1.11	1.03	943
2013	애정	1.33	0.32	1433
2013	감동하다	1.45	0.47	13432
2013	열정	1.51	1.74	18558
2013	평화롭다	1.62	-1.76	10689
2013	평안하다	1.63	-1.94	1286
2013	만족하다	1.64	-0.02	2446
2013	보람차다	1.69	0.66	2288
2013	성취감	1.84	1.5	1901
2013	즐겁다	1.89	1.54	4823
2013	기쁘다	1.94	1.56	38074
2013	행복하다	2.16	0.7	52304

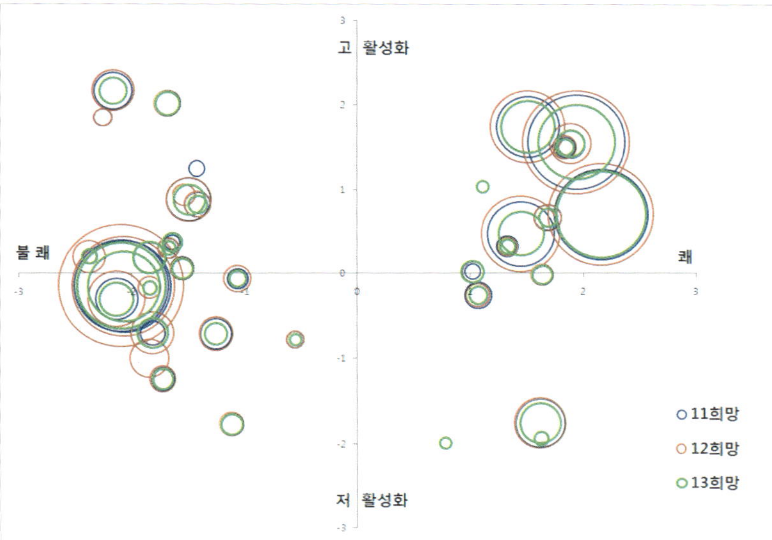

희망과 함께 언급된 감정어의 차원에 따른 분포

3. 노력

노력과 함께 언급된 심리어 100(2011-2013.06.)

	2011	빈도	2012	빈도	- 2013. 06.	빈도
1	도움	51060	최선	64945	도움	34884
2	최선	48833	도움	57250	최선	33324
3	성공	38252	열정	49028	최고	24141
4	열정	36713	성공	41510	성공	24014
5	희망	31051	희망	41296	열정	23804
6	최고	29445	최고	39556	희망	19064
7	지속적	28994	지속적	32398	적극적	18622
8	적극적	28682	적극적	29007	행복	18102
9	행복	22765	행복	28239	지속적	16594
10	고민	20006	고민	22544	고민	15000
11	고통	18407	고통	21978	고통	12409
12	긍정적	18293	감동	21495	스트레스	12311
13	스트레스	18016	스트레스	19075	긍정적	10850
14	구체적	17043	긍정적	18207	실패	10631
15	효과적	16818	진심	17797	구체적	8978
16	실패	14251	실패	15918	효과적	8911
17	감동	12877	효과적	15345	진심	8713
18	기쁨	12458	구체적	15108	믿음	8494
19	믿음	12144	믿음	13639	기쁨	7504
20	성공적	11594	배려	12356	기대	7078
21	위기	10234	기쁨	12226	평화	6821
22	세계적	9969	보상	11748	안전	6789
23	진심	9858	성공적	11391	반대	6520
24	기대	9362	위기	10594	감동	6383
25	부정적	9218	반대	9549	성공적	6168
26	효율적	9105	자유	9465	기적	5917
27	체계적	8981	부정적	9134	보상	5783
28	갈등	8317	효율적	8925	자유	5233
29	보상	8110	세계적	8915	칭찬	5070
30	반대	8013	갈등	8545	세계적	4891

	2011	빈도	2012	빈도	- 2013. 06.	빈도
31	칭찬	7692	체계적	8141	즐거움	4875
32	자유	7305	피해	8139	효율적	4765
33	피해	6891	비난	8070	체계적	4707
34	현실적	6822	기대	8051	애정	4641
35	즐거움	6565	칭찬	7896	위기	4571
36	애정	6219	애정	7866	갈등	4506
37	배려	5916	기적	7669	배려	4365
38	경제적	5897	안전	7482	걱정	4233
39	평화	5527	즐거움	7396	부정적	4200
40	객관적	5452	아름다움	7079	현실적	4015
41	걱정	5083	평화	6831	공감	4013
42	성취	5054	공감	6688	전쟁	3944
43	만족	5053	허위사실	6635	행운	3826
44	보람	4951	보람	6548	만족	3818
45	행운	4683	걱정	6166	피해	3786
46	진리	4674	행운	6165	부담	3784
47	창의적	4614	현실적	6103	보람	3764
48	자부심	4559	위험	6035	후회	3606
49	대표적	4534	객관적	5879	위험	3486
50	합리적	4357	불안	5711	객관적	3398
51	부족	4351	부담	5655	경제적	3155
52	부담	4346	경제적	5613	대표적	3125
53	위험	4255	안정적	5608	아름다움	3104
54	아픔	4143	성취	5607	진리	2922
55	후회	4110	만족	5597	불안	2871
56	좌절	4066	자부심	5487	자부심	2854
57	열정적	3983	비판	5335	안정적	2841
58	규칙적	3916	불만	5229	아픔	2834
59	비판	3801	후회	5084	성취	2814
60	안정적	3787	아픔	5049	행복한삶	2650
61	웃음	3761	열정적	4783	비난	2621
62	응원	3744	부족	4767	비판	2469

	2011	빈도	2012	빈도	- 2013. 06.	빈도
63	긴장	3656	합리적	4599	오해	2447
64	불만	3626	긴장	4585	게으름	2444
65	국제적	3624	전쟁	4443	좌절	2442
66	불가능	3594	응원	4264	창의적	2399
67	헌신적	3522	헌신	4217	열정적	2386
68	공감	3508	규칙적	4041	합리적	2371
69	오해	3455	부작용	3997	부족	2294
70	아름다움	3413	오해	3987	성실	2226
71	기적	3405	국제적	3961	긴장	2209
72	의문	3304	대표적	3900	의문	2157
73	장애	3241	존경	3806	존경	2148
74	존경	3208	창의적	3725	불만	2142
75	안전	3113	의문	3686	분노	2129
76	전쟁	2827	좌절	3618	웃음	2099
77	절망	2743	웃음	3602	소망	2074
78	불안	2566	진리	3519	의심	2055
79	비난	2501	헌신적	3282	헌신	2051
80	성실	2499	성실	3133	불행	2038
81	헌신	2349	분노	3087	규칙적	1957
82	과학적	2240	불법	3043	합격	1868
83	불행	2217	소망	3004	우려	1834
84	우려	2213	정치적	3004	헌신적	1747
85	합격	2195	합격	2610	의도적	1687
86	정치적	2028	아름다운꽃	2524	국제적	1652
87	증가	2002	장애	2456	축복	1651
88	분노	1994	축복	2433	불가능	1622
89	전통적	1931	우려	2282	장애	1607
90	부작용	1878	손해	2138	절망	1581
91	기부	1873	충격	2125	좋은사람	1513
92	의도적	1865	과학적	2083	창조적	1471
93	창조적	1859	불가능	2073	부작용	1323
94	소망	1856	불행	2013	위협	1308

	2011	빈도	2012	빈도	- 2013. 06.	빈도
95	획기적	1841	욕	1968	과학적	1247
96	정상적	1811	대단하다	1904	이기적	1115
97	논리적	1808	절망	1850	근면	1092
98	이기적	1804	불안감	1768	불평	1083
99	소극적	1794	패배	1684	손해	1048
100	불평	1627	이기적	1624	혁신적	1043

노력과 함께 언급된 감정단어(2011-2013.06.)

연도	감정어	쾌-불쾌	활성화	빈도
2011	분노하다	-2.16	2.17	1994
2011	좌절하다	-2.13	-0.3	4066
2011	절망하다	-2.09	-0.14	2743
2011	괴롭다	-2.07	-0.15	22550
2011	불행하다	-1.84	0.19	2217
2011	후회하다	-1.55	0.06	4110
2011	불만	-1.53	0.93	3626
2011	불안하다	-1.49	0.88	2566
2011	거북하다	-1.42	0.14	4346
2011	우려하다	-1.41	-0.05	2213
2011	갈등하다	-1.41	0.82	8317
2011	고민하다	-1.25	-0.71	20006
2011	걱정하다	-1.06	-0.06	5083
2011	긴장하다	-0.76	0.99	21672
2011	아슬아슬하다	-0.69	1.2	4255
2011	자부하다	1.02	0.02	4559
2011	공감하다	1.07	-0.26	3508
2011	안정되다	1.11	-1.69	3787

연도	감정어	쾌-불쾌	활성화	빈도
2011	애정	1.33	0.32	6219
2011	감동하다	1.45	0.47	12877
2011	열정	1.51	1.74	40696
2011	평화롭다	1.62	-1.76	5527
2011	만족하다	1.64	-0.02	5053
2011	보람차다	1.69	0.66	4951
2011	성취감	1.84	1.5	5054
2011	즐겁다	1.89	1.54	6565
2011	기쁘다	1.94	1.56	16219
2011	행복하다	2.16	0.7	22765
2012	패배감	-2.37	0.2	1684
2012	분노하다	-2.16	2.17	3087
2012	좌절하다	-2.13	-0.3	3618
2012	절망하다	-2.09	-0.14	1850
2012	괴롭다	-2.07	-0.15	27027
2012	경악하다	-1.85	2.03	2125
2012	불행하다	-1.84	0.19	2013
2012	후회하다	-1.55	0.06	5084
2012	불만	-1.53	0.93	5229
2012	불안하다	-1.49	0.88	7479
2012	거북하다	-1.42	0.14	5655
2012	우려하다	-1.41	-0.05	2282
2012	갈등하다	-1.41	0.82	8545
2012	고민하다	-1.25	-0.71	22544
2012	걱정하다	-1.06	-0.06	6166
2012	긴장하다	-0.76	0.99	23660
2012	아슬아슬하다	-0.69	1.2	6035
2012	자부하다	1.02	0.02	5487
2012	공감하다	1.07	-0.26	6688
2012	안정되다	1.11	-1.69	5608
2012	애정	1.33	0.32	7866
2012	감동하다	1.45	0.47	21495

연도	감정어	쾌-불쾌	활성화	빈도
2012	열정	1.51	1.74	53811
2012	평화롭다	1.62	-1.76	6831
2012	만족하다	1.64	-0.02	5597
2012	보람차다	1.69	0.66	6548
2012	성취감	1.84	1.5	5607
2012	즐겁다	1.89	1.54	7396
2012	기쁘다	1.94	1.56	15828
2012	행복하다	2.16	0.7	28239
2013	분노하다	-2.16	2.17	2129
2013	좌절하다	-2.13	-0.3	2442
2013	절망하다	-2.09	-0.14	1581
2013	괴롭다	-2.07	-0.15	15243
2013	불행하다	-1.84	0.19	2038
2013	의심	-1.67	0.3	2055
2013	후회하다	-1.55	0.06	3606
2013	불만	-1.53	0.93	2142
2013	불안하다	-1.49	0.88	2871
2013	귀찮다	-1.42	-0.37	2444
2013	거북하다	-1.42	0.14	3784
2013	우려하다	-1.41	-0.05	1834
2013	갈등하다	-1.41	0.82	4506
2013	고민하다	-1.25	-0.71	15000
2013	걱정하다	-1.06	-0.06	4233
2013	긴장하다	-0.76	0.99	14520
2013	아슬아슬하다	-0.69	1.2	3486
2013	자부하다	1.02	0.02	2854
2013	공감하다	1.07	-0.26	4013
2013	안정되다	1.11	-1.69	2841
2013	애정	1.33	0.32	4641
2013	감동하다	1.45	0.47	6383
2013	열정	1.51	1.74	26190
2013	평화롭다	1.62	-1.76	6821

연도	감정어	쾌-불쾌	활성화	빈도
2013	만족하다	1.64	-0.02	3818
2013	보람차다	1.69	0.66	3764
2013	성취감	1.84	1.5	2814
2013	즐겁다	1.89	1.54	4875
2013	기쁘다	1.94	1.56	9603
2013	행복하다	2.16	0.7	20752

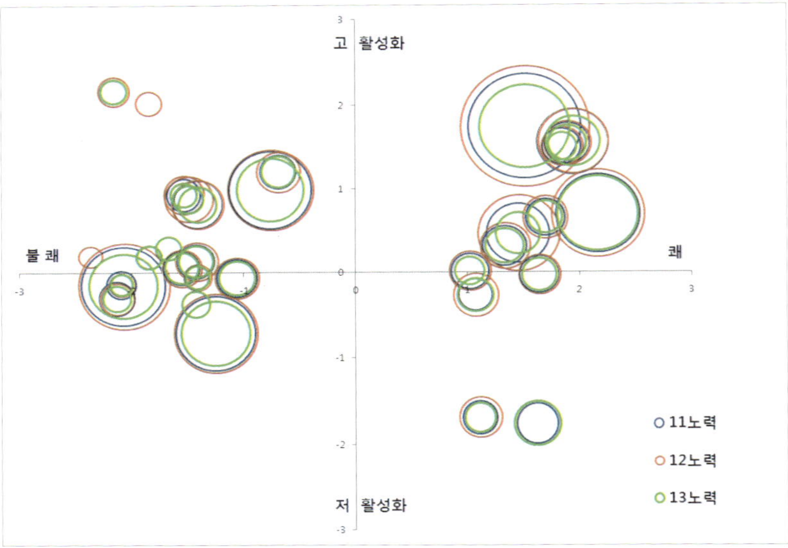

노력과 함께 언급된 감정어의 차원에 따른 분포

4. 도전

도전과 함께 언급된 심리어 100(2011-2013.06.)

	2011	빈도	2012	빈도	- 2013. 06.	빈도
1	열정	33504	열정	27042	성공	16238
2	최고	26261	실패	23396	실패	15905
3	성공	21622	최고	23286	열정	14479
4	실패	19247	성공	22873	최고	12434
5	노력	18956	희망	18187	추천	11561
6	희망	17429	노력	16800	노력	11283
7	감동	13648	기대	11921	희망	11185
8	화제	11393	최선	10608	응원	6814
9	기대	9348	감동	10178	고민	6235
10	최선	9319	고민	9887	최선	4742
11	웃음	7380	행운	9237	행복	4147
12	무료	7259	진심	8016	감동	4144
13	자유	6582	화제	6803	기대	4029
14	고민	5592	우승	6412	화제	3426
15	긍정적	5379	도움	6223	자유	3377
16	적극적	5190	새로운시작	5978	긍정적	3347
17	기쁨	4677	웃음	5417	도움	2966
18	위기	4474	위기	5373	우승	2929
19	우승	4462	성공적	5227	성공적	2823
20	도움	4433	긍정적	5204	위기	2571
21	기적	4087	응원	5171	기적	2556
22	성공적	4046	적극적	4947	기쁨	2521
23	응원	3776	걱정	4411	안전	2387
24	좌절	3748	기쁨	4126	좌절	2384
25	긴장	3669	보상	4116	믿음	2353
26	행복	3633	행복	3884	걱정	2300
27	세계적	3321	좌절	3651	웃음	2222
28	창조적	3127	공감	3515	적극적	2055
29	창의적	3067	갈등	3426	창의적	1993
30	걱정	2925	열정적	3069	행운	1707

	2011	빈도	2012	빈도	- 2013. 06.	빈도
31	믿음	2909	기적	3057	열정적	1659
32	즐거움	2758	믿음	2819	보라	1531
33	진심	2737	자유	2796	파워풀	1462
34	특유	2702	성취	2765	즐거움	1460
35	분노	2656	즐거움	2660	후회	1440
36	스트레스	2604	창의적	2566	성취	1424
37	열정적	2598	세계적	2323	올킬	1293
38	기대감	2591	무료	2304	세계적	1268
39	성취	2540	활약	2296	합격	1209
40	우울	2172	칭찬	2251	기대감	1142
41	매력적	2089	부담	2219	불가능	1113
42	활약	2043	합격	2123	보상	1080
43	감동적	1997	충격	2113	공감	1074
44	합격	1935	추천	2003	진리	1048
45	일등	1841	충격적	1946	절망	1026
46	불가능	1778	기부	1897	호평	1016
47	탈락	1736	패배	1868	애정	983
48	괴물	1698	기대감	1822	활약	968
49	행운	1677	반대	1735	패배	945
50	후회	1675	전망	1723	창조적	916
51	아름다움	1664	후회	1635	매력적	904
52	호평	1635	안정적	1526	보람	899
53	안정적	1517	불가능	1497	구체적	857
54	공감	1504	고통	1488	대세	814
55	파격적	1502	구체적	1449	평화	795
56	폭발적	1488	아픔	1445	전쟁	778
57	칭찬	1486	배려	1439	비판	730
58	고통	1484	부정적	1383	비난	712
59	아픔	1444	새로운시도	1354	칭찬	707
60	진리	1431	탈락	1342	만족	703
61	대박	1408	호평	1336	무료	689
62	반대	1351	매력적	1322	새로운시도	674

	2011	빈도	2012	빈도	- 2013. 06.	빈도
63	구체적	1322	자극적	1316	자부심	627
64	자부심	1284	소망	1209	새로운시작	623
65	애정	1268	비판	1156	진심	613
66	세계최고	1230	진리	1090	혁신적	613
67	전쟁	1213	대세	1050	특유	606
68	전망	1118	특유	1045	긴장	606
69	절망	1112	위험	1042	고통	596
70	혁신적	1095	보람	1030	갈등	577
71	보람	1094	스트레스	1022	의문	569
72	위험	1033	굴욕적	997	현실적	553
73	패배	1031	최악	995	위험	551
74	충격	1023	폭행	984	정상적	537
75	갈등	1021	절망	976	진취적	507
76	추천	948	비난	942	세계최고	500
77	보상	923	찬사	936	부담	497
78	기부	898	근심	925	일등	490
79	진취적	874	애정	906	기부	486
80	반짝반짝	821	폭발적	902	부정적	484
81	위협	819	평화	897	전망	481
82	찬사	798	지속적	896	지속적	469
83	대세	792	세계최고	888	충격	460
84	새로운시도	785	파격적	887	스트레스	456
85	지속적	785	위협	867	아픔	450
86	의문	746	감동적	865	파격적	449
87	최악	726	혁신적	865	감동적	438
88	비판	694	창조적	837	안정적	429
89	우승자	690	긴장	836	소망	428
90	부정적	688	분노	828	다행	427
91	인상적	685	현실적	811	반대	414
92	역동적	613	자부심	763	존엄	405
93	독창적	604	만족	736	효율적	394
94	극찬	601	강추	729	위협	390

	2011	빈도	2012	빈도	- 2013. 06.	빈도
95	압도적	594	부정선거	714	이별	383
96	환상적	590	감탄	698	욕설	381
97	현실적	585	귀여움	685	최악	377
98	다행	579	대박	679	헌신	373
99	러브콜	578	매혹적	674	장애	373
100	배려	578	체계적	662	체계적	353

도전과 함께 언급된 감정단어(2011-2013.06.)

년도	감정어	쾌-불쾌	활성화	빈도
2011	갈등하다	-1.41	0.82	1021
2011	감동하다	1.45	0.47	15645
2011	걱정하다	-1.06	-0.06	2925
2011	경악하다	-1.85	2.03	1023
2011	고민하다	-1.25	-0.71	5592
2011	공감하다	1.07	-0.26	1504
2011	괴롭다	-2.07	-0.15	2928
2011	기쁘다	1.94	1.56	12057
2011	긴장하다	-0.76	0.99	6273
2011	무료하다	-1.11	-1.77	7259
2011	보람차다	1.69	0.66	1094
2011	분노하다	-2.16	2.17	2656
2011	성취감	1.84	1.5	2540
2011	아슬아슬하다	-0.69	1.2	1033
2011	안정되다	1.11	-1.69	1517
2011	애정	1.33	0.32	1268
2011	열정	1.51	1.74	36102
2011	우울하다	-1.51	-1.2	2172
2011	자부하다	1.02	0.02	1284
2011	절망하다	-2.09	-0.14	1112

년도	감정어	쾌-불쾌	활성화	빈도
2011	좌절하다	-2.13	-0.3	3748
2011	즐겁다	1.89	1.54	2758
2011	패배감	-2.37	0.2	1031
2011	행복하다	2.16	0.7	3633
2011	후회하다	-1.55	0.06	1675
2012	갈등하다	-1.41	0.82	3426
2012	감동하다	1.45	0.47	11043
2012	감탄하다	1.11	1.03	698
2012	거북하다	-1.42	0.14	2219
2012	걱정하다	-1.06	-0.06	4411
2012	경악하다	-1.85	2.03	2113
2012	고민하다	-1.25	-0.71	9887
2012	공감하다	1.07	-0.26	3515
2012	괴롭다	-2.07	-0.15	2933
2012	근심걱정	-1.64	0.37	925
2012	기쁘다	1.94	1.56	9543
2012	긴장하다	-0.76	0.99	1858
2012	만족하다	1.64	-0.02	736
2012	매혹	0.84	0.59	674
2012	무료하다	-1.11	-1.77	2304
2012	보람차다	1.69	0.66	1030
2012	분노하다	-2.16	2.17	828
2012	성취감	1.84	1.5	2765
2012	아슬아슬하다	-0.69	1.2	1042
2012	안정되다	1.11	-1.69	1526
2012	애정	1.33	0.32	906
2012	열정	1.51	1.74	30111
2012	자부하다	1.02	0.02	763
2012	절망하다	-2.09	-0.14	976
2012	좌절하다	-2.13	-0.3	3651
2012	즐겁다	1.89	1.54	2660
2012	패배감	-2.37	0.2	1868

년도	감정어	쾌-불쾌	활성화	빈도
2012	평화롭다	1.62	-1.76	897
2012	행복하다	2.16	0.7	3884
2012	후회하다	-1.55	0.06	1635
2013	갈등하다	-1.41	0.82	577
2013	감동하다	1.45	0.47	4582
2013	거북하다	-1.42	0.14	497
2013	걱정하다	-1.06	-0.06	2300
2013	경악하다	-1.85	2.03	460
2013	고민하다	-1.25	-0.71	6235
2013	공감하다	1.07	-0.26	1074
2013	괴롭다	-2.07	-0.15	1046
2013	기쁘다	1.94	1.56	4743
2013	긴장하다	-0.76	0.99	1062
2013	만족하다	1.64	-0.02	703
2013	무료하다	-1.11	-1.77	689
2013	보람차다	1.69	0.66	899
2013	성취감	1.84	1.5	1424
2013	아슬아슬하다	-0.69	1.2	551
2013	안정되다	1.11	-1.69	429
2013	애정	1.33	0.32	983
2013	열정	1.51	1.74	16138
2013	자부하다	1.02	0.02	627
2013	절망하다	-2.09	-0.14	1026
2013	좌절하다	-2.13	-0.3	2384
2013	즐겁다	1.89	1.54	1460
2013	패배감	-2.37	0.2	945
2013	평화롭다	1.62	-1.76	795
2013	행복하다	2.16	0.7	4147
2013	후회하다	-1.55	0.06	1440

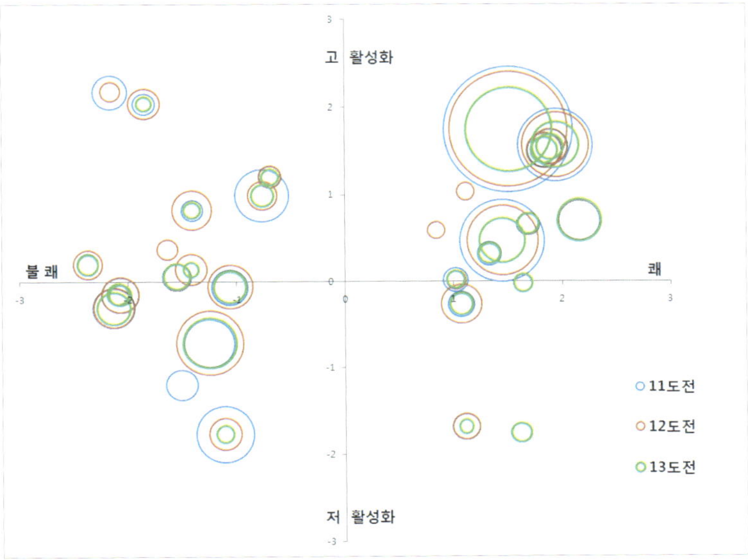

도전과 함께 언급된 감정어의 차원에 따른 분포

[부록 4] 학년과 성별 그리고 긍정적 정신건강 변인 간 관계

* 중학생의 정신적 웰빙 관련 기술통계

중고등	성별	평균	표준편차	N
중학생	남자	54.03	12.86	480
	여자	51.65	12.15	480
	합계	52.84	12.56	960

* 중학생의 심리적 부적응 관련 기술통계

중고등	성별	평균	표준편차	N
중학생	남자	19.51	6.34	480
	여자	19.58	6.12	480
	합계	19.54	6.23	960

* 고등학생의 정신적 웰빙 관련 기술통계

중고등	성별	평균	표준편차	N
고등학생	남자	54.23	11.29	354
	여자	52.94	10.63	354
	합계	53.59	10.98	708

* 고등학생의 심리적 부적응 관련 기술통계

중고등	성별	평균	표준편차	N
고등학생	남자	18.64	5.76	354
	여자	18.79	5.70	354
	합계	18.72	5.73	708

* 중 · 고등학생 전체의 정신적 웰빙 관련 기술통계

중고등	성별	평균	표준편차	N
중 · 고등학생	남자	54.12	12.21	834
	여자	52.20	11.54	834
	합계	53.16	11.91	1,668

* 중 · 고등학생 전체의 심리적 부적응 관련 기술통계

중고등	성별	평균	표준편차	N
중 · 고등학생	남자	19.14	6.11	834
	여자	19.24	5.96	834
	합계	19.19	6.03	1,668

[부록 5] 긍정적 정신건강 수준 판단 기준표

중학교 남학생 정신건강 수준 판단 기준표

백분위 (%)	정신적 웰빙 점수(점)	심리적 부적응 점수(점)	백분위 (%)	정신적웰빙 점수	심리적 부적응 점수
1	13	9	51	55	20
2	26	9	52	55	20
3	28	9	53	55	20
4	29	9	54	55	20
5	33	9	55	56	20
6	34	10	56	57	21
7	35	10	57	57	21
8	36	11	58	57	21
9	37	11	59	57	21
10	38	11	60	58	21
11	39	11	61	58	21
12	39	11	62	59	22
13	39	11	63	59	22
14	40	12	64	60	22
15	41	12	65	60	22
16	41	12	66	60	22
17	42	13	67	61	22
18	42	13	68	62	23
19	43	13	69	62	23
20	43	13	70	62	23
21	44	13	71	62	23
22	44	14	72	63	23
23	44	14	73	63	24
24	45	14	74	64	24
25	45	14	75	64	24
26	46	15	76	64	24
27	46	15	77	65	25
28	47	15	78	65	25
29	47	16	79	65	25
30	48	16	80	65	25
31	48	16	81	66	26
32	49	16	82	66	26
33	49	17	83	67	26

34	50	17	84	67	27
35	50	17	85	68	27
36	50	17	86	68	27
37	50	17	87	69	27
38	51	18	88	69	27
39	51	18	89	70	27
40	51	18	90	71	28
41	52	18	91	71	28
42	52	18	92	72	28
43	52	18	93	72	29
44	52	19	94	73	29
45	53	19	95	75	30
46	54	19	96	77	31
47	54	19	97	78	32
48	54	19	98	78	33
49	54	20	99	78	34
50	54	20			

중학교 여학생 정신건강 수준 판단 기준표

백분위 (%)	정신적웰빙 점수(점)	심리적부적응 점수(점)	백분위 (%)	정신적웰빙 점수(점)	심리적부적응 점수(점)
1	13	9	51	53	20
2	26	9	52	53	20
3	28	9	53	53	20
4	30	10	54	53	20
5	31	10	55	54	20
6	33	11	56	54	21
7	34	11	57	54	21
8	35	11	58	55	21
9	36	11	59	55	21
10	36	12	60	55	21
11	36	12	61	56	21
12	37	12	62	56	21
13	37	12	63	56	21
14	38	13	64	57	22
15	39	13	65	57	22

16	39	13	66	57	22
17	40	13	67	58	22
18	40	13	68	58	22
19	41	14	69	59	23
20	41	14	70	59	23
21	42	14	71	59	23
22	42	14	72	60	23
23	42	15	73	60	23
24	43	15	74	60	23
25	43	15	75	61	23
26	44	15	76	61	24
27	44	15	77	62	24
28	45	16	78	62	24
29	45	16	79	62	25
30	46	16	80	63	25
31	46	16	81	63	25
32	46	17	82	63	25
33	47	17	83	63	26
34	48	17	84	64	26
35	48	17	85	64	26
36	48	17	86	65	27
37	48	17	87	65	27
38	49	18	88	65	27
39	49	18	89	66	27
40	50	18	90	67	28
41	50	18	91	68	28
42	50	18	92	68	28
43	50	18	93	69	29
44	51	19	94	70	29
45	51	19	95	71	30
46	52	19	96	72	30
47	52	19	97	73	32
48	52	19	98	74	33
49	52	19	99	78	34
50	53	20			

고등학교 남학생 정신건강 수준 판단 기준표

백분위(%)	정신적웰빙 점수(점)	심리적부적응 점수(점)	백분위(%)	정신적웰빙 점수(점)	심리적부적응 점수(점)
1	17	9	51	55	19
2	28	9	52	55	19
3	29	9	53	55	19
4	32	9	54	55	19
5	34	9	55	55	19
6	36	9	56	56	19
7	37	10	57	56	19
8	38	10	58	57	20
9	39	10	59	57	20
10	40	11	60	57	20
11	40	11	61	57	20
12	42	11	62	58	20
13	42	12	63	59	20
14	42	12	64	59	20
15	44	12	65	59	20
16	45	12	66	60	20
17	45	12	67	60	21
18	45	13	68	61	21
19	46	13	69	61	21
20	46	14	70	61	21
21	46	14	71	62	21
22	47	14	72	62	22
23	47	14	73	62	22
24	47	15	74	62	22
25	47	15	75	63	22
26	48	15	76	63	23
27	48	15	77	63	23
28	48	15	78	63	23
29	49	15	79	64	23
30	49	16	80	64	23
31	49	16	81	64	24
32	49	16	82	64	24
33	50	16	83	64	24
34	50	17	84	65	24

35	50	17	85	65	24
36	50	17	86	65	25
37	50	17	87	65	25
38	51	17	88	66	26
39	51	17	89	67	26
40	52	18	90	68	27
41	52	18	91	69	27
42	52	18	92	70	28
43	53	18	93	71	28
44	53	18	94	73	29
45	53	18	95	74	29
46	54	18	96	74	29
47	54	18	97	75	30
48	54	18	98	77	31
49	54	18	99	77	34
50	54	18			

고등학교 여학생 정신건강 수준 판단 기준표

백분위 (%)	정신적웰빙 점수(점)	심리적부적응 점수(점)	백분위 (%)	정신적웰빙 점수(점)	심리적부적응 점수(점)
1	22	9	51	54	19
2	30	9	52	54	19
3	32	9	53	54	19
4	33	9	54	55	20
5	35	10	55	55	20
6	35	10	56	55	20
7	36	10	57	55	20
8	37	11	58	56	20
9	38	11	59	56	20
10	39	11	60	56	20
11	40	11	61	56	21
12	40	12	62	56	21
13	41	12	63	57	21

14	41	12	64	57	21
15	42	12	65	58	21
16	42	13	66	58	21
17	43	13	67	58	21
18	44	13	68	59	22
19	44	13	69	59	22
20	45	13	70	59	22
21	45	13	71	59	22
22	46	14	72	60	22
23	46	14	73	60	22
24	47	14	74	61	22
25	47	15	75	61	22
26	47	15	76	61	23
27	47	15	77	62	23
28	47	15	78	62	23
29	48	15	79	62	23
30	48	16	80	63	24
31	48	16	81	63	24
32	48	16	82	63	24
33	49	16	83	64	24
34	49	17	84	64	25
35	49	17	85	64	25
36	49	17	86	65	25
37	50	17	87	65	25
38	50	17	88	65	26
39	50	17	89	65	26
40	50	17	90	65	26
41	50	18	91	66	27
42	51	18	92	66	27
43	51	18	93	68	28
44	52	18	94	68	28
45	52	18	95	69	28
46	53	18	96	71	29

47	53	18	97	72	30
48	53	19	98	74	31
49	54	19	99	75	33
50	54	19			

중고등학생 전체 남학생들의 정신건강 수준 판단 기준표

백분위 (%)	정신적웰빙 점수(점)	심리적부적응 점수(점)	백분위 (%)	정신적웰빙 점수(점)	심리적부적응 점수(점)
1	13	9	51	55	19
2	27	9	52	55	19
3	28	9	53	55	20
4	31	9	54	55	20
5	33	9	55	56	20
6	35	10	56	56	20
7	36	10	57	56	20
8	37	10	58	57	20
9	38	11	59	57	20
10	39	11	60	57	21
11	39	11	61	58	21
12	40	11	62	59	21
13	41	12	63	59	21
14	41	12	64	59	21
15	42	12	65	60	21
16	43	12	66	60	22
17	43	13	67	61	22
18	44	13	68	61	22
19	44	13	69	62	22
20	44	13	70	62	22
21	45	14	71	62	23
22	45	14	72	62	23
23	46	14	73	63	23
24	46	14	74	63	23

25	47	15	75	63	23
26	47	15	76	64	23
27	47	15	77	64	24
28	48	15	78	64	24
29	48	15	79	64	24
30	48	16	80	65	24
31	49	16	81	65	25
32	49	16	82	65	25
33	49	17	83	65	25
34	50	17	84	66	26
35	50	17	85	67	26
36	50	17	86	67	26
37	50	17	87	68	27
38	51	17	88	69	27
39	51	18	89	69	27
40	52	18	90	70	27
41	52	18	91	71	28
42	52	18	92	72	28
43	52	18	93	72	29
44	53	18	94	73	29
45	53	18	95	75	29
46	54	19	96	76	30
47	54	19	97	77	31
48	54	19	98	77	33
49	54	19	99	77	34
50	54	19			

중고등학생 전체 여학생들의 정신건강 수준 판단 기준표

백분위 (%)	정신적웰빙 점수(점)	심리적부적응 점수(점)	백분위 (%)	정신적웰빙 점수(점)	심리적부적응 점수(점)
1	13	9	51	53	19
2	27	9	52	53	20
3	29	9	53	54	20
4	31	10	54	54	20
5	33	10	55	54	20
6	34	10	56	55	20
7	34	11	57	55	20
8	36	11	58	55	21
9	36	11	59	55	21
10	37	11	60	56	21
11	37	12	61	56	21
12	38	12	62	56	21
13	39	12	63	57	21
14	40	12	64	57	21
15	40	13	65	57	22
16	41	13	66	58	22
17	41	13	67	58	22
18	42	13	68	59	22
19	42	13	69	59	22
20	42	14	70	59	22
21	43	14	71	59	22
22	43	14	72	60	23
23	44	14	73	60	23
24	44	15	74	60	23
25	45	15	75	61	23
26	46	15	76	61	23
27	46	15	77	62	23
28	46	15	78	62	24
29	47	16	79	62	24
30	47	16	80	63	24

31	47	16	81	63	25
32	48	16	82	63	25
33	48	17	83	64	25
34	48	17	84	64	25
35	48	17	85	64	26
36	49	17	86	65	26
37	49	17	87	65	26
38	49	17	88	65	27
39	50	18	89	65	27
40	50	18	90	66	27
41	50	18	91	67	28
42	50	18	92	68	28
43	51	18	93	68	28
44	51	18	94	69	29
45	51	18	95	70	30
46	52	19	96	71	31
47	52	19	97	73	31
48	53	19	98	74	32
49	53	19	99	76	34
50	53	19			

[부록 6] 청소년용 긍정적 정신건강 질문지

A. 다음 질문을 읽고 지난 한 달 동안 당신이 얼마나 자주 그런 경험을 했는지 그 정도를 1~6 사이의 해당 숫자에 V 표로 나타내주세요.

문 항	전혀 없음	한 달에 한 번 혹은 두 번	대략 일주일에 한 번	대략 일주일에 두세 번	거의 매일	매일
1) 기분이 좋았다.	①	②	③	④	⑤	⑥
2) 생활이 재미있었다.	①	②	③	④	⑤	⑥
3) 생활이 만족스러웠다.	①	②	③	④	⑤	⑥
4) 내가 좋아하는 일에서 실력이 늘고 있다고 느꼈다.	①	②	③	④	⑤	⑥
5) 세상이 점점 더 살기 좋게 변하고 있다고 느꼈다.	①	②	③	④	⑤	⑥
6) 내 주변에는 착한 사람들이 많다고 느꼈다.	①	②	③	④	⑤	⑥
7) 정해진 규칙을 따를 만하다고 느꼈다.	①	②	③	④	⑤	⑥
8) 내 성격이 대체로 좋다고 느꼈다.	①	②	③	④	⑤	⑥
9) 내가 해야 할 일들을 잘 해내고 있다고 느꼈다.	①	②	③	④	⑤	⑥
10) 다른 사람들과 관계가 좋다고 느꼈다.	①	②	③	④	⑤	⑥
11) 내가 지금보다 더 나아지기 위해 노력해야겠다고 느꼈다.	①	②	③	④	⑤	⑥
12) 내 생각을 자신 있게 말한다고 느꼈다.	①	②	③	④	⑤	⑥
13) 목표의식을 갖고 있다고 느꼈다.	①	②	③	④	⑤	⑥

B. 다음 질문은 **평소 얼마나 그렇게 느꼈는지**에 관한 것입니다. 각 문항을 주의 깊게 읽고, 그 문항이 본인을 얼마나 잘 나타내는지 그 정도를 1~5 사이의 숫자에 V표 해주십시오.

문 항	전혀 아니다	아니다	중간이다	그렇다	매우 그렇다
1) 먹는 것을 마음대로 조절하기 힘들다.	①	②	③	④	⑤
2) 집중하기가 어렵다.	①	②	③	④	⑤
3) 다른 사람들이 이상하게 여길 만한 생각이나 행동을 한다.	①	②	③	④	⑤
4) 나는 셈하고 만지작거리거나 씻고 하는 것과 같은 행동을 반복해서 한다.	①	②	③	④	⑤
5) 밤에 편안하게 잠들기가 어렵다.	①	②	③	④	⑤
6) 인터넷이나 게임을 하고 싶은 생각을 참기가 어렵다.	①	②	③	④	⑤
7) 자주 슬퍼진다.	①	②	③	④	⑤
8) 자주 긴장하고 불안해진다.	①	②	③	④	⑤
9) 규칙을 지키지 않아서 문제를 일으킬 때가 있다.	①	②	③	④	⑤

C. 만일 당신이 앞에 제시된 B번 문항들 중 어느 한 문항에서라도 4, 5 중 하나에 응답을 했다면, 이러한 문제들로 인해 당신은 생활하는 데 얼마나 큰 어려움을 겪었나요?

전혀 어렵지 않았다	약간 어려웠다	중간이다	많이 어려웠다	매우 많이 어려웠다

1--------------------2--------------------3--------------------4--------------------5

D. 다음 두 문항의 기간을 고려하여 응답해 주십시오.

문 항	전혀 아니다	아니다	중간이다	그렇다	매우 그렇다
1) 나는 최근 한 달 이내에 정신과 치료를 받아야 할 정도로 심각한 어려움을 겪었다.	①	②	③	④	⑤
2) 나는 지난 6개월 동안 학교생활에 적응하는 데 심각한 어려움을 겪었다.	①	②	③	④	⑤

아산재단연구총서

047 21세기 지역주민의 삶의 질
양종회 외 | 성균관대 사회학과

048 삶의 질에 대한 국가간 비교
조명한 외 | 서울대 심리학과

049 외국인 노동자의 노사관계와 사회적 적응
석현호 외 | 성균관대 사회학과

050 한국의 사법제도와 발전 모델
정종섭 | 건국대 법학과

051 고령화사회와 중상층 노인의 사회활동
조성남 외 | 이화여대 사회학과

052 한국의 서비스 시장 개방정책
한홍렬 | 한양대 경제학부

053 한국과 AFTA간의 교역증진 및 경제 협력방안
손일태 외 | 경희대 경제통상학부

054 물류비 절감을 위한 무역업체의 정보화전략
이영수 외 | 경북대 경제통상학부

055 사회주의 체제전환과 사회정책
오정수 외 | 충남대 사회복지학과

056 남북통일 이후 농업생산체계 개편
홍성규 외 | 건국대 농업경제학과

057 국제화와 세계화
하영선 외 | 서울대 외교학과

058 IMF 개혁정책의 평가와 한국경제의 신(新) 패러다임
조동근 | 명지대 경제학과

059 구조개혁과 실업대책
박동운 | 단국대 경제무역학부

060 21세기 신노사관계
심윤종 외 | 성균관대 사회학과

061 학교에서의 집단 따돌림
이춘재 외 | 가톨릭대 심리학과

062 한국노인의 정신건강실태와 건강증진
조맹제 외 | 서울대 의과대학

063 혁명과 개혁 속의 중국 농민
김광억 | 서울대 인류학과

064 중국의 경제환경과 한국기업의 진출 전략
지용희 외 | 서강대 경영학과

065 김대중 대통령의 시스템 사고
김동환 | 중앙대 공공정책학부

066 실업과 가족해체
최일섭 외 | 서울대 사회복지학과

067 합리적 부채비율 조정방안
오상근 | 동아대 경제학과

068 한국 중산층의 생활문화
문숙재 외 | 이화여대 소비자 · 인간발달학과

069 계층간 갈등상태에서 최적소득세
김진욱 | 건국대 경상학부

070 글로벌 경쟁력 제고를 위한 기업전략과 조직구축
이만우 외 | 고려대 경영학과

071 의료보험과 국민연금의 관리효율화를 위한 통합방안
사공진 외 | 한양대 경제학부

072 정부개혁의 과제와 전략
박우서 외 | 연세대 행정학과

073 책임운영기관 제도에 관한 비교분석
김근세 | 가톨릭대 행정학과

074 새로운 패러다임하에서의 한국기업의 바람직한 지배구조
최운열 외 | 서강대 경영학과

075 현대 한국사회의 계층구조
양춘 외 | 고려대 사회학과

076 한국의 산업정책과 산업구조조정
강인수 | 숙명여대 경제학부

077 기업구조조정
김석진 | 경북대 경영학부

078 지식경영을 위한 인적자원 개발 및 관리체계
장영철 | 경희대 경영학부

079 뉴 비즈니스 모델
전성현 | 국민대 정보관리학부

080 중산층의 정체성과 소비문화
함인희 외 | 이화여대 사회학과

081 외국관광객 유치를 위한 마케팅 전략
박상규 | 강원대 경영학과

082 한국인의 세대별 문학의식
이동순 | 영남대 국문과

083 공공부문의 효율성 평가와 측정
김재홍 외 | 울산대 사회과학부

084 한국 청소년의 정치의식과 형성요인
김광웅 외 | 숙명여대 아동복지학과

085 한국 대학생의 정치의식
배한동 | 경북대 윤리교육과

086 산업의 정보화와 산업발전
이기동 | 계명대 통상학부

087 한국 제조업의 고용조정 분석
이종원 외 | 성균관대 경제학부

088 지식자산에 대한 경영전략적 평가모형 개발
배재학 외 | 울산대 컴퓨터 · 정보통신공학부

089 관광사업을 위한 한국적 이미지의 휴식복 개발
채금석 | 숙명여대 의류학과

090 한국 정치제도의 개혁
신정현 | 경희대 사회과학부

091 e비즈니스와 아웃소싱 전략
정승화 외 | 연세대 경영학과

092 집단 따돌림의 진단 및 치료방안
홍준표 | 중앙대 인간생활환경학과

093 16대 총선과 낙선운동
조기숙 | 이화여대 국제대학원

094 부동층 유권자 행태 분석
진영재 | 연세대 정치외교학과

095 사이버 공동체의 성공요인
이재관 | 숭실대 경영학부

096 온라인 소비자 행동의 이론과 실증
윤성준 | 경기대 경영학부

097 글로벌 시대 정약용 세계관의 가능성과 한계
차성환 | 한일장신대 역사사회학과

098 러시아의 체제전환 과정에서 나타난 국가의 역할과 그 전망
이상민 외 | 부산대 정치외교학과

099 남북한의 경제발전 수준과 산업구조 비교, 그리고 경제교류 협력방향
주성환 | 건국대 경제학과

100 집단따돌림과 교육해체
한준상 | 연세대 교육학과

101 공적연금제도의 효율성과 개선방안
유금록 | 군산대 행정복지학부

102 벤처기업-대기업의 성공적인 협력 모델
나중덕 | 경산대 경영학과

103 북한의 재외동포정책
조정남 외 | 고려대 정치외교학과

104 사이버 공동체 형성의 역동적 모형
장용호 | 서강대 신문방송학과

105 기업이론과 기업의 소유지배구조
김일태 외 | 전남대 경제학부

106 가축분뇨 자원화를 위한 공동이용 조직에 대한 농가선호도 분석
유덕기 | 동국대 생명자원경제학과

107 개혁정책과 전문가 집단
이경원 외 | 제주대 행정학과

108 현대 한국사회의 이중가치체계
신수진 외 | 이화여대 가정관리학과

109 한국의 산업구조 변화와 기업집단 다각화 전략
김용학 외 | 연세대 사회학과

110 지식정보사회의 경제적 모형 설정 및 사례 연구
김범환 | 배제대 경영정보학부

111 변호사징계제도
오종근 | 한림대 법학부

112 인터넷 특허법
김순석 | 광주대 법학과

113 e-비즈니스 시대의 금융 및 재정정책의 새로운 패러다임
이종욱 | 서울여대 경제학과

114 청소년의 하위문화와 정체성
조성남 | 이화여대 사회학과

115 디지털금융시대의 금융구조변화와 정부규제 및 정책
이충열 | 고려대 경제학부

116 지식경영을 위한 기업의 조직설계방안
김경수 외 | 전남대 경영학과

117 전자금융의 발달과 경제정책의 새로운 패러다임
이명훈 | 명지대 경제학과

118 동아시아의 안보와 유엔체제
강성학 편저 | 고려대 정치외교학과

119 유료 치매노인 그룹홈의 개발과 관련 정책
최정신 외 | 가톨릭대 소비자 · 주거학과

120 소비자 지향적 문화산업 정책
홍영준 | 호남대 광고홍보학과

121 국제 · 국가 · 지방 환경규제의 연계
정준금 외 | 울산대 행정학과

122 현행 회사 합병 · 분할제도의 평가와 개선방안
옥무석 외 | 이화여대 법학과

123 배려지향적 도덕성과 정의지향적 도덕성
정옥분 외 | 고려대 사범대학

124 기업구조조정에 대한 채권금융기관 및 금융감독기관의 역할과 책임
이중기 | 한림대 법학과

125 실업대책으로서 한국의 법정기준근로 시간 단축
박영범 | 한성대 경제학과

126 프랑스어의 비분리성 소유개념 표현
노윤채 | 연세대 언어정보연구원

127 지방채의 효율적 관리방안
강태구 | 호원대 법행정학부

128 21세기 산업구조 변화와 과학기술정책
임채성 외 | 그리스도신학대 경영정보학부

129 인터넷 쇼핑몰 이용자의 불평행동
예종석 | 한양대 경영학부

130 한국기업의 성과급제도 현황, 효과 및 개선방안
김성수 | 서울대 경영학과

131 전자상거래와 소비자보호
서민교 외 | 경일대 인터넷국제통상학과

132 평생학습 사회에서의 인적자원개발을 위한 사회적 파트너십 구축
김영화 | 홍익대 교육학과

133 한국 공교육의 새로운 구상과 전략
권대봉 외 | 고려대 교육학과

134 한국의 정부개혁
김태룡 | 상지대 행정학과

135 지방정부 생산성 측정의 이론과 실제
이은국 외 | 연세대 행정학과

136 불가 시문학론
배규범 | 경희대 학술연구 교수

137 남북경제교류의 법적 문제
제성호 | 중앙대 법학과

138 경제위기와 청소년 발달
구인회 | 서울대 사회복지학과

139 생명과학기술의 응용과 기본권보호적 한계
정상기 외 | 한남대 법학과

140 경제발전과 정치환경의 한 · 일 비교분석
정갑영 외 | 연세대 동서문제연구원

141 한국 공교육의 진단
윤정일 외 | 서울대 교육학과

142 우리나라 지방자치 발전을 위한 자치단체장의 역할
정성호 외 | 경기대 사회과학부

143 의료보험제도의 개혁방안
권순원 | 덕성여대 경제학과

144 중등 도덕교육의 현실과 문제
손동현 외 | 성균관대 철학과

145 사이버공동체 발전론
이명식 | 상명대 경영학과

146 남북경협 확대에 대비한 북한 담보제도의 정비방안
박훤일 | 경희대 법과대학

147 한국 공무원 인사제도 개혁
김판석 | 연세대 행정학과

148 교사화법 교육
임칠성 외 | 전남대 국어교육과

149 세계화의 문화정치학
임혁백 외 | 고려대 정치외교학과

150 효과적인 e-SCM을 위한 의사결정조정 시스템 모형
이원준 | 성균관대 경영학부

151 환경거버넌스
김종순 외 | 건국대 행정학과

152 자동차산업의 인적자원관리
이덕로 | 서원대 경영학부

153 한국과 영국 간 지식기반산업 비교
이명호 | 한국외대 경영학과

154 한국 벤처기업의 기술네트워킹 및 기술마케팅 전략
장영일 | 인제대 경영학부

155 회사변호사의 윤리
오승종 | 성균관대 법과대학

156 미디어교육론
이정춘 | 중앙대 신문방송학과

157 조선시대 서원과 양반
윤희면 | 전남대 역사교육과

158 환경문제와 철학
박찬국 | 서울대 철학과

159 노인보건복지 이론과 실제
김명 외 | 이화여대 보건교육학과

160 북한의 법체계
권재열 외 | 숭실대 법학과

161 생명공학기술의 안전성 확보에 관한 법적 고찰
이재협 | 경희대 법학부

162 청소년복지학
김성이 외 | 이화여대 사회복지학과

163 변화하는 세계, 변화하는 복지국가
조영훈 | 동의대 사회복지학과

164 의리의 윤리와 한국의 유교문화
김낙진 | 진주교대 도덕교육과

165 미국의 통상정책과 통상법
윤충원 | 전북대 무역학과

166 사회복지 프로그램 평가
김학주 | 경상대 사회복지학과

167 환경주의와 지속가능한 발전
정대연 | 제주대 사회학과

168 무역과 환경
김기홍 외 | 경기대 경제학부

169 산업계 유해폐기물의 위험과 관리
김금수 | 호서대 경상학부

170 백범 김구의 지적 계발과정 탐색
문용린 | 서울대 교육학과

171 태평양전쟁 발발 이후 일제의 인적 지배와 그리스도교계의 대응
윤선자 | 전남대 사학과

172 거버넌스 상황에서 갈등관리를 위한 대체적 분쟁해결제도
서순복 | 광주대 법정학부

173 시장경제의 유형과 민주주의
최배근 | 건국대 경상학부

174 일본고전소설 총론
김현정 | 국립한국전통문화학교

175 국어 교육을 위한 국어 문법론
이관규 | 홍익대 국어교육과

176 율곡의 군주론
전세영 | 부산교대 윤리교육과

177 동북아시아 환경협력
정서용 | 명지대 법학과

178 기후변화협약과 기후정책
신의순 외 | 연세대 경제학과

179 인터넷과 국제 학술정보 네트워크-하이퍼링크 분석
박한우 | 영남대 언론정보학과

180 국내 기업복지의 활성화 방안
최수찬 | 연세대 사회복지대학원

181 세계화와 인간안보
김우상 외 | 연세대 정치외교학과

182 세계문화유산 종묘 이야기
지두환 | 국민대 국사학과

183 한국 평생교육의 사회철학적 과제
곽삼근 | 이화여대 교육학과

184 강점모델
정순둘 | 이화여대 사회복지학과

185 글로벌시대의 계약법
박영복 | 한국외대 법과대학

186 배심제와 시민의 사법참여
안경환 | 서울대 법학과

187 동북아공동체
김재한 | 한림대 정치외교학과

188 정치 참여와 탈물질주의
김욱 | 배재대 정치외교학과

189 퍼지전문가회로망을 이용한 금융기관의 사이버 기업여신결정 지원시스템의 개발
권혁대 | 목원대 경영학과

190 환경정책과 환경법
송인성 | 전남대 지역개발학과

191 포스트모던 시대의 평생교육학
한숭희 | 서울대 교육학과

192 현대 한국인의 세대경험과 문화
박길성 외 | 고려대 사회학과

193 서구의 근로연계복지
김종일 | 건국대 사회복지학과

194 사회복지운동론
현외성 | 경남대 사회복지학과

195 외국의 역모기지 사례
유선종 | 건국대 부동산학과

196 옛이야기와 어린이문학
이지호 | 진주교대 국어교육학과

197 노인사회복지관광의 정책과제와 방안
김창수 | 경기대 관광학부

198 복지서비스의 민간위탁 시스템 분석
김순양 | 영남대 행정학부

199 새로운 빈곤층의 대두와 정부의 정책과제
김진욱 | 건국대 경제학과

200 문화행정론
김정수 | 한양대 행정학과

201 스칸디나비아 노인용 코하우징의 계획과 적용
최정신 외 | 가톨릭대 생활과학부

202 북한의 자연생태계
공우석 | 경희대 지리학과

203 통계로 이해하는 러시아
전홍찬 | 부산대 정치외교학과

204 사회복지법인의 경영과 회계
이동규 | 충남대 회계학과

205 의약분업 정책과정
차흥봉 | 한림대 사회복지학과

206 지역공동체와 평생교육
오혁진 | 동의대 평생교육학부

207 아동보호서비스의 실제
한미현 | 백석대 사회복지학부

208 그린마케팅
박재기 | 충남대 경영학부

209 아동권리와 아동복지
이혜원 | 성공회대 사회복지학과

210 국제 이주와 인도인 디아스포라
김경학 | 전남대 인류학과

211 질병과 의료의 사회학
조병희 | 서울대 보건대학원

212 북한이탈주민의 사회통합을 위한 지역복지실천의 모색
이기영 | 부산대 사회복지학과

213 치매노인케어론
조유향 | 초당대 간호학과

214 노인상담입문
서혜경 외 | 한림대 대학원 사회복지학과

215 '통일 이후 통일과정'으로서의 독일 통일영화
이준서 | 이화여대 독어독문학과

216 중국의 사회보장
오정수 | 충남대 사회복지학과

217 환경자원의 경제적 가치와 환경오염의 사회적 비용
김재홍 | 울산대 사회과학부

218 사회복지프로그램의 경제적 평가방법
박창제 외 | 상주대 사회복지학과

219 자유의지와 결정론
안건훈 | 강원대 철학과

220 심리학자들이 쓴 행복한 결혼의 심리학
채규만 외 | 성신여대 심리학과

221 현대 해석학 강의
양해림 | 충남대 철학과

222 한국인의 주거 빈곤과 공공주택
하성규 | 중앙대 도시및지역계획학과

223 IMF 경제위기와 한국 출산력의 변화
김두섭 | 한양대 사회학과

224 동아시아의 영토분쟁과 국제법
이석우 | 인하대 법학부

225 독일 복지국가와 사회복지서비스
정재훈 | 서울여대 사회사업학과

226 사회복지사를 위한 실용 비모수통계
엄명용 | 성균관대 사회복지학과

227 피해자학 연구
이윤호 | 동국대 경찰행정학과

228 광고언어창작론
박영준 외 | 부경대 국어국문학과

229 환경규제 패러다임의 전환
한철 | 한남대 법학과

230 고령사회의 노동환경변화와 고용 시스템의 문제점 및 법적 대응
고준기 | 국립군산대 법학과

231 세계화와 소득불평등
이성균 외 | 울산대 사회과학부

232 유비쿼터스 사회의 이해
안중호 외 | 서울대 경영학과

233 국제환경책임법론
박병도 | 건국대 법학과

234 한국의 선거와 민주주의
윤종빈 | 명지대 정치외교학과

235 한국 시민운동의 구조와 동학
조대엽 외 | 고려대 사회학과

236 또래관계
송영혜 | 대구대 재활심리학과

237 해외 한국기업과 현지인 노동자
석현호 외 | 에스코이아학술문화재단

238 독일 국가복지에서 민간복지단체의 역할과 의미
차성환 외 | 한일장신대 사회복지학부

239 청정공학
조정호 | 동양대 생명화학공학과

240 한국전통연희론
심상교 | 부산교육대 국어교육학과

290 감성지능 개발을 통한 삶의 질 향상
김경수 외 | 전남대 경영학부

291 교육복지론
이용교 외 | 광주대 사회복지학부

292 인간과 행복에 대한 철학적 성찰
박찬국 | 서울대 철학과

293 유럽연합의 사회통합 사례와 교훈
이무성 | 명지대 정치외교학과

294 민영화와 사회후생
이상호 | 전남대 경제학부

295 북한의 교육학 체계 연구
최영표 외 | 동신대 교육대학원

296 한국 지속가능발전의 구조와 변동
정대연 | 제주대 사회학과

297 우리나라의 공익 연계 마케팅에 관한 연구
임승희 | 전주대 경영학부

298 시각장애인복지론
김영일 | 조선대 특수교육과

299 그린에너지와 환경촉매
정석진 | 경희대 화학공학과

300 취약학교 초등학생을 위한 온라인 보건교육 프로그램
박경옥 | 이화여대 보건관리학과

301 신탁제도를 통한 고령자의 보호와 지원
최수정 | 서강대 법학전문대학원

302 사회적 약자계층에 대한 실태분석 및 정책방안
이은우 외 | 울산대 경제학과

303 한류 문화와 동북아 공동체
최혜실 | 경희대 국어국문학과

304 노동유연화와 해고보호법
권혁 | 부산대 법학전문대학원

305 사회복지 위험관리의 이해
박미은 | 한남대 사회복지학과

306 의료기관의 회계와 세무
노준화 | 충남대 경영학부

307 여성인적자원의 전문성 확보를 위한 경력개발
백지연 | 이화여대 국제사무학과

308 정신병리
강선경 | 서강대 신학대학원

309 바다의 반란 적조
윤양호 | 전남대 해양기술학부

310 한국 장애인 복지 발달사
이성규 | 서울시립대 사회복지학과

311 서양예술 속의 동양 탐색
진상범 | 전북대 독어독문학과

312 한국인의 도덕성 발달 진단
문용린 | 서울대 교육학과

313 영국정치와 국가복지
고세훈 | 고려대 공공행정학부

314 인간학적 사유를 여는 중도 · 중복장애 교육학
이숙정 | 단국대 특수교육과

315 개별화 교육과정
이소현 | 이화여대 특수교육과

316 인간의 긍정적 성품
권석만 | 서울대 심리학과

317 지방자치와 지역여성의 전망
이혜숙 | 경상대 사회학과

318 한국 현대 노년소설 연구
전흥남 | 한려대 교양학부

319 정보격차 해소를 위한 창의적 정보교육 프로그램
이영준 외 | 한국교원대 컴퓨터교육과

320 한국 가족과 젠더
손승영 | 동덕여대 교양학부

321 한국의 복지혼합
김진욱 | 서강대 신학대학원

322 사회자본과 자원봉사
김태룡 외 | 상지대 행정학과

323 농촌교육복지연구
박삼철 | 단국대 교양학부

324 사회정체성 평가 차원에 대한 국제비교조사
이명진 | 고려대 사회학과

325 캐나다 복지국가 연구
조영훈 | 동의대 사회복지학과

326 한국의 소수자운동과 인권정책
전영평 외 | 서울대 행정대학원

327 한국과 미국의 보육서비스 전달체계와 품질 비교분석
김근세 외 | 성균관대 국정관리대학원

328 한국사회의 소득불평등과 국민 의료이용
이용재 | 호서대 사회복지학과

329 정보시대의 인간안보
조화순 | 연세대 정치외교학과

330 가족의 사회경제적 특성과 아동발달
김광혁 | 전주대 사회복지학과

331 초 · 중 · 고등학생의 학업소진 진행과정 및 경로분석
이상민 | 고려대 교육학과

332 다문화사회의 사법통역
이지은 | 이화여대 통역번역대학원

333 동아시아 지역주의
유현석 | 경희대 정치외교학과

334 환경친화적 공공시설관리와 지역공동체의 삶의 질
이소영 | 중앙대 실내디자인 · 주거환경학과

335 의료보험의 법정책
김나경 | 성신여대 법과대학

336 양극화 시대 가족해체와 청소년의 적응에 관한 한국과 미국의 비교 연구
오승환 외 | 울산대 사회복지학과

337 기업의 사회적 책임과 지역경제사회 발전 연구
허영도 외 | 울산대 경영학부

338 노인의 삶의 질 향상을 위한 온라인 소셜 네트워크 구축 방안
김진우 | 연세대 경영학과

339 청소년 생활역량
윤명희 외 | 동의대 평생교육학과

340 외국인 배우자의 다양성과 국제결혼의 안정성
김두섭 | 한양대 사회학과

341 정보인권의 규범구체화
이민영 | 가톨릭대 법학과

342 한국 사회복지실천의 고유성
최성재 외 | 서울대 사회복지학과

343 스웨덴의 환경책임 실천모형
최희경 | 경북대 행정학부

344 자율운동과 주거공동체
윤수종 | 전남대 사회학과

345 한국인의 공공봉사동기
김상묵 | 서울과학기술대 행정학과

346 한국 이혼가정 아동의 성장
김혜숙 | 경인교육대 교육학과

347 동양 사상과 노인 복지
홍승표 외 | 계명대 사회학과

348 노동과 사회보장의 연계
오문완 | 울산대 법학과

349 학습장애 위험군 아동의 조기선별을 위한 읽기검사 표준화 연구
김애화 외 | 단국대 특수교육학과

350 신·재생에너지에 기초한 녹색성장과 사회통합
김인호 | 이화여대 법학전문대학원

351 문화교류역량과 다문화 경영이 기업 경영성과에 미치는 영향
임병학 외 | 부산외대 경영학부

352 빈곤영유아의 발달과 적응
정익중 외 | 이화여대 사회복지학과

353 민사법질서와 인권
양천수 | 영남대 법학전문대학원

354 성년후견제도와 사회복지제도의 연계
신권철 | 서울시립대 법학전문대학원

355 한국 다문화사회의 이방인
김순양 | 영남대 행정학과

356 현대 시민사회와 소비자계약법
이병준 | 한국외대 법학전문대학원

357 개인의 사회적 정보보호를 위한 공공 정보서비스 개선 연구
장항배 | 상명대 경영학과

358 여성교육투자에 대한 교육경제학적 탐색
백일우 외 | 연세대 교육학부

359 사회적 기업과 지속가능한 지역발전
임업 외 | 연세대 도시공학과

360 다문화가정 구성원에 대한 투트랙 한국어 교육방안 연구
박시균 | 군산대 국어국문학과

361 아시아의 빈곤과 한국기업의 역할
한인수 | 충남대 경영학부

362 유치원·초등학교 연계 환경교육
박희숙 | 공주대 유아교육학과

363 비정규 고용과 사회정책
구인회 외 | 서울대 사회복지학과

364 사생활의 자유에 관한 비교법적 연구
이창현 | 서강대 법학전문대학원

365 다중융합 환경 기반의 미디어스킨을 활용한 문화콘텐츠 디자인 적용방안에 관한 연구
오문석 외 | 광운대 미디어영상학부

366 북한이탈주민 여성의 성인식 관련 기초 조사
한인영 외 | 이화여대 사회복지학과

367 노인주택 파노라마
유선종 | 건국대 부동산학과

368 시설보호 청년의 적응
정선욱 | 덕성여대 사회복지학과

369 다수 집단과 소수 집단의 심리
김혜숙 | 아주대 심리학과

370 바이오 휴머니티
권택영 | 경희대 영어학부

371 프랑스 다문화교육의 이해
이경수 | 상명대 불어교육과

372 한·중 서비스산업의 비교분석과 교역 확대 방안
김상호 | 리츠메이칸 아시아태평양대 국제경영학부

373 현대의학에 있어서 생명의 시간과 인간의 존엄
김학태 | 한국외대 법학전문대학원

374 0~3세 영유아의 영상물 과몰입 실태조사 및 정신건강증진 프로그램 개발과 적용
이경숙 | 한신대 재활학과

375 복지국가의 조세와 정치
양재진 외 | 연세대 행정학과

376 청소년기 자살행위 실태와 관련 요인
박선희 | 경희대 간호과학대학

377 기술혁신에 따른 지역 간 정보격차
최정혜 외 | 연세대 경영대학

378 한국 사회의 이중구조와 생애주기적 불평등
안상훈 편 | 서울대 사회복지학과

379 소비자의 친환경행동에 영향을 미치는 사회적·경제적 가치에 대한 고찰
송재기 | 텍사스테크대 경영학과

380 어머니 양육행동 관련 변인들과 유아 사회정서행동 간의 구조모형 분석
심숙영 | 숙명여대 원격대학원

381 조선족 여성, 동남아시아 여성 그리고 새터민의 적응 유형 분석 및 삶의 질 향상 방안 모색
정태연 | 중앙대 심리학과

382 세계의 연금, 한국의 연금
허만형 | 중앙대 공공인재학부

383 노인요양원과 문화 변화
최재성 | 연세대 사회복지학과

384 시민사회와 국제개발협력
손혁상 | 경희대 공공대학원

385 복지국가의 변화와 빈곤정책
김윤태 | 고려대 사회학과

386 다문화가정의 미디어 이용과 사회적 자본의 관계
진창현 | 경기대 경영학과

387 사회진출 대졸 초년생의 탄력성 변화 양상
이상민 | 고려대 교육학과

388 사회자본과 경제발전 그리고 정부의 질
도수관 | 대구가톨릭대 행정학과

389 망명과 귀환이주
서장원 | 고려대 독일문화학과

390 근거기반실천과 사회복지
김유진 | 경북대 사회복지학부

391 인터넷상 정보 유통에 대한 새로운 저작권 규율 방향 모색
박준석 | 서울대 법학전문대학원

392 한국 사회의 인종차별적 담화구조
이창수 | 한국외대 통역번역대학원

393 사회복지사의 사회복지 가치 지향
김용석 | 가톨릭대 사회복지학과

394 개인정보의 국제적 유통에 따른 법적 문제와 대책
박훤일 | 경희대 법학전문대학원

395 정신장애인의 인권
서미경 | 경상대 사회복지학과

396 취약계층 비만청소년들의 체중관리를 위한 건강증진 프로그램의 효과
김영호 | 서울과학기술대 스포츠과학과

397 한국 전통의 돈의 문학사, 나눔의 문화사
서신혜 | 한양대 창의 · 융합교육원

398 와이파이 공간과 모바일 정보 격차
이건학 | 서울대 사회과학대학

399 도시정비사업의 법적 쟁점과 해설
성중탁 | 경북대 법학전문대학원

400 사회서비스 제공기관의 조직요인과 성과
신창환 | 경북대 사회복지학부

401 도시 사운드스케이프 디자인
전진용 외 | 한양대 건축공학부

402 지방의회 의원윤리연구
김택 | 중원대 경찰행정학과

403 발달장애인 자립생활 증진을 위한 역량탐색 및 주거로서의 해결과제
김라경 | 광주교육대 교육학과

404 외국인고용제도개선과 인권
김상호 외 | 경상대 법과대학

405 사회복지연구에서 질적방법과 분석
김인숙 | 가톨릭대 사회복지학과

406 현대미술에서의 예술적 성장과 창의적 인재양성
백경미 | 울산과학기술원 기초과정부

407 현대인의 삶과 문화예술교육
곽삼근 | 이화여대 교육학과

408 문화적 배경과 체화된 인지
민동원 | 단국대 경영학부

409 아동 섭식행동평가 척도 표준화 및 섭식문제 현황 조사
정경미 | 연세대 심리학과

410 잊혀질 권리: 이상과 실현
문재완 | 한국외대 법학전문대학원

411 인권의 지역화: 일상생활의 인권 증진을 위하여
김중섭 | 경상대 사회학과

412 다문화 시대 이주민의 한국어 의사소통
민병곤 외 | 서울대 국어교육과

413 다문화 시대의 문화교육 커리큘럼
윤여탁 외 | 서울대 국어교육과

414 다문화 시대의 통일교육
박성춘 외 | 서울대 윤리교육과

415 다문화 시대 사회 통합을 위한 시민 교육
이진석 외 | 부산대 일반사회교육과

416 다문화 관련 법률 및 제도
박성혁 외 | 서울대 사회교육과

417 생태복원의 인문학적 상상력
김성도 외 | 고려대 언어학과

418 다국내 출생 다문화가정 청소년의 아픔과 분투: 사회적 차별로부터의 회복과 성장
서영석 | 연세대 교육학과

419 종교심리학의 이해: 죽음인식의 논의를 중심으로
김재영 | 서강대 종교학과

420 글로벌 시대의 사회통합: 세계적 추세와 한국의 위상
장용석 외 | 연세대 행정학과

421 소규모 사회적기업과 소셜미디어 마케팅
박철 | 고려대 글로벌비즈니스대학

422 동아시아 가면극의 역사와 전승양상
전경욱 | 고려대 국어교육과

423 무엇이 우리를 행복하게 하는가?
구교준 외 | 고려대 행정학과

424 디지털 중독의 이해와 대응 방안
오원석 외 | KAIST 경영대학

아산재단연구보고서

001 한국인의 도덕성 연구
배해수 | 고려대 국문학과

002 산업화와 청소년 진로
이원호 | 울산대 교육학과

003 공동체의식과 시민운동
김영섭 | 한양대 행정학과

004 한국청년의 삶의 의미 충족도와 만족적 태도
안정수 | 경희대 철학과

005 중국조선족의 사회발전과 한 · 중관계의 위상
손장권 | 고려대 사회학과

006 해송림 "솔껍질깍지벌레"의 천적 및 주요 종의 생태
김규진 | 전남대 농생물학과

007 사회정의와 실천윤리
박종대 | 서강대 철학과

008 동구개혁의 영향
김달중 | 연세대 정치외교학과

009 한국청소년의 의식세계
김문조 | 고려대 사회학과

010 고강도 철근 콘크리트 구조의 실용화
정헌수 | 중앙대 건축학과

011 신기술의 연관형태 및 출현예측의 구조모형
권철신 | 성균관대 산업공학과

012 민간기업의 연구개발을 위한 조세정책
권영훈 | 한양대 경제학부

013 기술개발 활성화방안
송승구 | 울산대 화학공학부

014 부패의 현상과 진단
이문조 | 영남대 정치외교학부

015 연구투자의 지역적 편중화와 부산지역의 기초과학연구 활성화방안
윤웅찬 | 부산대 화학과

016 GATT의 신구 덤핑방지협정과 그 대응 방안
전창원 | 동국대 무역학과

017 한국사회의 도덕성 제고를 위한 진단과 처방
황경식 | 서울대 철학과

018 새로운 노사관계 방향
이진규 외 | 고려대 경영학과

019 21세기 동북아 정세예측과 한국의 전략적 대응방안
최평길 외 | 연세대 행정학과

020 소련의 한국에 대한 정책목표분석
신승권 | 한양대 정치외교학과

021 메모리 커패시터용 $Pb(Zr_xTi_{1-x})O_3$ 강유전체 박막의 제작과 특성
장지근 외 | 단국대 전자공학과

022 러시아 국제법학의 전통
김용구 | 서울대 외교학과

023 유럽연합의 현황과 전망
김동현 외 | 성균관대 행정학과

024 중국의 정치동원
송영우 외 | 건국대 정치외교학과

025 산업적 활용을 위한 이동로보트 시스템의 개발
박민용 외 | 연세대 전자공학과

026 중국조선족의 정치사회화과정과 동화적 국민통합의 방향
전인영 외 | 이화여대 사회생활학과

027 공적부조의 이론과 실제
최일섭 외 | 서울대 사회복지학과

028 대외통상환경의 변화와 법제개편
서헌제 | 중앙대 법학과

029 기업금융의 국제화
최생림 | 한양대 경영학부

030 자동차부품공업의 노사관계
김호진 외 | 고려대 행정학과

031 산업화 과정에서의 한국가족의 실태와 전망
정창수 외 | 성균관대 사회학과

032 공무원 가치관 실태와 정립방안
배병룡 외 | 경상대 행정학과

033 해외귀국청소년의 국내적응연구
이장영 | 국민대 사회학과

034 초고속정보통신망에서 LAN서비스 제공방안
이재용 | 연세대 전자공학과

035 WTO체제의 정책적 대응
김병진 외 | 경희대 행정학과

036 유럽의 통합정치
최수경 외 | 충남대 정치외교학과

037 유기질폐기물을 이용한 고단백사료원인 조류의 생산공정
최정우 외 | 서강대 화학공학과

038 초고속정보통신망의 수용성과 정책방향
박영상 외 | 한양대 신문방송학과

039 중국의 강남사회와 한중교섭
조영록 외 | 동국대 사학과

084 여성 삶의 질 향상을 위한 사회교육 활성화 방안
김양희 | 중앙대 가족복지학과

085 벤처기업과 벤처금융
강대석 외 | 충남대 무역학과

086 구조조정기에 있어서 실업대책과 사회 안전망 구축
박천익 | 대구대 경제학과

087 한국 유아의 조기교육
이명조 외 | 한국외대 교육대학원

088 남북한 경제공동체 형성전략
이상만 | 중앙대 경제학과

089 지방자치회계의 투명성과 주민의 알 권리
권찬태 외 | 경북대 경영학부

090 정치지도자의 정책리더십
이해영 | 경일대 행정학과

091 경제위기와 한국인의 복지의식
신광영 외 | 중앙대 사회학과

092 북한의 노동
김강식 | 한국항공대 경영학과

093 우리나라 중소기업의 정보기술 활용 현황과 경쟁력 강화를 위한 제안
정승호 | 부산외대 정보시스템학과

094 인간배아복제의 법적 · 윤리적 문제점과 그 해결방안
최병규 | 한경대 법학부

095 가치변화에 따른 투표행태
조찬래 외 | 충남대 정치외교학과

096 인터넷 경매에서의 계약체결과 소비자 보호
이기수 외 | 고려대 법과대학

097 세계화시대 남북한 통합의 방향과 과제
윤민재 | 서울대 사회발전연구소

098 글로벌 시대 지방정부의 문화마케팅 전략
박흥식 | 중앙대 행정학과

099 대졸여성실업의 실태분석 및 대학-노동시장 간 효율적 연계방안
이은우 외 | 울산대 사회과학부

100 그린 투어리즘의 분석
이응진 | 대구대 관광학부

101 지방자치단체장의 부정부패
오일환 | 한양대 아태지역연구센터

102 산업화가 유교체제하 중국여성의 지위에 미친 영향
천성림 | 배재대 사회과학연구소

103 움직이는 말하기
유혜숙 외 | 나사렛대 교양학부

104 장애학생을 위한 특수교육공학의 활용
김용욱 | 대구대 중등특수교육과

105 지식기반사회의 평생교육 이해와 평생교육 프로그램 개발
박성열 | 건국대 교육공학과

106 N세대의 미술교육
김동철 | 대구교육대 미술교육학과

107 노후계획과 투자
권택호 | 여수대 국제통상학과

108 영화산업
양영철 | 경성대 연극영화학부

109 동유럽의 변혁과 언론의 역할
정대수 | 경남대 정치언론학부

110 환율, 임금, 물가가 국제경쟁력 및 수출입산업에 미치는 영향
하인봉 | 경북대 경제통상학부

111 일본기업의 기술혁신 전략
위정현 | 중앙대 상경학부

112 노후보장정책과 역저당연금제도
조덕호 외 | 대구대 행정학과

113 유비쿼터스 라이프와 미래 사회
김석수 | 한남대 멀티미디어공학과

114 죽음과 관련된 생명윤리적 문제들
구인회 | 가톨릭의과대 인문사회과학교실

115 경제적 세계화와 빈곤문제, 그리고 국가
김준현 | 한일장신대 인문사회과학부

116 한국의 세계불교유산
김종명 | 한국학중앙연구원 한국학대학원

117 복지레저서비스론
고태규 | 한림대 국제학부

118 자생적 철학체계로서 인간중심철학
선우현 | 청주교대 윤리교육과

119 전략적 통합과 한반도 평화체제
김승채 | 고려대 정책대학원

120 환경사법론
전경운 | 경희대 법학부

121 인터넷 자료를 통해 본 한국의 이혼문화와 사회복지
성정현 외 | 협성대 사회복지학과

122 유럽연합의 사회정책에 관한 연구
문진영 | 서강대 신학대학원 사회복지학과

123 여성건강의 통합적 관점
김혜원 | 관동대 간호학과

124 복잡계 네트워크 과학
강병남 | 서울대 물리천문학부

125 경제적인 3세대 전원주택 개발
박근준 | 호서대 건축공학과

126 사회복지와 인적자원개발
이상일 | 인제대 국제경상학부